日本社会观察

(2017年)

主　编·金永明
执行主编·葛　涛

上海社会科学院日本研究中心

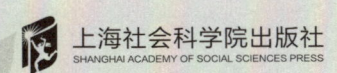

上海社会科学院出版社
SHANGHAI ACADEMY OF SOCIAL SCIENCES PRESS

《日本社会观察》编委会

主　　　任　王　振

副　主　任　金永明　傅钧文　吴雪明

执 行 主 任　葛　涛（执行主编）

编委会委员　（按姓氏笔画为序）

王少普　王　虎　王　振　李轶海

李　薇　吕耀东　杨伯江　吴雪明

吴寄南　武心波　周　宇　胡令远

金永明　高　洪　傅钧文　郭洁敏

葛　涛　廉德瑰

目 录

导言　中日邦交正常化的意义与愿景 …………………………… 金永明　1

一、日本政治、外交与全球化

中日海洋事务高级别磋商机制的由来与发展 …………………… 金永明　3
日本与东南亚国家关系改善过程分析及其启示
　　——以官方援助为中心 ………………………………………… 傅钧文　27
日本学界聚焦"特朗普效应" ……………………………………… 徐林卉　47
全球化分工视角下的中日 CO_2 排放比较 ………………………… 唐杰英　57

二、日本金融、产业与企业

日元的国际化进程及对人民币国际化的启示 …………………… 孙　林　73
日本对美经济合作新动向及前景评估 …………………………… 陈友骏　91
日本经济愈益依赖外国游客消费 ………………… 中村直文 著　张同林编译　106
从东亚分工角度探讨中日中小企业比较优势及双方合作之可能性
　…………………………………………………… 渡边幸男 著　蔡建娜译　115
日本中小制造业在华据点的机遇与挑战
　　——唐泽制作所和共立精机的经验 …… 驹形哲哉 著　蔡建娜整理　122

三、日本法律与社会

日本反恐融资刑事立法及其启示	尹　琳　沈姗姗	137
日本中小企业基本法改革背景及过程	吴明玺	150
少子化背景下日本育儿政策的发展与借鉴	裘晓兰	167
日本全国性及地方性报纸转型发展的个案分析	尹良富	180
"日本会议"研究	王　盈	208

四、日本科技与创新

当前日本的人工智能战略及其未来发展	郭洁敏	227
全球创新网络节点城市建设策略：东京案例研究	春　燕	241
日本创新型特区发展战略及其借鉴	刘　平	252

五、日本历史与文化

东洋文库访问记	马　军	271
略论近代日本在沪的医疗卫生事业的展开及变迁	葛　涛	278
日本非遗保护与文化产业发展互动的理念及政策研究	王海冬	288
后记	葛　涛	299

导 言

中日邦交正常化的意义与愿景

在中日邦交正常化45周年之际，回顾中日关系的过去和现在，并展望中日关系的未来，对于进一步改善现今脆弱和低迷的中日关系，充实和发展中日关系具有积极的意义和借鉴作用。

回顾中日关系邦交正常化以来45年的历程，我们可以把中日关系分为以下四个阶段。

1972—1979年的战略友好阶段。 具体标志为《中华人民共和国政府和日本国政府联合声明》(1972年9月29日，简称《中日政府联合声明》)的发布，开启了中日关系发展的新阶段，主要体现在结束了第二次世界大战后25年中日两国之间的不正常状态，建立了外交关系，并为缔结诸如《中日和平友好条约》那样的后续文件奠定了基本原则和基础。例如，《中日政府联合声明》第1条指出，自本声明公布之日起，中华人民共和国和日本国之间迄今为止的不正常状态宣告结束；第4条规定，中华人民共和国政府和日本国政府决定自1972年9月29日起建立外交关系；第8条规定，中华人民共和国政府和日本国政府为了巩固和发展两国间的和平友好关系，同意进行以缔结和平友好条约为目的的谈判。同时，中日邦交正常化是在日本政府抱着反省和道歉的态度对受害国民族的感情表示理解和尊重，经过双方领导人和友好人士的共同努力下实现的，并正式确立的友好关系，所以在战略上具有树立和开启中日友好关系的作用，实现了中日和平友好的目标，其意义重大。

1980—1995年的蜜月阶段。 在《中日政府联合声明》的基础上，中日两国于1978年8月12日缔结了《中华人民共和国和日本国和平友好条约》(1978年10月23日生效，简称《中日和平友好条约》)，开启了两国全面加强友好合作的进程，主要表现在贸易、航空、渔业、海运、科技、文化等领域十余项政府间协定和协议的签订,使中日关系得到顺利发展。尤其是美国和日本积极支持中国的改革发展进程,乐见安定和强大的中国发展目标,在经济上开始了日本直接投资及政府开发援助(ODA)工程,包括输出技术和管理经验,以及合资和投资企业等,从而带动和促进了中国经济持续发展的进程。在此阶段中日两国为援助国和被援助国之间的关系,日本原则上处于优势和主导的地位,实质性地实现了共赢的目标。

1995—2010 年的结构转型阶段。在第二次世界大战结束后的 50 周年之际,日本呈现了"战后已经完全结束"以及倡导"普通/正常国家"并试图修改《宪法》第 9 条的呼声和要求,同时日本自由民主党长期执政的局面(1955 年体制)崩溃,尤其在经济上显现低迷的状态;相反,中国改革开放的发展进程加速了中国的经济持续成长步伐,尤其是 2001 年中国加入世界贸易组织后的快速发展,增强了中国的信心和自豪感,并在中国出现了对日不满的情绪和行为,从而使两国友好的气氛减少,在日本呈现所谓的"中国威胁论"的态势。即使经过双方的共同努力,于 1998 年 11 月 26 日中日两国发布了《中日关于建立致力于和平与发展的友好合作伙伴关系的联合宣言》和《中日关于全面推进战略互惠关系的联合声明》(2008 年 5 月 7 日),也未能彻底扭转中日两国之间的不同发展进程的取向和目标。换言之,此阶段的中日关系已转化为基本平等的关系,日本的优势和主导地位有所减弱。

2010 年起至今的不稳定或漂流状态。自 2005 年中国各地针对日本试图成为联合国安理会常任理事国暨所谓的"入常"的反日大规模游行以及日本政府首脑多次参拜靖国神社的历史错误行为,2010 年在钓鱼岛周边海域的船只和船员抓扣事件的日本过分处置,以及 2010 年中国的国内生产总值超过日本和 2012 年日本政府"国有化"钓鱼岛等三岛的过激行为等,使中日关系处于低迷甚至破裂的状态。换言之,中日两国之间存在的新旧问题的并发,严重地冲击了中日关系的基础和发展进程,使中日关系处于不稳定状态。

即使为改善两国之间的关系,中日两国于 2014 年 11 月 7 日发布了《中日处理和改善中日关系的四点原则共识》,但由于对其的认识和理解存在不同的分歧，所以也不能彻底改变现今中日两国之间的低迷关系，包括中日两国首脑之间的正式会晤并未实现，针对中日两国之间存在的实质性对立问题并未完全解决。

从上述中日关系的发展进程中可以看出，中日两国之间存在三个方面的对立和分歧。第一，在历史认识包括战争责任、教科书等问题上的对立和分歧；第二，在东海问题包括钓鱼岛问题、资源开发和东海海空安全上的争议；第三，在区域及世界性地位和作用上的主导权之争。而要真正合理处理和解决这些敏感而重大的问题，无疑是进一步充实和发展及确立中日关系的重要基础。

为此，中日两国之间如何以面向未来的态度，构筑和实施制度性的保障机制，以避免某些言行和事件的发生，冲击和影响中日关系的发展进程，以切实遵守两国之间的四个政治文件和四点原则共识所规范的精神和原则，就特别紧要。所以，在中日邦交正常化45周年之际，两国再次准确地定位中日关系，提升政治互信，构筑保障性机制，加强在重大敏感问题上的沟通和协调，以及探究解决争议问题的可行措施和方案等，是摆在我们两国政府和人民面前的重大任务，以为进一步维系和改善中日关系作出贡献，也为稳定区域和世界秩序发挥作用。这是包括中日两国在内的国际社会所期待的愿景！

上海社会科学院日本研究中心研究员　金永明

2017年6月

一、日本政治、外交与全球化

日本現代
文学全集

中日海洋事务高级别磋商机制的由来与发展

金永明*

【摘　要】在中日关系正常化45周年之际,如何协商解决影响两国关系的重大海洋问题,是双方应该努力的方向,也是进一步改善和确保中日关系的重要步骤和基础。本文系统地回顾了影响中日关系健康发展的东海问题的演进过程,重点分析了两国为解决东海问题争议创设的中日海洋事务高级别磋商机制的由来及磋商内容,并指出其特征和局限性,对进一步发挥其功能和作用提出了具体建议,目的在于总结和规划两国今后的磋商进程和合作方向,为合理解决东海问题和发展中日关系提供方案。

【关键词】东海问题;磋商机制;磋商依据;磋商效果

中日两国之间存在三个方面的对立和分歧:一是在历史认识包括战争责任、教科书等问题上的对立和分歧;二是在东海问题包括钓鱼岛问题、东海资源开发及其海空安全等方面的争议;三是在区域及世界性地位和作用上的主导权之争。这些问题不仅涉及中日关系的过去、现在和将来,而且关涉国家的利益和发展的方向,所以很难在近期达成共识和谅解;但这些问题的有效合理把控,应该是双方努力的方向,即如何通过双边对话机制加强沟通和协调,为解决两国之间存在的问题寻找双方可以接受的方案,以及避免事态的进一步恶化,包括构筑双边对话机制、危机事态管理制度等,即实现制度化、常态化的管理。这些应是我们努力的方向,也是应该研究的领域和对象。为此,本文重点就中日两国包括处理东海问题在内的海洋事务高级别磋商机制内涵予以阐述,以了解其由来、进程及发展趋势,并对解决海洋争议问题提供若干措施和对策。

一、中日海洋事务高级别磋商机制设立的背景

为论述中日海洋事务高级别磋商机制的由来,必须阐述中日两国针对东海

---

* 金永明　上海社会科学院法学研究所研究员,中国海洋发展研究中心研究员。本文为上海市哲学社会科学规划办"三大系列"研究一般课题:"新中国的海洋政策与法律制度:回顾与展望"(2007BHB005),以及中国海洋发展研究会重大项目:"《联合国海洋法公约》若干制度评价与完善研究"(CAMAZDA201601)的阶段性研究成果。

问题的争议境况,因为中日海洋事务高级别磋商机制是讨论和处理东海问题争议的重要手段和平台。

一般而言,东海问题包括钓鱼岛归属争议、海域划界争议、资源开发争议和海空安全争议四个方面。它们之间的关系是,钓鱼岛归属争议是主要争议,而其他争议是次要争议,即其他争议由此延伸或发展。近期,东海问题的起因源自中国在东海的油气资源开发活动。其实,东海问题在中日两国之间早已存在,只是于2004年5月中国在东海开发油气资源后才爆发或显现。笔者认为,东海问题争议经历了以下几个过程:

（一）潜伏期

主要标志为1982年日本驻华使馆向中国交通部递交了一份地图,指出中日之间海域应按照中间线的方法划分。1968年联合国远东经济委员会出具的勘测报告指出,东海尤其在钓鱼岛附近海域蕴藏大量的石油天然气资源,日本于1974年在东海中间线以东的争议海域不顾中国的强烈反对,并排除中国的参与,与韩国缔结了共同开发协定。

（二）沉默期

尽管中国自20世纪70年代以来对东海油气田资源进行了勘探开发,至2003年,日本对东海海底油气资源的勘探开发活动保持了沉默。而日本改变东海问题沉默态度的主要理由:一是中日油气互补关系发生质变,中国油气已不能向日本出口;二是中国在东海海域油气开发中的佳绩,刺激了日本的想法;三是东亚国际政治环境发生了变化,尤其是中国在东亚的地位得到了明显提升。

（三）凸显期

东海问题争议升级始于2004年5月27日,此后不断发展。即日本杏林大学教授平松茂雄乘飞机"调查"我国东海天然气开采设施建设情况,5月28日东京《中日新闻》刊载了《中国在日中边界海域建设天然气开采设施》和《日中两国间新的悬案》的文章。文章指称,我国"春晓"天然气田的位置距离日本单方面划定的所谓的"中间线"只有5公里,与1998年建成的"平湖"油气田相比,距离向东一下子靠近65公里,惊呼"中国在向东海扩张","中国企图独占东海海底资源"。通过媒体炒作后,试图向日本政府施压,并要求政府采取行动,以维护日本的海洋权益。

此后,日本政府无视中国关于东海问题解决方案的建议,采取了一系列错误措施,导致东海问题日益升级。而日本采取相关措施的所谓理由是,认为中国在日本单方面认定的"中间线"西侧海域开发的矿床将严重影响和侵害它们的权益,即以所谓的吸管效应为理论依据。

(四)缓和期

为解决东海问题引发的争议,中日间开始了关于东海问题的磋商谈判,共进行了11次谈判:

第1次谈判于2004年10月25日在北京举行。在会谈中,双方阐述了各自在东海海域划界问题上的立场,虽未达成一致,但双方都认为,应通过谈判求得问题的公平解决;对于日本要求中国停止在东海的勘探和开发油气资源活动问题,双方同意继续通过磋商解决。

第2次磋商于2005年5月30—31日在北京举行。在会谈中,双方阐述了各自的主张与立场,表达了各自的关切,并就启动东海划界谈判,推进共同开发等问题深入交换了意见;双方一致认为,应按照中日两国领导人在雅加达会晤达成的五点共识,坚持通过对话,平等协商,妥善处理和解决东海问题。①

第3次磋商于2005年9月30日—10月1日在东京举行。在会谈中,双方在阐述关于东海问题划界原则立场的基础上,一致认为,应从中日关系大局出发,追求和平、合作、共赢的目标,认真探讨了在东海进行共同开发的可能性,并认为应沿着这一方向作出积极努力;同时,双方同意加快磋商进程,原则商定在北京举行下一轮磋商。

第4次磋商于2006年3月6—7日在北京举行。双方着重就共同开发等问题深入交换了意见,但双方对争议海域的划定包括共同开发的海域存在严重分歧,同时,双方同意尽早举行下一轮磋商。

第5次磋商于2006年5月18日在东京举行。双方回顾了迄今关于东海问题磋商的进程,一致认为,尽管双方在东海海域划界上的立场与主张仍有较大的距离,但磋商是积极而有益的,同时双方同意尽快在北京举行下一轮磋商。

---

① 中日两国领导人在雅加达会晤达成的五点共识内容,参见金永明:《东海问题解决路径研究》,法律出版社2008年版,第5页。

第 6 次磋商于 2006 年 7 月 8—9 日在北京举行。双方确认了维护东海局势稳定的重要性,就各自共同开发方案坦诚交换了意见,认为尽管双方间还存在很大差距,但本轮磋商是有益和务实的,今后将继续保持磋商进程;此外,双方还就建立应对东海不测事态的海上热线联络机制达成原则共识。

第 7 次磋商于 2007 年 3 月 29 日在东京举行。双方就共同开发问题建设性地交换了意见,双方同意推进共同开发体制,并进一步加强磋商进程。

第 8 次磋商于 2007 年 5 月 25 日在北京举行;第 9 次磋商于 2007 年 6 月 26 日在东京举行;第 10 次磋商于 2007 年 11 月 14 日在北京举行,双方就共同开发的海域等议题进行了磋商;第 11 次磋商于 2007 年 11 月 14 日在东京举行。

从上述关于东海问题的 11 次磋商成果看,尽管中日双方重点就东海海域划界的原则和方法,以及共同开发的问题进行了谈判,但并未就共同开发的海域等达成共识,双方均认为,继续保持磋商,对于和平解决东海问题具有积极作用。

(五)进展期

主要标志为 2008 年 6 月 18 日,中日两国外交部门分别公布了《中日关于东海问题的原则共识》,为切实推进东海问题的合理解决迈出了实质性的一步并取得了进展。[①] 从上述文件内容可以看出,中日双方搁置了东海划界争议,强调了在实现划界前的过渡期间,在不损害双方法律立场的情况下进行合作,包括合作开发和共同开发,以共享东海资源利益。为此,先前的东海问题磋商谈判机制改为东海问题原则共识政府间换文谈判机制。但由于双方针对春晓油气田的合作开发存在不同的理解和认识,所以即使发表了《中日关于东海问题的原则共识》,并进行了东海问题原则共识政府间换文谈判(2010 年 7 月 27 日),双方仍未在合作开发和共同开发上获得任何进展。[②]

(六)冲突期

由于中日两国在钓鱼岛周边海域发生了船只撞击和抓扣事件(2010 年 9 月

[①] 针对《中日关于东海问题的原则共识》内容的分析,参见金永明:《中日东海问题原则共识内涵与发展趋势》,《东方法学》2009 年第 2 期,第 99—109 页。
[②] 中日两国针对东海问题的磋商内容,参见金永明:《东海问题解决路径研究》,法律出版社 2008 年版,第 1—7 页。

7日),从而停滞了两国政府间关于东海问题原则共识的谈判进程。①

此外,日本政府于 2012 年 9 月 10 日确立"购岛"方针(所谓"平稳及安定地维护和管理"钓鱼岛及其部分附属岛屿),9月 11 日签署"购买"合同,并于 9 月 12 日完成所谓的"土地所有者"登记手续"收场"。然后,日本政府所谓"国有化"钓鱼岛、北小岛和南小岛的行为,无视中国政府的多次强烈抗议和严正警告,无视中日关系大局,不仅严重侵犯中国的主权和领土完整,也破坏纪念中日邦交正常化 40 周年的氛围,严重损害中日关系的发展进程。

针对日本"国有化"钓鱼岛行为,我国出台了一系列反制措施,主要有:2012 年 9 月 10 日,中国政府就钓鱼岛等岛屿的领海基线发表声明,公布钓鱼岛等岛屿作为基点的经纬度坐标,从而确立和明确了钓鱼岛等岛屿以直线基线为基础的领海制度及其他海域管辖范围;9 月 12 日,国家海洋局公布了领海基点保护范围选划及保护办法;9 月 13 日,中国常驻联合国代表李保东大使向联合国秘书长提交了中国钓鱼岛等岛屿领海基点基线坐标表和海域的文件;国家海洋局、民政部受权于 2012 年 9 月 21 日公布了我国钓鱼岛海域部分地理实体标准名称,从而完善了中国针对钓鱼岛等岛屿的领海制度及一些法定手续。2012 年 12 月 14 日,中国政府向联合国秘书长提交了《东海部分大陆架外部界限划界案》。这是我国于 2012 年 3 月 3 日,经国务院批准,授权国家海洋局、民政部公布钓鱼岛及其部分附属岛屿名称以来的后续措施,也是依据中国的海洋法(包括《中国政府关于领海的声明》《中国领海及毗连区法》《中国海岛保护法》等)以及《联合国海洋法公约》作出的决定,目的是完善中国的海洋法制度尤其是领海制度,捍卫中国的领土主权和海洋权益;也为我国对钓鱼岛周边海域实施常态化的巡航提供了法律基础和保障。

尽管我国基本完善了钓鱼岛周边海域的领海制度,并实施了常态化的巡航,但在中日双方并未解决钓鱼岛问题争议且互不妥协让步的情形下,两国执法机构的船只碰撞和摩擦事件发生的概率在明显地上升。同时,为强化对钓鱼岛周边海域的管理,日本不仅修改了《海上保安厅法》和《在领海等区域内有关外国船舶航行法》,赋予海上保安厅执法人员对"登岛"人员、在钓鱼岛周边海域活动的外国船舶和船员的警察权,即强化了所谓的"应对措施";制订了新的《海洋基本

---

① 中日两国在钓鱼岛周边海域发生船只冲撞事件内容,参见金永明:《从国际法审视日本抓扣中国渔船与渔民事件的非法性》,《东方法学》2010 年第 5 期,第 146—150 页。

计划》(2013—2017),整备了新的安保政策和措施,重点强化了对西南诸岛的"管理"。① 在这种情形下,我国仅公布钓鱼岛及其附属岛屿的领海基线显然是不够的,还需完善周边海域的执法制度,包括外国船只在钓鱼岛周边海域的航行制度、中国管辖海域巡航执法制度等,重点应明确我国海洋管理机构的职权和惩罚措施,以处置执法过程中的违法活动或行为。

为应对包括钓鱼岛周边海域在内的东海空域飞行安全,避免诸如日本舰机再次擅自闯入我国按国际规则指定的军事演习海域和空域那样的事件,作为应急和反制措施,我国国防部依据国际惯例和国内法于 2013 年 11 月 23 日宣布了《中国关于划设东海防空区的声明》,并发布了《中国东海防空识别区航空器识别规则公告》,以进一步管控东海空域秩序和航行安全。但由于中国东海防空识别区与日本公布的防空识别区(1969 年 4 月 29 日公布,1972 年 5 月 10 日和 1973 年 6 月 30 日修改)大面积重叠,使两国的飞机尤其是军机在重叠区发生冲突事故的可能性明显增加,特别在他方飞机不遵守中国东海防空识别区航空器识别规则的情况下,进一步完善执法制度包括制定中国东海防空识别区航空器识别规则实施细则、应对具有不同性质的空域实施有区别的管理制度,以确保东海防空识别区的正常运作和合理管理,就显得特别重要。②

(七) 协调期

其实,在钓鱼岛周边海域发生船只冲撞事件后,为改善中日关系包括协商处理海洋事务,中日两国于 2012 年 1 月建立了中日海洋事务高级别磋商机制,并于 2012 年 5 月在浙江省杭州市举行了首轮磋商,但由于日本"国有化"钓鱼岛行为,严重影响中日关系的大局和氛围,暂停了中日海洋事务高级别磋商进程。此后经过努力,于 2014 年 9 月 23—24 日在山东省青岛市举行了第二轮中日海洋事务高级别磋商会议。

---

① 日本政府依据《海洋基本法》第 16 条的规定,于 2013 年 4 月通过了第二部《海洋基本计划》(2013—2017)。具体内容参见(日本)海洋政策研究财团编:《海洋白皮书(2014)——面向"海洋立国"推进新的海洋政策》,第 194—221 页。
② 基于对中日军用航空器在东海空域危险接近所带来的潜在危险的共同认识,日本笹川和平财团和南京大学中国南海研究协同创新中心于 2014 年 10 月开启了"中日空域安全对话",经对东海空域安全措施的 4 次讨论,于 2015 年 12 月发布了题为《中日东海空域安全对话报告(2014—2015)》。而在此前,南京大学南海研究协同创新中心、北京大学国际关系学院和日本笹川和平财团为确保钓鱼岛周边海域的航行安全和构筑危机管理措施于 2013 年 8 月设立了"中日海上航行安全对话会",经过 3 次会议的讨论,于 2014 年 10 月联合发布了《中日海上航行安全对话报告(2013—2014)》。

随着中日两国于 2014 年 11 月 7 日《中日处理和改善中日关系四点原则共识》的达成,以及 2014 年 11 月 10 日中日两国首脑在北京举行的亚太经合组织领导人非正式会议(APEC)上的见面,中日两国意识到管控海上不测事态和危机管理的重要性,从而加快了海洋事务磋商进程。①

(八)漂流期

尽管中日两国迄今已举行了 7 次中日海洋事务高级别磋商会议,但并未呈现实质性的成果,主要原因是两国之间仍缺乏政治互信,尤其是日本干预南海问题的系列言行,同时中日关系定位的缺失,以及对中日海洋争议问题的谈判障碍等,也影响了海洋事务磋商谈判的效果,中日两国关系包括海洋争议问题现处于漂流期的状态。

二、中日海洋事务高级别磋商机制的内容及效果

如上所述,中日海洋事务高级别磋商机制的进程不仅经历了迂回曲折的过程,而且受到了中日关系的多次不利影响,但此机制最终还在继续运作,并发挥了一定的作用,这是值得庆幸的。在此,首先阐释 7 次磋商的主要内容及基本特征。

(一)中日海洋事务高级别磋商会议内容

中日海洋事务高级别磋商机制是综合处理中日两国之间面临的海洋争议问题的谈判平台,以为全面地处理和解决两国之间存在的海洋争议问题提供决策方案和具体建议作出贡献,所以是一个非常重要且专业性强并值得期待成果的谈判机制。

在迄今为止的 7 次磋商谈判中,如上所述,第一次磋商是设立中日海洋事务高级别磋商机制,第二次磋商是恢复中日海洋事务高级别磋商机制,所以磋商的内容并不多,只是就一些原则性的意见进行交换,包括于 2014 年 9 月 23—24 日在青岛举行的第二次磋商中,双方原则同意重新启动中日防务部门海上联络机制等。笔者认为,该机制比较实质性的磋商内容起始于第三次磋商。

---

① 中日就处理和改善中日关系达成四点原则共识内容,参见 http://www.fmprc.gov.cn/mfa_chn/zyxw_602251/t1208349.shtml. 2014 年 11 月 8 日访问;中日首脑在北京亚太经合组织领导人非正式会议上的会见内容,参见 http://www.gov.cn/xinwen/2014－11/10/content_2776917.htm. 2014 年 11 月 10 日访问。

第三次磋商会议于 2015 年 1 月 22 日在横滨举行。双方举行了磋商机制全体会议和机制下设的政治法律、海上防务、海上执法与安全及海洋经济 4 个工作组会议,就中日关系、东海有关问题及海上合作深入交换了意见,并达成如下 6 点共识①：第一,双方对 2015 年 1 月 12 日举行的中日防务部门海上联络机制第四轮专家组磋商取得的进展予以积极评价,同意争取早日启动防务部门海空联络机制,并就此进行磋商;第二,中国公安部边防局和日本海上保安厅同意继续就打击走私、偷渡等海上犯罪进行合作;第三,中国海警局和日本海上保安厅同意建立双方总部之间的对话窗口,并尽快讨论进一步合作的方式;第四,双方同意在中日海洋事务高级别磋商框架下,加强海洋政策及海洋法对话;第五,双方同意根据有关国际法加强在搜救、科技及环境等领域的合作;双方并就早日缔结中日海上搜救协定交换了意见;第六,双方原则同意 2015 年下半年举行第四轮中日海洋事务高级别磋商,具体事宜将通过外交渠道商定。

第四次磋商会议于 2015 年 12 月 7—8 日在厦门举行。双方达成如下 7 项共识②：第一,两国防务部门就早日启动海空联络机制进行了沟通,同意继续就此进行协商。双方还就开展防务交流交换了意见。第二,中国公安部边防局和日本海上保安厅同意继续就共同打击走私、偷渡、贩毒等跨境犯罪加强合作。第三,中国海警局和日本海上保安厅同意进一步完善和丰富双方海上执法机构联络窗口,通过信息交换和人员交流加强沟通、增进互信。第四,双方同意在本机制下,继续就海洋政策及海洋法交换意见,加强对话与沟通。第五,双方同意加强在海洋生物多样性养护、海洋垃圾管理等方面的合作,并就资源开发问题交换了意见。第六,双方同意就早日签署中日海上搜救协定继续交换意见。第七,双方原则同意明年上半年在日本举行第五轮中日海洋事务高级别磋商,具体事宜通过外交渠道商定。

第五次磋商会议于 2016 年 9 月 14—15 日在广岛举行。双方举行了磋商机制全体会议和机制下设的政治和法律、海上防务、海上执法与安全、海洋经济 4 个工作组会议,就东海相关问题交换了意见,并探讨了开展海上合作的具体方式。本轮磋商达成如下 9 项共识③：第一,双方同意致力于维护东海和平稳定。第

---

① See http://www.fmprc.gov.cn/mfa_chn/wjbxw_602253/t1230647.shtml. 2015 年 1 月 25 日访问。
② See http://www.mofa.go.jp/mofaj/press/release/press4_002758.html. 2015 年 12 月 9 日访问。
③ See http://news.xinhuanet.com/world/2016-09/15/c_1119569714.htm. 2016 年 9 月 16 日访问；Also see http://www.mofa.go.jp/mofaj/press/release/press4_003708.html. 2016 年 9 月 16 日访问。

二,双方同意加快中日防务部门海空联络机制磋商进程,尽早举行第六轮专家组磋商。双方同意继续推进两国防务交流。第三,中国公安部边防管理局和日本海上保安厅同意继续就交换情报信息和防范打击偷渡、走私、贩毒等跨境犯罪加强执法合作。第四,中国海警局与日本海上保安厅同意充分发挥已有联络窗口作用,深化两国海上执法机构间信息和人员交流。第五,双方就海洋政策及海洋法交换了意见,并同意继续就此进行交流。第六,双方同意尽早建立中日海洋垃圾合作专家对话平台,并于2017年实施中日海洋垃圾联合调查。第七,双方确认尽早签署中日海上搜救协定的重要性,并将就此保持沟通。第八,双方就东海问题原则共识相关问题坦诚交换意见。第九,双方原则同意今年内在中国举行第六轮中日海洋事务高级别磋商。

第六次磋商于2016年12月7—9日在海南省海口市举行。双方举行了磋商机制全体会议和机制下设的政治和法律、海上防务、海洋执法与安全、海洋经济4个工作组会议,就东海相关问题交换意见,并探讨了开展海上合作的具体方式。本轮磋商达成如下10项共识[①]:第一,双方积极评价防务部门海空联络机制第六轮专家组磋商,并一致同意为尽早启动运行该机制继续做出努力。第二,中国公安部边防管理局和日本海上保安厅同意为加强双方情报信息交换和防范打击走私、偷渡、贩毒等跨境犯罪的执法合作,依据双方签署的有关协议,进一步加强情报信息的交换渠道。第三,中国海警局和日本海上保安厅进一步丰富了已有联络窗口,并就利用该窗口推动两国海上执法机构间的信息交换和加强工作层人员交流达成共识。第四,双方同意2017年3月底之前召开中日海洋垃圾合作专家对话平台首次会议,讨论海洋垃圾监测以及微塑料毒性等领域的合作研究。双方并同意促进相关领域专家互访及技术交流,并于同年举行相关研讨会。第五,双方确认海上船舶安全和污染事务双多边合作与协调的重要性。第六,双方再次确认早日签署中日海上搜救协定的重要性,并同意继续开展必要工作。第七,双方再次就东海问题原则共识相关问题坦诚交换意见,并同意继续就此进行讨论。第八,双方同意在渔业管理方面加强合作。第九,双方就中日海洋科考相互通报框架相关问题进行沟通。第十,双方原则同意明年上半年在日本举行第七轮中日海洋事务高级别磋商。

---

① See http://www.sjsc.org.cn/2016/1212/xinwenzhongxin/4607.html. 2016年12月13日访问;Also see http://www.mofa.go.jp/mofaj/press/release/press4_004043.html. 2016年12月10日访问。

第七次磋商于 2017 年 6 月 29—30 日在日本福冈举行。双方举行了磋商机制全体会议和机制下设的政治和法律、海上防务、海上执法与安全、海洋经济 4 个工作组会议,就东海相关问题交换意见,并探讨了开展海上合作的具体方式。此轮会谈达成如下 9 项共识①:第一,双方同意尽早启动防务部门海空联络机制,并同意进一步推进防务交流。第二,中国公安部边防管理局和日本海上保安厅,根据双方签署的纪要,就加强双方情报信息交换和防范打击走私、偷渡、贩毒等跨境犯罪方面的执法合作进一步交换了意见。第三,中国海警局和日本海山保安厅肯定了已有联络窗口所发挥的作用,为进一步增强互信,双方就加强信息交换、推进工作层人员交流达成一致,并就强化两国海上执法机构间的合作深入交换了意见。第四,双方积极评价 2017 年 3 月在大连举行的中日海洋垃圾合作专家对话平台首次会议,并决定于 2018 年在日本举行第二次会议。双方同意于 2017 年 11 月在上海举行海洋垃圾研讨会,并于年内通过实施联合调查开展海洋垃圾合作研究。第五,双方再次确认签署中日海上搜救协定的重要性,同意今后继续进行在双多边框架下的搜救合作。第六,双方同意今后两国主管部门继续就海上船舶安全与污染防治进行合作。第七,双方就东海问题原则共识相关问题进一步深入交换意见,并同意继续就此进行讨论。第八,双方确认加强渔业资源保护的重要性,并同意继续在渔业方面加强合作。第九,双方原则同意今年下半年在中国举行第八轮中日海洋事务高级别磋商。

(二)中日海洋事务高级别磋商内容特征

从迄今中日海洋事务高级别磋商已进行了 7 次会议并达成的共识内容看,其主要具有以下特征。

第一,机制的综合性。从参加中日海洋事务高级别磋商会议的单位看,中方的参与单位有外交部、中央外办、国防部、公安部、国土资源部、交通运输部、农业部、国家海洋局、中国海警局等单位;日方的参与单位包括外务省、内阁官房、水产厅、资源能源厅、海上保安厅、环境省和防卫省等部门。可见,两国主管海洋事务部门的多数机构均参与了该机制的磋商谈判,也反映磋商内容之众多,体现了该机制的综合性和重要性。

---

① See http://www.fmprc.gov.cn/web/wjbxw_673019/t1474441.shtml. 2017 年 6 月 30 日访问;Also see http://www.mofa.go.jp/mofaj/press/release/press4_004784.html. 2017 年 6 月 30 日访问。

第二，内容的多样性。从迄今7次中日海洋事务高级别磋商内容看，主要涉及海空安全联络机制、海上犯罪、海上执法、海上搜救、海洋政策与海洋法交流、资源开发、海洋垃圾管理、海洋渔业养护和管理、海洋污染和东海问题原则共识相关问题等方面，可见，该机制磋商的内容包括海洋的众多领域，体现了磋商内容的多样性和专业性，也反映了磋商的艰巨性和复杂性以及协调的困难性。

第三，形式的专业性。中日海洋事务高级别磋商机制采用全体会议和专业会议的方式进行，即采用磋商机制整体会议和4个工作组（政治和法律组、海上防务组、海洋执法与安全组、海洋经济组）联动的方式，对东海相关问题和具体海洋领域合作方式进行磋商和谈判。在谈判过程中，遵循先易后难、成熟一个发展一个的模式，展开对海洋专业性领域的合作进程，并取得了初步的合作意向和成果。

第四，任务的艰巨性。中日海洋事务高级别磋商机制谈论的内容，多是两国在东海海空安全涉及的对立和冲突问题，所以如果直接从对立和冲突的敏感问题入手，则无法持续这种类型的磋商机制。为此，该磋商机制在坚持原则的前提下，从具体容易操作的海洋领域入手，即遵循先易后难的原则取得了具体的阶段性成果，包括对海洋垃圾的调查合作、海上执法信息的交换、海上搜救和海空安全联络机制的重要性的认识等方面，这对于持续此磋商机制有一定的积极影响。但不可否认的是，在进行海洋领域的具体合作时，势必会遇到两国面临的尖锐的对立问题，如东海钓鱼岛主权归属争议、海域划界的原则和方法等问题，所以中日海洋事务高级别磋商机制的后续谈判任务艰巨，困难重重。

第五，磋商的原则性。尽管中日海洋事务高级别磋商谈判因海洋事件（船只冲撞事件、"国有化"钓鱼岛等）曾经停滞过，但依然在曲折中前行，主要目的是依据中日领导人的政治意愿在进行持续的沟通和会谈，以期为改善中日关系、合理处理海洋争议问题等作出贡献。在此，体现中日两国领导人政治意愿的文件主要是：2006年10月8日和2007年4月11日《中日联合新闻公报》，2008年5月7日《中日关于全面推进战略互惠关系的联合声明》，2008年6月18日《中日关于东海问题的原则共识》，2009年3月20日和27日《中日防务部门联合新闻公报》，2014年11月7日《中日处理和改善两国关系四点原则共识》等。换言之，中日海洋事务高级别磋商机制是在两国政治意愿的推动下，在不改变双方法律主张和政策立场下进行的，所以很难在实质性问题上达成共识，该机制无疑在解决海洋争议问题上具有局限性，这也可从迄今磋商达成的共识内容中得到理解。

综上可知,尽管中日两国迄今举行了7次海洋事务高级别磋商会议,但并未就实质性的两国之间存在的海洋争议问题达成共识。这是由于双方并未能就实质性的海洋争议问题予以谈判而导致的结果,而这正是该海洋事务高级别磋商机制的重大缺陷。为此,我们有必要考虑设立中日海洋事务高级别磋商机制的目的,以及探讨两国之间存在的核心海洋争议问题的本质。

三、中日海洋事务高级别磋商机制的依据及关键缺陷

中日海洋事务高级别磋商机制的设立目的是探讨在东海所包含的各种海洋问题,重点解决在东海的资源开发问题,即中日海洋事务高级别磋商机制的谈判依据是《中日关于东海问题的原则共识》《中日处理和改善中日关系四点原则共识》。为此,有必要论述这些文件的内容和原则。

(一)《中日关于东海问题的原则共识》的基础和内容

1. 政治基础

《中日关于东海问题的原则共识》的达成,离不开中日关系的大局,而促进《中日关于东海问题的原则共识》达成的主要政治文件为:(1)《中日联合新闻公报》(2006年10月8日),即应中国国务院总理温家宝邀请,日本内阁总理大臣安倍晋三于2006年10月8—9日对中国进行正式访问时双方发表的联合公报。其指出,双方确认,为使东海成为和平、合作、友好之海,应坚持对话协商,妥善解决有关分歧;加快东海问题磋商进程,坚持共同开发大方向,探讨双方都能接受的解决办法。(2)《中日联合新闻公报》(2007年4月11日),即应日本国政府邀请,中国国务院总理温家宝于2007年4月11—13日对日本进行正式访问时发表的联合公报。其指出,为妥善处理东海问题,双方达成如下共识:第一,坚持使东海成为和平、合作、友好之海;第二,作为最终划界前的临时性安排,在不损害双方关于海洋法诸问题立场的前提下,根据互惠原则进行共同开发;第三,根据需要举行更高级别的磋商;第四,在双方都能接受的较大海域进行共同开发;第五,加快磋商进程,争取在今年秋天就共同开发具体方案向领导人报告。(3)《中日关于全面推进战略互惠关系的联合声明》(2008年5月7日)。应日本国政府邀请,中国国家主席胡锦涛于2008年5月6—10日对日本国进行国事访问。访问期间,国家主席胡锦涛和日本内阁总理大臣福田康夫于2008年5月7日在东京签署了《中日关于全面推进战略互惠关系的联合声明》。其指出,双方

确认,中日两国作为对世界经济有重要影响的国家,将为世界经济的可持续增长作出贡献,决定重点开展以下合作,包括共同努力,使东海成为和平、合作、友好之海。

2. 主要内容

《中日关于东海问题的原则共识》包含以下三个方面的内容:

(1) 关于中日在东海的合作。为使中日之间尚未划界的东海成为和平、合作、友好之海,中日双方根据2007年4月中日两国领导人达成的共识以及2007年12月中日两国领导人达成的新共识,经过认真磋商,一致同意在实现划界前的过渡期间,在不损害双方法律立场的情况下进行合作。为此,双方迈出了第一步,今后将继续进行磋商。

(2) 中日关于东海共同开发的谅解。作为中日在东海共同开发的第一步,双方将推进以下步骤:

(一) 由以下各坐标点顺序连线围城的区域为双方共同开发区块:

1. 北纬29度31分,东经125度53分30;
2. 北纬29度49分,东经125度53分30;
3. 北纬30度04分,东经126度03分45;
4. 北纬30度00分,东经126度10分23;
5. 北纬30度00分,东经126度20分00;
6. 北纬29度55分,东经126度26分00。

(二) 双方经过联合勘探,本着互惠原则,在上述区块中选择双方一致同意的地点进行共同开发。具体事宜双方通过协商确定。

(三) 双方将努力为实施上述开发履行各自的国内手续,尽快达成必要的双边协议。

(四) 双方同意,为尽早实现在东海其他海域的共同开发继续磋商。

(3) 关于日本法人依照中国法律参加春晓油气田开发的谅解。中国企业欢迎日本法人按照中国对外合作开采海洋石油资源的有关法律,参加对春晓现有油气田的开发。中日两国政府对此予以确认,并努力就进行必要的换文达成一致,尽早缔结。双方为此履行必要的国内手续。

3. 基本特征

(1) 临时性。《中日关于东海问题的原则共识》内容,只是在实现东海划界前的过渡期间作出的合作安排,具有临时性的特点。(2) 原则性。《中日关于东海问题的原则共识》内容,不损害双方法律立场,依然遵循各方的主张和立场,即尊重各方的原则性立场。(3)阶段性。从《中日关于东海问题的原则共识》内容看,双方达成的共识只是合作的第一步,今后就具体合作事项将继续举行磋商。而这次合作的内容包括在指定区块的共同开发、在春晓油气田的合作开发,以及在东海其他海域的共同开发等方面。(4)后续性。尽管《中日关于东海问题的原则共识》已经达成,但为开展后续工作也规定了一些任务:一是协商指定区块内的共同开发地点;二是努力为实施共同开发履行各自国内手续并达成必要的双边协议;三是协商在东海其他海域的共同开发;四是尽早缔结日本法人参加春晓油气田开发的换文并履行必要的国内手续。

4. 实际效果

虽然《中日关于东海问题的原则共识》自 2008 年 6 月 18 日两国外交部门分别发布以来,已经历了 9 年多的时间,但并未取得实质性的进展。其主要原因是:

第一,磋商机制的短暂性。中日曾于 2010 年 7 月 27 日举行了第一次政府间原则共识换文谈判,但由于后续发生的船只撞船事件、"国有化"钓鱼岛等,中断了政府间原则共识换文谈判机制,迄今该机制是否取消也未曾明确。

第二,磋商内容的替换性。自第 5 次中日海洋事务高级别磋商机制纳入了东海问题原则共识相关问题以来,成为该磋商机制的协商内容。例如,第 5 次中日海洋事务高级别磋商指出,双方就东海问题原则共识相关问题坦诚交换了意见;第 6 次中日海洋事务高级别磋商指出,双方再次就东海问题原则共识相关问题坦诚交换意见,并同意继续就此进行谈论;第 7 次中日海洋事务高级别磋商指出,双方就东海问题原则共识相关问题进一步深入交换意见,并同意继续就此进行谈论。据此是否可以认为,对于东海问题的政府间原则共识换文谈判内容已由中日海洋事务高级别磋商机制予以处理和协调。

第三,内容理解分歧。由于中日两国对日本法人依照中国法律参加春晓油气田的具体合作模式产生分歧,从而并未呈现实际的合作效果。中国认为,日本法人依照中国法律参加春晓油气田开发是一种合作开发,不是共同开发;而日本认为,日本法人依照中国法律参加春晓油气田开发是一种共同开发,不是合作开发。同时,两国对参加春晓油气田开发的出资比例、利益分配等也存在不同的理解。中日两国呈现上述现象的本质是,《中日关于东海问题的原则共识》是妥协的产物,即是在政治意愿主导下的产物。这种政治意愿下的产物无法在法律上予以协调,具体标志之一为《中日关于东海问题的原则共识》只有中、日文版,而无英文版,所以存在各自对其有利解释的主观可能性。

(二)《中日处理和改善中日关系四点原则共识》内容及效果

1. 基本内容

为改善和稳定中日关系,走出中日关系的低谷,2014年11月7日,中国国务委员杨洁篪在钓鱼台国宾馆同来访的日本国家安全保障局局长谷内正太郎举行会谈。双方就处理和改善中日关系达成4点原则共识:

第一,双方确认将遵守中日四个政治文件的各项原则和精神,继续发展中日战略互惠关系。

第二,双方本着"正视历史、面向未来"的精神,就克服影响两国关系政治障碍达成一些共识。

第三,双方认识到围绕钓鱼岛等东海海域近年来出现的紧张局势存在不同主张,同意通过对话磋商防止局势恶化,建立危机管控机制,避免发生不测事态。

第四,双方同意利用各种多双边渠道逐步重启政治、外交和安全对话,努力构建政治互信。

2. 重要意义

《中日处理和改善中日关系四点原则共识》的意义,主要体现在以下方面:

第一,坚持中日四个政治文件的原则和精神,是稳固和发展两国关系的重要政治基础,必须切实遵守,不容恶意践踏。因为它是经过实践证明处理和改善中日关系尤其是充实和发展战略互惠关系的基石。

第二,双方同意本着"正视历史、面向未来"的精神,就克服影响两国关系政治障碍达成共识。这是正确看待历史问题,处理和改善中日关系的重要保障。"正视历史、面向未来"的要点为"正本清源、标本兼治",即需要恢复事物的本来面目,回归问题的本质,确认中日邦交正常化以来的四个政治文件的原则和精神,特别应以"以史为鉴、求同存异、世代友好"的宗旨和精神处理与发展中日关系,利用和平方法解决双方之间存在的分歧及对立问题。

第三,通过平等协商和沟通等手段应对和处理诸如钓鱼岛重大敏感争议问题,包括构筑管控东海海空安全机制。这是延缓和平息两国争议、恢复和改善中日关系的现实需求,切不能延误时机和停滞发展。为此,《中日处理和改善两国关系四点原则共识》指出,双方认识到围绕钓鱼岛等东海海域近年来出现的紧张局势存在不同主张,同意通过对话磋商防止局势恶化,建立危机管控机制,避免发生不测事态,这无疑是延缓和防止东海海空安全的必要措施,值得坚持和大力推进。

第四,中日两国关系的全面恢复和发展,并不能一蹴而就,需要一定的时间和可行的途径,对此必须有清醒的认识。《中日处理和改善两国关系四点原则共识》指出,双方同意利用各种多双边渠道逐步重启政治、外交和安全对话,努力构建政治互信。也就是说,中日双方主要将在政治、外交和安全领域创造多种条件展开对话,以就重大敏感问题达成理解和共识,提升双方政治互信为目标,进而改善和发展中日两国关系。应该说,这不仅是可以实现并且是一个可行的路径选择。因为当前中日两国在政治、外交和安全领域上的对立和分歧最为严峻和关键,这些领域是需要优先通过对话磋商解决的事项,进而再延伸或扩展到其他领域,例如,历史、文化交流和经济合作等领域,以实现全面推进中日战略互惠关系目标。

3. 具体效果

《中日处理和改善中日关系四点原则共识》的达成,为提升政治互信提供了基础和条件。为此,中日两国领导人于 2014 年 11 月在北京举行的 APEC 会议上、2015 年 4 月在印度尼西亚、2016 年 9 月在杭州举行的 G20 峰会上举行了会谈,并再次确认了四点原则共识的重要性。例如,在 APEC 会议会见时,中国国家主席习近平表示,中国政府一贯重视对日关系,主张在四个政治文件基础上,本着"以史为鉴、面向未来"的精神,推动中日关系向前发展。日本内阁总理大臣安倍晋三表示,中国的和平发展对日本、对世界是重要机遇;日方愿意落实双方达成的四点原则共识,妥善处理有关问题,以此为新的起点,推进日中战略互惠关系改善和发展。在 G20 杭州峰会会谈时,中国国家主席习近平指出,中日双方应恪守中日四个政治文件和 2014 年 11 月达成的四点原则共识,确保两国关系的政治基础不动摇;两国要管理好老问题,防止新问题,减少"绊脚石";中日双方应根据四点原则共识精神,通过对话磋商加强沟通,妥善处理东海问题,共同维护东海和平稳定。日本内阁总理大臣安倍晋三表示,日方愿努力同中方建立互信,希望按照日中达成的有关共识精神,努力改善两国关系,并就相关问题同中方保持对话;对于东海问题,东海的安定紧密关联日中关系,要求共同努力将东海变成真正意义上的"和平、合作、友好之海"。同时,双方同意尽早启用防卫部门之间的东海海空安全联络机制并加快磋商进程。

(三) 中日海洋事务高级别磋商机制的局限性

尽管中日两国针对东海问题达成了两个文件，即《中日关于东海问题的原则共识》《中日处理和改善中日关系的四点原则共识》，并克服困难持续举行了 7 次中日海洋事务高级别磋商会议，但并未消除中日两国在东海资源开发和钓鱼岛问题上的对立和分歧，因为这些关键性问题并没有纳入该磋商机制的范畴。这不仅是中日海洋事务高级别磋商机制的重大缺陷，也是中日两国无法在东海海空安全联络机制上得到进一步深化和发展的关键性原因。

1. 在东海资源开发上的对立和分歧

如上所述，中日两国在东海海域的资源开发上存在分歧，因而迄今未能在共同开发和合作开发上达成实质性的成果。例如，2015 年 7 月 22 日，日本外务省网站公布了中国东海油气平台的位置、图片等信息，鼓吹"中国海洋威胁论"，并要求中方停止在日方单方面主张的"中间线"中方一侧海域的开发活动。[①] 为此，中国外交部于 2015 年 7 月 24 日发表了《中国东海油气田开发活动正当合法》的政策性立场文件。[②] 其内容为：

第一，中国东海油气开发活动是在无争议的中国管辖海域进行，完全是中国主权权利和管辖权范围内的事情，无可厚非。

第二，中日两国在东海尚未进行海域划界，中国不承认日本单方面划出的所谓"中间线"，中国也不认同日本以所谓"中间线"为基础进行海域划界的立场。

第三，中方长期以来一直从两国关系大局出发，保持克制，未在争议海域进行油气开发活动，我们主张与日方在不影响各自法律立场的前提下进行共同开发。

第四，希望日方尽早回归原则共识、维护原则共识，为双方重启落实原则共识磋商创造良好的条件和气氛。

第五，中方愿同日方在尊重历史事实的基础上，依据国际法，继续通过包括海洋事务高级别磋商机制在内的渠道就东海有关问题进行对话沟通，增进互信，管控分歧，促进合作。

对此，日本外务省于 2015 年 8 月 3 日公布了《日本针对东海资源开发的法

---

① 日本外务省发布中国东海油气平台的位置、图片等信息内容，参见 http://www.mofa.go.jp/mofaj/files/00091720.pdf and http://www.mofa.go.jp/mofaj/files/00091722.pdf. 2015 年 7 月 23 日访问。
② 中国外交部的《中国东海油气开发活动正当合法》内容，参见 http://www.fmprc.gov.cn/mfa_chn/wjbxw_602253/t1283725.shtml. 2015 年 7 月 29 日访问。

律立场》，①内容包括以下三个方面：

第一，中日两国依据《联合国海洋法公约》，具有从领海基线量起的200海里专属经济区和大陆架的权原。

第二，中国并未明确具体的界限，仅提出对大陆架依自然延伸到冲绳海沟的主张；日本认为，自然延伸不适用于相向国家间的划界，冲绳海沟在划界中不具有法律意义。

第三，日本在未定海域，至少在中间线的日本侧海域可行使主权权利和管辖权。日本的《专属经济区和大陆架法》(1996年)并没有放弃中间线以外的权原，至少在划界前可依据国际法行使对到中间线海域的主权权利和管辖权。因此，在中日之间东海划界未定，且中方不承认我方的中间线主张时，那么，日本可从领海基线起主张200海里的专属经济区和大陆架的权原，这种主张是很重要的。

如上所述，由于中日两国针对东海划界的原则、方法以及冲绳海沟在划界中的作用等方面存在不同的主张，所以两国之间无法缔结东海划界协议，依据《中日关于东海问题的原则共识》内容，东海划界问题实际上已经搁置，留待今后再予处理。

2. 在钓鱼岛问题上的对立和分歧

日本内阁官房网站于2016年4月15日公布了与钓鱼岛有关的资料，妄称钓鱼岛是日本的"固有领土"。② 从中日两国迄今存在的文件形式看，实际涉及钓鱼岛问题内容的是《中日改善和发展中日关系四点原则共识》中的第三点共识，即双方认识到围绕钓鱼岛等海域近年来出现的紧张局势存在不同主张，同意通过对话磋商防止局势恶化，建立危机管控机制，避免发生不测事态。对此，中方认为，针对钓鱼岛问题，两国之间存在不同的主张，应通过对话协商处理钓鱼岛问题，包括建立东海海空安全联络机制。而日方认为，中日两国应共同维护东海海空安全，包括建立东海海空安全联络机制，以避免发生不测事态；而对于钓鱼岛问题，仍坚持原先的在钓鱼岛问题上不存在争议的立场。例如，在日本第187次临时国会的众议院会议上，日本外务大臣岸田文雄于2014年11月21日在回答下世代党议员西野弘一在关于尖阁诸岛（钓鱼岛及其附属岛屿）的领有权问题的第71号提问时答辩指出，日本依然坚持先前的立场，即中日两国不存在

---

① 日本外务省的《日本针对东海资源开发的法律立场》内容，参见 http://www.mofa.go.jp/mofaj/a_o/c_m1/page3_001302.html. 2016年8月3日访问。
② See http://www.cas.go.jp/jp/ryodo/index.html. 2016年4月16日访问。

需要讨论解决钓鱼岛的主权争议问题。①

　　针对钓鱼岛问题的不同立场,包括不存在钓鱼岛主权争议问题的日方主张,是无法进一步深化中日海洋事务高级别磋商机制的重大障碍。因为在管控东海海空安全、构筑东海海空安全联络机制时,就无法克服该机制的适用范围方面的争议,从而无法启动东海海空安全联络机制。为此,我们有必要分析钓鱼岛问题的两个方面的内容:即钓鱼岛问题是否存在争议;是否存在"搁置争议"的共识内容。

　　(1) 钓鱼岛存在主权争议不容否认。对于是否存在钓鱼岛主权争议的问题,从国际实践看,并不是单方面的判断可以决定的,而需要从事实和法律立场予以阐释。诚然,在国际法文件中,没有明确定义国际争议或国际争端的概念,但从国际法院多次引用常设国际法院于 1924 年 8 月 30 日审理马弗提斯和耶路撒冷工程特许案(Mavromamat Palestine Concessions)的判决内容中可以看出,所谓的争端是指两个当事人(或国家)之间在法律或事实论点上的不一致(Desaccord),在法律主张或利害上的冲突(Constrdiction)及对立(Opposition)。换言之,国际争议或国际争端是针对特定主题,两者间互相对抗的主张出现明显化的状况。正如国际法院在此后多次提及的那样,(国际)争议是由客观事实确定的,不依赖于当事者是否承认。对照此判决内容,结合中日两国针对钓鱼岛问题的立场与态度,中日两国在钓鱼岛问题上是存在争议的,日方不容否认。②

　　中方针对钓鱼岛问题的立场文件主要是:1971 年 12 月 30 日和 2012 年 9 月 10 日的《中华人民共和国外交部声明》,中国国务院新闻办公室 2012 年 9 月发布的《钓鱼岛是中国的固有领土》白皮书。而日方针对钓鱼岛问题的立场文件主要为:日本外务省发布的《日本关于尖阁诸岛领有权问题的基本见解》(1972 年 3 月 8 日)、《日本针对尖阁诸岛的"三个真实"》(2012 年 10 月 4 日)、《日本尖阁诸岛宣传资料》(2013 年 10 月)等。③

　　(2) 中日在钓鱼岛问题上存在"搁置争议"的共识(或默契)。对于"搁置争议"术语,虽然未在《中日政府联合声明》(1972 年 9 月 29 日)、《中日和平友好条

---

① See http://www.shugiin.go.jp/internet/itdb_shitsumon.nsf/shitsumon/187071.htm. 2014 年 11 月 25 日访问。
② 参见金永明:《中国维护东海权益的国际法分析》,《上海大学学报(社会科学版)》2016 年第 4 期,第 3—5 页。
③ 批驳日本针对钓鱼岛问题的立场文件内容,参见金永明:《批驳"日本关于钓鱼岛等岛屿领有权的基本见解"的错误性》,《云南大学学报(法学版)》2011 年第 2 期和《东方法学》2012 年第 5 期;金永明:《批驳日本针对钓鱼岛列岛问题"三个真实"论据之错误性》,《太平洋学报》2013 年第 7 期;金永明:《批驳日本"尖阁诸岛宣传资料"论据的错误性》,《太平洋学报》2014 年第 4 期。

约》(1978年8月12日签署,1978年10月23日生效)等中显现,但1978年10月25日邓小平副总理在日本记者俱乐部的回答,表明两国在实现中日邦交正常化、中日和平友好条约的谈判中,存在约定不涉及钓鱼岛问题的事实。邓小平副总理指出:"这个问题暂时搁置,放它十年也没有关系;我们这代人智慧不足,这个问题一谈,不会有结果;下一代一定比我们更聪明,相信其时一定能找到双方均能接受的好方法。"换言之,中日两国领导人同意就钓鱼岛问题予以"搁置"。否则的话,针对邓小平副总理在日本记者俱乐部的回答内容,日本政府可作出不同的回答,而他们并未发表不同的意见,也没有提出反对的意见,这表明对于"搁置争议"日本政府是默认的。此后,日本政府也是以此"搁置争议"的原则和精神处理钓鱼岛问题的,具体表现为"不登岛、不调查及不开发、不处罚",从而维持了钓鱼岛问题的基本稳定。

应注意的是,由于邓小平副总理在日本记者俱乐部的回答,是在1978年10月23日中日两国互换《中日和平友好条约》批准文后举行的,所以针对钓鱼岛问题的回答内容,具有补充《中日和平友好条约》内容原则性、抽象性的缺陷,具有解释性的作用和效果,即针对钓鱼岛问题的回答内容,也具有一定的效力。因为《维也纳条约法公约》第32条第2款规定,对于条约的解释,条约之准备工作及缔约之情况,也可作为解释条约之补充资料。

另外,运用"搁置争议"的原则和精神的具体产物之一为《中日渔业协定》(1997年11月11日签署,2000年6月1日生效)。从《中日渔业协定》的第1条、第2—3条规定可以看出,日本政府是同意将钓鱼岛周边海域作为争议海域处理的,承认两国对钓鱼岛周边海域存在争议。

可见,日本政府违背历史事实,在钓鱼岛问题上否定争议、否定"搁置争议"的共识,是中日两国长期以来无法得到实质性进展或合理解决钓鱼岛问题的关键因素。当然,美国所谓的《美日安保条约》第5条适用于钓鱼岛的表态以及在《归还冲绳协定》时一并将钓鱼岛"交还"日本的做法等,也是钓鱼岛问题难以解决的重要因素。[①]

四、中日关系与海洋问题的关联性

如上所述,中日两国之间存在着各种问题,包括历史问题、对战争责任的认

---

① 参见金永明:《中国维护东海权益的国际法分析》,《上海大学学报(社会科学版)》2016年第4期,第5—7页。

知差异,以及在海洋领土和海洋安全上的分歧与对立等重要问题。这些问题的呈现与发展,势必严重影响国民感情和情绪,进而影响和损害两国合作的环境和气氛,使得两国的合作进程受到上述各种问题的影响,从而损害双方合作领域的发展及效果,并关联中日关系的起伏进程。换言之,这些重要问题包括海洋问题的显现,严重影响和损害中日两国合作应对各种问题和挑战的效果,出现不稳定的局面和态势。

(一)中日关系的发展进程及影响的关键问题

2017年和2018年,是维护和发展中日关系的重要年份。如何坚持长期以来中日两国以四个政治文件的原则和精神为基础,确保使中日关系由中日睦邻友好关系(《中日政府联合声明》,1972年9月29日)、和平友好关系(《中日和平友好条约》,1978年8月12日),到致力于和平与发展的友好合作关系(《中日关于建立致力于和平与发展的友好合作伙伴关系的联合宣言》,1998年11月26日),进而上升为全面推进中日战略互惠关系(《中日关于全面推进战略互惠关系的联合声明》,2008年5月7日)的发展进程,以真正实现两国和平共处、世代友好、互利合作和共同发展的崇高目标,是我们应该认真对待的重大问题,也即双方应抓住时机,须对中日关系进行再确认和再定位,以切实稳固和推进中日关系持续发展。

鉴于海洋问题的历史性、敏感性、复杂性以及海洋空间和资源的利益性,两国对其的认识和理解发生的对立和争议,不仅影响民族感情,也关联国家利益。所以,如何合理地处理和管控海洋争议问题是我们应该着力的重要方面,也是维系和发展中日关系的关键领域,必须认真合理地加以应对;否则,由此造成的损害无法弥补,中日关系的顺利发展无法实现。

(二)中日针对海洋争议问题的对立及努力的效果

一直以来,中日两国之间存在东海问题的争议,其中钓鱼岛及其附属岛屿的主权争议是其核心。但由于双方在历史事实和法理适用上的认识和分歧无法妥协和让步,因而迄今没有解决这些争议,成为影响中日关系的不稳定因素。

同时,随着南海问题的显现,尤其是南海仲裁案所谓的最终裁决的出现,日本政府在一系列的多个国际场合(例如,七国集团首脑和外长会议声明,美日澳战略对话)强烈要求中国政府遵守南海仲裁案所谓的最终裁决内容,从而出现了对南海问题的新对立,影响东海问题的解决进程。然后,日本政府主张的"海洋法治三原则",何尝不是中国政府主张依法治海应坚持的原则和方针,只是两国对海洋法的体系和制度在认知和解释上存在不同的观点和立场,进而出现不同甚至对立的国家实践。①

中国政府认为,菲律宾单方面提起而设立的仲裁庭对南海仲裁案作出的裁决,是仲裁庭借用和扩大了《联合国海洋法公约》的制度性缺陷,包括片面认定事实、扩大自身管辖权及缺失对管辖权的救济措施,以及超越自身权限等作出的裁决,严重损害了国家自主选择争议解决方法的权利,使国家作出的排除性事项具有不可预见性,影响国家之间利用政治方法管控南海问题的效果,因而其是违法的、无效的,最终裁决对中国显然没有拘束力。换言之,南海仲裁案最终裁决的出现,使得《联合国海洋法公约》存在的先天性制度缺陷暴露无异,呈现对其进行修改完善的强大呼声和要求。对此,我们必须认真落实,才能维护《联合国海洋法公约》的系统性和权威性,进而维系海洋秩序和实现海洋法治目标。②

尽管中日两国对东海问题存在着对立和分歧,但两国政府均有意愿进行管控,以防不测事态的发生,避免对中日关系发展造成无法挽回的损害。例如,2017年5月29日,中日第4次高级别政治对话在东京举行,双方代表均认为应将中日"互为合作伙伴,互不构成威胁"的政治共识落到实处。③ 而这方面的政治意愿特别体现在对东海海空安全的管理上,包括妥善管控分歧。标志性的事例为:中日通过海洋事务高级别磋商机制加强沟通和协调,为达成共识和管控东海海空安全作出了持续的努力,避免因海洋安全问题,影响和损害中日关系发展进程。

如上所述,自2012年1月中日两国创设海洋事务高级别磋商机制以来,迄今已举行了7次会议。从7次中日海洋事务高级别磋商机制达成的共识内容,可以看出中日针对海洋问题的特点,主要体现在以下几方面:

第一,中日两国均有政治意愿维护东海安全。但在设置和启动东海海空安全危机管控机制上,对适用范围存在不同的意见。争议的焦点在于是否应包括

---

① 日本安倍首相于2014年在新加坡香格里拉安全对话会议上提出的"海洋法治三原则"是指,国家应依法主张权利,权利的获得不应使用力量及威胁,应彻底坚持和平解决争议的原则。参见 http://www.mod.go.jp/j/press/youjin/2016/2016/04-speech.pdf. 2016年6月21日访问。
② 针对南海仲裁案的裁决内容及效果,参见金永明:《论南海仲裁对海洋法的冲击》,《政治与法律》2017年第7期,第105—116页。
③ See http://www.fmprc.gov.cn/web/zyxw/t1466169.shtml. 2017年5月30日访问。

钓鱼岛及其附属岛屿的领海和领空。而从设立应急联络通报机制的效果看,笔者认为,应将东海所有海空均纳入危机管控机制,以便于协调和管理。当然,这种做法仅限于通报,不需要批准,也不改变和损害中日双方对钓鱼岛及其附属岛屿的政策及法律立场。

第二,在不同的机构之间设立联络协调机制,是适应两国海洋管理机构的合理产物。鉴于海洋问题的综合性和专业性,不同的海洋功能应有不同的机构予以管理,所以在不同的机构之间设立联络协调机制,有利于发挥各机构的职权和作用,也便于整体协调和管理。

第三,海洋合作领域的广泛性。从中日两国海洋事务高级别磋商机制达成的共识内容看,两国就海洋领域合作呈现扩大化的趋势,包括海上搜救、打击走私、海上垃圾监测和处理、海上执法等领域,体现了先易后难、循序渐进的原则,具有可操作性,以全面提升中日海上合作进程和效果,避免因海洋问题影响和损害中日关系。

(三)维系中日关系的海洋因素应对建议

尽管中日双方克服困难并作出了持续的努力,但在实质性的海洋合作成果方面仍存在相当的差距,双方需要继续就海洋问题举行磋商,以便达成更有效的共识和理解,并切实管控海洋安全问题。为此,双方应继续创造条件和气氛,特别应遵守以下事项:

第一,努力保持高层互访和海洋事务磋商进程。即利用多种国际和双边场合在首脑间展开对话和协商,并创造条件实现互访目标。同时,在这种政治意愿和气氛下,继续发挥中日海洋事务高级别磋商机制的功能和作用,并尽早缔结和实施东海海空安全联络机制,以管控东海海空安全。此外,待条件成熟后,两国应对南海航行安全问题展开磋商,以照顾对方关切,并为丰富和完善海洋航行安全制度作出贡献。在此提升中日海洋事务高级别磋商机制的层级,也是一个可以考虑的问题,以全面处置海洋问题。

第二,创设并展开实质性的中日海洋问题"二轨"对话进程。鉴于在两国政府层面很难展开实质性的针对海洋问题争议的研讨,为此,可在专家学者间创设"二轨"对话渠道,对海洋问题争议进行历史事实和法律依据等方面为重点的闭门研讨会,以为各自政府解决海洋争议提供方案和具体建议。

第三,加强中日两国正面合作领域的宣传力度。中日关系氛围无疑受到媒体负面事件报道的影响,为此,两国政府应采取措施让媒体多宣传和报道两国合作领域的正面事件,正确及时地回应负面影响的报道事件;同时,两国应发挥各自优势,努力创设典型的工程技术包括海洋领域的合作项目,以体现和增加两国之间的合作互利性和友好共赢性。

第四,加强人员交流和文化互信活动。中日关系的稳固发展,需要国民之间的信赖和理解。为此,中日两国应不断地采取措施,包括创设中国国际交流基金,提供奖学金和资金的留学和短期访问项目,加强两国不同层面之间的人员交流和学习互鉴,增加国民对对方国家的文化和现实的理解和信任,为推进中日关系发展作出贡献。为避免因政治因素影响双方间的交流合作进程,双方应努力制订制度性的文件,以切实持续地展开人文交流活动。

五、结语

不可否认,中日关系无论在地区还是在世界范围,均是重要的双边关系。中日关系的发展对于稳定地区和世界的和平与发展具有重要的作用。在世界局势呈现变化且存在变数的现今,中日两国展开全方位的交流合作就显得特别重要,这不仅是两国自身发展的需要,也是世界对两国的期待。同时,中日关系的发展受到海洋问题的制约,所以如何利用中日海洋事务高级别磋商机制,对包括东海问题在内的海洋问题进行全面而深入的谈判,应该是其今后的重要任务。

此外,为进一步稳固和发展中日关系,如何对中日关系进行再确认和再定位,包括为制订中日关系的第五个政治文件做好充分准备,也应是当前中日两国政府和人民的主要任务。而中日关系的再确认和再定位,以及稳固的中日关系,对于协商解决海洋争议问题是重要的政治保障,不可或缺。

日本与东南亚国家关系改善过程分析及其启示
——以官方援助为中心

傅钧文[*]

【摘　要】 东南亚国家民众曾经存在强烈的反日倾向,但如今东南亚国家反日倾向大为好转。在此当中,"福田主义"的出台是一个转折点,政府和民间各领域密切接触、日本软实力外交是日本与东南亚国家关系改善的主要方式,而日本对东南亚的政府援助则起到了决定性作用。在推进"一带一路"建设的今天,日本改善与东南亚国家关系的经验,对中国有一定的启示作用。

【关键词】 日本;东南亚;对外援助

无论是第二次世界大战(简称二战)前还是战后乃至当今,东南亚对于日本来说始终是一个重要的战略地区。在二战期间,日本曾经对东南亚实行过3年多的军事占领。"二战"结束后直至20世纪70年代,东南亚国家的民众一直存在着强烈的反日倾向;然而经过日本半个多世纪苦心孤诣的经营,东南亚国家反日倾向大为好转。在这当中,日本对东南亚的政府开发援助起到了决定性作用。

一、问题的提出

由于战争的原因,日本在东南亚国家的形象在20世纪80年代以前一直不佳,东南亚甚至出现反日现象。除了民众有强烈的反日情绪外,东南亚国家高层中也普遍存在对日本的反感。[①] 东南亚国家的反日在20世纪70年代中期达到高峰。1974年1月,时任日本首相田中角荣访问马来西亚、泰国和印度尼西亚,所到之处均遇到大规模反日示威,尤其是在出访最后一站的印度尼西亚,反日示威演变成反日暴动(见表1)。

---

[*] 傅钧文　上海社会科学院世界经济研究所研究员。
[①] 赵晨:《东盟同日本特殊关系的形成与发展》,《东南亚问题论文集》,社会科学探索杂志社,1990年,第128页。

表1　20世纪70—80年代东南亚的反日情况

年份	运动名称	事由
1971	泰国大学生成立反日组织	1月28日,泰国农业大学学生成立反日俱乐部
1972	菲律宾群众反日运动	4月9日,民主菲律宾运动(MDP)举行"抗议日本第二次入侵集会",以抗议日本垄断资本的经济侵略
1972	泰国大学生抵制日货	11月20—30日,泰国全国学生中心(NSCT)发起抵制日货运动,并举行游行示威
1973	马来西亚学生反日集会	3月27日,马腊亚大学学生举行集会,抗议日本贪婪的贸易政策
1973	印度尼西亚学生反日示威	11月22日,印度尼西亚三大学生组织部分骨干在日本驻印度尼西亚大使馆前举行抗议活动,抗议日资企业与当地政府的勾结
1973	泰国反日运动	11月9日,泰国警方宣布鉴于国内反日情绪高涨,向日本驻泰国大使馆提供特别警戒
1974	马来西亚学生反日示威	1月7日,田中首相访问马来西亚时遇到学生示威抗议
1974	泰国学生反日示威	1月9日,田中首相下榻的宾馆被5 000名泰国学生包围。9月6日,三菱集团和三井集团向泰国投资委员会(BoI)宣布,终止原定在泰国兴建大型化工企业的计划,理由之一是泰国反日运动
1974	印度尼西亚反日暴动	1月14日,田中首相访问印度尼西亚,在专机降落的雅加达哈里姆机场以及田中下榻的宾馆周围,爆发大规模示威抗议,最后演变成暴动。暴徒焚烧日本国旗,对日资商店和日系汽车进行打砸,还袭击华侨经营的商店。事件共造成500多辆日系车被砸,11人死亡
1984	泰国大学生抵制日货	10—12月,泰国学生为抗议与日本贸易产生不平衡而抵制日货
1985	泰国农民反日示威	5月14日,泰国养鸡协会的鸡农携带大量肉鸡放在日本驻泰国大使馆前,以抗议日方没有履行日本降低从泰国进口鸡肉关税的承诺

资料来源:笔者根据(日本)亚洲经济研究所"亚洲动向数据库"中的"重要日志"整理。

然而,即使在东南亚国家民众反日最激烈的时候,日本不仅没有放弃东南亚国家这块热土,而且继续加大对东南亚国家的援助力度。到20世纪70年代后半期,东南亚反日倾向已大为缓和。时至今日,东南亚国家的对日态度已经从原来的反日转向亲日。无论是日本机构还是外国机构的调查都显示,东南亚国家对日本好感度较高(见表2)。

表2 当前部分东南亚国家对日本的好感度 单位:%

	印度尼西亚	马来西亚	菲律宾	越 南
调查(一)	71	84	81	82
调查(二)	91	84	90	88

资料来源:调查(一)为皮尤研究中心(Pew Research Center)2015年的问卷调查结果,见该机构"2015 spring Global Attitudes Survey";调查(二)为日本外务省2016年的问卷调查结果,见该机构《ASEAN10か国における対日世論調査結果概要》。

由于东南亚与日本关系的改善,日本与东南亚的投资贸易发展顺利。在2016年,日本对东南亚国家贸易额占其外贸总额的15%,仅次于对华贸易20.6%和对美贸易15.8%,而超过对欧盟贸易11.8%的占比。而在直接投资领域,从20世纪80年代以来,日本对东南亚直接投资规模一直位居对美投资和对欧投资之后。中国加入WTO后,日本对华投资规模一度超过对东南亚的投资,但近年日本对东南亚投资规模又明显超过对华投资。2015年日本对东南亚国家投资总额超过2.4万亿日元,占日本对外直接投资总额的15.5%,这一比重仅次于日本对美国投资(33.9%)和对欧盟投资(24.2%)。

在第二次世界大战后(简称二战后)日本与东南亚国家的关系中,后者反日倾向为什么会迅速缓和?日本对外援助在其中究竟扮演了什么角色?日本对外援助与其贸易投资形成互动关系是怎样形成的?在中国积极推进"一带一路"建设的今天,二战后日本与东南亚国家双边关系的改善,可以为我们提供不少启示。

二、已有的相关研究

有关日本对东南亚国家援助的研究成果,日本文献并不少。伊藤隆敏(2004)用计量方法分析了日本对东南亚国家援助对这些国家的影响,在此基础上作者还考察了日本援助对改善与东南亚国家关系的作用,并得出结论:关键是日本的援助在东南亚做到了两点,即与当地出口导向经济相结合和呼应当地的民生需求。中冈三益(1981)详细分析了战后日本对东南亚经济外交政策的形成,认为确立双方的水平分工关系对于提升双边关系极其重要。作者建议不仅要加强经济援助,更重要的是发展双边的文化交流和技术交流,显示作者重视运用软实力的一面。松井谦(1979)对主要国家对外援助的目的进行了研究,得出结论:德国和日本属于振兴贸易型,英国和法国属于重视与旧殖民地关系型,美国属于重视安全保障型。日本一桥大学的寺西重郎(1983)从计量分析的角度也确认日本的对外援助有较强的促进出口的作用。

石川幸一(2015)全面分析了日本与东南亚国家的各领域的经济关系,作者将日本与中国、日本与东南亚的经济关系放在一起考察,认为在日本对外经济关系中,除了21世纪初有几年中国地位超过东南亚以外,一直是东南亚地位超过中国。作者还认为,从中国近年经济下行压力增大、中日关系恶化等情况来看,日本与东南亚关系的前景更广阔。

日本还有一些从国别的角度对东南亚国家援助的研究,如:永井重信(2008)从历史的角度详细分析了战后日本对印度尼西亚经济外交政策的形成;而朽木昭文(2005)从统计的角度研究了日本对印度尼西亚援助与当地基础设施改善的关系,但数据和论证过程并不充分。

近年国内一些学者也对这一主题进行了研究。李阁楠(1992)把日本的对外援助称之为"战略性援助",并一语中的指出这一援助的实质是为了实现其政治大国的目标。

乔林生(2006)从不同角度分析了40年多来日本对东盟政策,弥补了国内学者对该领域研究的不足和空白。例如,作者在书中分析了在改善东南亚与日本关系中其重要作用的"福田主义",认为这一政策"是对此前日本在东南亚各国推行经济外交政策的调整,即从过去单一的经济外交向今后的政治、经济并重的外交政策转变"。

与国内绝大多数学者利用日本文献研究日本与东南亚国家经济关系不同,赵晨(1994)运用东南亚国家诸多文献,从东南亚的视角研究这一主题,分析方法以及得出的结论都独树一帜。

三、"福田主义"在改善日本与东南亚国家关系中的作用

(一)"福田主义"的出台

所谓"福田主义"(Fukuda Doctrine)是指1977年8月时任日本首相福田赳夫在访问东南亚国家行程最后一站的马尼拉发表演讲中提出的日本与东南亚国家的"对东南亚外交三原则",即日本不做军事大国,并且从这一立场出发,为东

南亚进而为世界和平与繁荣作出贡献;日本作为真心的朋友与东南亚国家进行心心相印的交流(heart-to-heart diplomacy);日本谋求全东南亚的和平与繁荣。福田首相在提出这三原则的同时,还向东南亚国家承诺将向"东盟工业化项目"(AIP)提供 10 亿美元的经济援助。①

"福田主义"是二战后日本一次重大的外交决策,它成为日本东南亚外交的转折点,标志着日本对东南亚外交从注重经济走向注重包括政治、安全以及软实力在内的全方位外交。"福田主义"从酝酿到基本成型,历经日本三届政府(田中内阁、三木内阁和福田内阁)前后 3 年半时间。

1976 年 12 月,福田内阁成立。面对越南战争结束、东南亚政治格局发生重大变化的形势,日本加快了战略调整的步伐。外务省先后于 1976 年 3 月和 12 月、1977 年 3 月三次在中国香港、曼谷以及东京召开日本驻东南亚国家大使会议,商讨对策并逐渐达成共识,即日本应改变过去在东南亚问题上充当旁观者的消极被动的政策,转而积极主动参与东南亚事务,在东盟与印度支那三国之间充当桥梁的作用,以发挥日本的影响力。为了使日本新的东南亚政策得到各方的理解,日本开始了大量工作。1977 年 3 月,福田赳夫首相访问美国,在与卡特总统会谈时表明了日方的想法,并将这一想法写进了日美联合声明。在取得美国支持后,日本于同年 4 月邀请东盟秘书长以及东盟各成员国的副秘书长访问日本交换意见,并取得东盟领导人对日本今后发挥积极作用的支持。与此同时,日本又积极展开对越南的外交工作。在 1976 年 7 月新的越南社会主义共和国成立之际,日本向越方承诺提供无偿援助。日本在越南与东盟关系出现松动的时候,又及时派出外务省干部访问越南与越方展开非公开接触,同样得到越方对于日本今后发挥积极作用的支持。②

(二)"福田主义"的出台的国内外背景

"福田主义"的出台,并不是孤立存在的,而是有着复杂的国内外背景。

1. 东南亚国家的反日活动促使日本反省过去的政策

如前所述,在 20 世纪 70 年代中期,东南亚国家普遍发生激烈的反日活动,

---

① 之所以要提出"全东南亚",是因为过去日本只重视与原有东盟成员国的关系,"全东南亚"的提出意味着随着越南战争的结束,今后要发展包括印度支那三国以及湄公河沿岸国家的关系。
② 小林真树:《福田ドクトリン——对東南アジア政策の転換とODA》,《国际协力论集》第 5 卷第 2 号(1997 年),第 125—146 页。

造成这种情况是多种因素影响的结果。这些因素除了有对"二战"期间日军暴行的憎恨之外,更多地是对许多日资企业经营行为的不满,如:企业与当地部分政治家和企业家勾结;企业劳动待遇和劳动条件差;企业只顾获取利润,没有承担社会责任;企业只生产高价奢侈品而不生产大众消费品;企业在一些领域获得垄断地位;企业经营方式无视当地习惯;企业录用当地员工少;日本人控制企业关键岗位,当地员工地位低下;等等。舆论把日资企业的这些经营行为视作新殖民主义的经济侵略。东南亚国家的强烈反日情绪,尤其是福田赳夫在泰国和印度尼西亚的遭遇震动了日本全国,促使日本开始反省其东南亚政策,改变日本"经济动物"的国际形象。

2. 石油危机使得东南亚的重要性愈加突出

随着经济的高速增长,日本对石油的依赖日益加深。1973年10月爆发第四次中东战争,由此引发的石油危机给严重依赖能源进口的日本经济以重创。日本经济在1974年经历了战后首次负增长,国际收支出现大幅赤字。在这种情况下,作为资源供应地和商品销售市场的东南亚地位愈显突出。

3. 美国需要日本在东南亚发挥政治作用

越南战争是美国历史上持续时间最长、消耗资源最大的一场战争。在美国国内,越战加剧了种族问题,使国家处于极度的分裂状态,给美国人民造成巨大的精神创伤。在对外关系方面,越战极大地改变了"冷战"态势。尽管在军事上美国并未失败,但它反映出美国在"冷战"中的强势被明显削弱。面对当时苏联咄咄逼人的进攻,尼克松政府提出了均势外交战略,这为日本等国在国际舞台上扮演更多角色提供了空间。在美日关系方面,美国开始要求日本更积极参与国际事务,以帮助美国分担国际责任(burden sharing)。在东南亚地区,为了填补美国势力撤离后出现的"真空",美国希望日本作为补充力量,通过经济援助等形式,加强在该地区的政治影响。

4. 东南亚地区本身出现变化

越南战争结束之后,原东盟国家和印度支那三国开始了谨慎接触迹象。1976年2月,首届东盟首脑会议在印度尼西亚举行,会议签署了《东南亚国家联盟协调一致宣言》《东南亚友好合作条约》。前者强调东南亚的"地区抗御力"(regional resilience),后者提出加强整个东南亚地区的和平和相互合作。这说明,越南战争以后,原东盟开始放弃敌视越南的政策,转而致力于加强区域内各国之间的团结。为此,东盟国家先后与越南建立了外交关系,并投票支持越南加入联合国。同时,印度支那三国原来将东盟视为美国主导的东南亚条约组织(SEATO)的翻版的立场也有了松动。东南亚各国关系的缓和使得日本在这一地区发挥更大作用成为可能。此外,首届东盟首脑会议以后,东盟更注重本地区的经济发展,迫切需要日本经济和技术的援助。①

(三)"福田主义"出台后的各方反响

福田赳夫在马尼拉的演说引起巨大反响,各国正面评价远多于负面评价。新加坡总理李光耀称赞日本从全球视野出发,将与东盟的关系放在全球政策中考虑。② 当时美国驻日大使麦克·曼斯菲尔德见到福田首相时亲切地称呼福田为"福田主义先生"。③

2007年,在福田赳夫首相马尼拉演讲发表30周年之际,新加坡东亚研究所与日本国际问题研究所分别在新加坡和东京召开了国际研讨会,与会者高度评价福田赳夫的演讲,称"这一演讲经历了时间的考验,极大地推动了日本与东盟的关系,开启了双边关系的新时代"。④

2013年,新加坡还出版了研究日本与东南亚关系的论文集,主编 Lam Peng Er(蓝平儿)在序文中指出:"福田主义"的发表及付诸实施,将东南亚人们对于日本的认识从"恐怖的武士国家""贪婪的商人国家"变为"爱好和平、积极提供援助的国家";"东南亚与日本已经和日本达成和解,东南亚人们已经跨越了日本对东南亚占领的历史,现在大概没有人会认为双方再会发生战争"。⑤

四、"福田主义"出台后日本与东南亚国家关系的改善

"福田主义"的出台极大地推动了日本与东南亚关系良性互动,双方关系得以全面改善。而在改善关系的过程中,日本除了增加对外经济援助以外,更重视运用软实力的作用,推动皇室外交和文化外交,并使这些软实力外交与经济外交、政治外交结合起来。

---

① [澳]托马斯·艾伦著:《东南亚国家联盟》,郭彤译,新华出版社1981年版,第549页。
② William W. Haddad: "Japan, the Fukuda Doctrine, and ASEAN", Contemporary Southeast Asia, Vol. 2, No. 1, July, 1980.
③ Bert Edserom, Japan's Evolving Foreign Policy Doctrine, Palgrave Macmillan UK, 1999, p. 98.
④ 枝村纯郎:《福田ドクトリンから三十年》,《霞关会会报》2008年4月号,第35—38页。
⑤ Lam Peng Er(蓝平儿)ed. Japan s Relations with Southeast Asia: the Fukuda Doctrine and Beyond, Routledge, 2013.

(一)保持高密度的高层互访

1977年福田赳夫首相在马尼拉提出"福田主义"之后,日本各届内阁都把东南亚作为外交的重点地区,内阁首相纷纷出访东南亚地区并发表讲话(个别首相因任期较短等原因没有出访东南亚),阐述日本的东南亚外交政策。"冷战"结束后,由于柬埔寨问题的解决,东盟与印支三国的关系走向正常化。至1999年4月,随着越南、老挝、缅甸和柬埔寨先后加入东盟,一个由10国组成的"大东盟"终于建成。与此同时,日本加快了迈向政治大国的步伐,日本与东盟的关系也走上了一个新台阶,高层互访更为密切。

(二)逐渐开展皇室外交

日本还通过皇室成员经常性出访、接待对方皇室来宾、出席大型活动等,来展开对东南亚国家的皇室外交。日本皇室成员对欧美、非洲以及拉美国家的访问大都出于礼节性的考虑,然而对于东南亚国家,皇室成员的出访被赋予更多的含义,即安抚慰问当地战争受害者,改善战前日本的形象,进而消除"二战"受害国对日本的戒心和憎恶心理。

迄今为止,现在的明仁天皇已先后7次出访东南亚,其中前3次是代表其父亲裕仁天皇出访,后4次是1989年登基后作为天皇出访。从访问的国别来看,访问泰国4次、访问印度尼西亚、菲律宾、马来西亚、新加坡均两次,访问越南一次。除了天皇之外,政府还安排皇室其他成员几乎每年去东南亚国家访问。

(三)建立多层次交流平台

目前,日本已经与东南亚各国建立了包括政治、经济、文化、科技在内的宽领域、多层次的交流平台。在宏观政治经济领域有1977年8月福田首相访问东南亚时设立的日本—东盟外长会议和日本—东盟论坛、1997年设立的日本—东盟首脑会议、1998年设立的东盟—日本磋商小组会议(CGM)。2003年为纪念日本与东盟建立对话关系30周年,日本在东京举行了日本与东盟特别首脑会议。另外,10个东盟成员国驻日大使馆成立了东盟东京委员会(ACT),主要也是为了加强与日本的交流。

在经济方面有1977年8月设立的东盟贸易投资观光促进中心(简称日本—

东盟中心)、1991 年成立的日本—东盟经济部长会议、1995 年设立日本—东盟财长会议(不定期)、1997 年设立的日本—东盟开发合作圆桌会议、1998 年设立的日本—东盟经济产业合作委员会(AMEICC)、2005 年设立的日本—东盟一体化基金(JAIF)。该基金设立当初基金规模为 75 亿日元,2007 年日本又追加 5 200 万美元,基金主要用于促进东盟一体化和减少贫富差距的项目,部分经费用于每年邀请 6 000 名东南亚各国青少年访问日本。

在文化领域有 1978 年日本斥资 50 亿日元设立的"东盟文化基金",专门用于推动区域内的文化和学术交流;1980 年,大平正芳首相时期日本为东盟青年设立了为期 10 年、每年出资 100 万美元的奖学金制度(1989 年奖学金规模扩大到 200 万美元,期限延长 10 年);1983 年,中曾根首相发表"面向世纪的友情计划",宣布 5 年期间邀请 4 000 名青年访问日本;1990 年承担日本对外文化交流角色的国际交流基金开始在东南亚各国设立分支机构,并增加了专门面向东南亚的资助项目。

在科技领域有 1991 年设立的日本—东盟科技部长会议。

通过多个领域的交流,有效加深了双方各阶层的相互理解,也使东南亚民众对日本有了正面的认识。

(四)当地日资企业重视合规经营

以在印度尼西亚的日资企业为例,日资企业开始采取各种措施,改善与当地民众的关系。(1)依据苏哈托政府新制定的合资企业政策,与印度尼西亚的合资企业将合资对象从以前以华侨为主调整到以印度尼西亚爪哇族等原住民为主。(2)合资比率从原先日本占 50%以上调整到 50%以下。(3)加快向印度尼西亚当地进行技术转让和技术培训。(4)提高录用当地员工比例,改善劳动条件和待遇。(5)提倡通过各种方式对当地履行企业的社会责任。(6)成立跨行业组织——Himpunan,定期与当地政府、印度尼西亚商工会议所等当地企业组织以及当地学术界展开交流。由于 Himpunan 为促进日本和印度尼西亚相互理解做出较大贡献,因此受到双方政府的表彰。(7)经常举行电影招待会,唱歌比赛、舞蹈比赛,柔道、足球、排球、高尔夫球等体育比赛,促进文化交流。(8)1991 年日本企业印度尼西亚商会(也称雅加达—日本俱乐部,JJC)设立"日本奖学金协会",迄今为止已向印度尼西亚近 2 万名大学生和高中生发放奖学金。此外,个别日资企业还自己设立面向印度尼西亚学生的奖学金。

由于"福田主义"出台以及相关后续措施的跟进,1978年以后东南亚民众反日势头得到遏制并日渐式微,与日本的关系明显好转。日本外务省在1978年年初和1983年年初对东南亚5国的问卷调查结果显示,这些国家对日好感度有了较明显的上升(见表3)。

表3　1978年与1983年东南亚部分国家对日本好感度变化　　单位:%

年　份	印度尼西亚	马来西亚	菲律宾	新加坡	泰　国
1978	75	71	74	60	65
1983	87	78	77	74	78

资料来源:外务省情报文化局海外广报课"ASEAN五カ国における対日世論調査",[日]《国防》1983年12月号,第106—108页。

五、日本对东南亚国家援助的演变

日本改善东南亚各国关系的主要手段是对外经济援助。"福田主义"的出台为日本对外援助带来了质的变化,尤其是日本对东南亚的援助。

(一)援助总量的变化

"福田主义"给日本对外援助最大的变化是援助金额的增长。1972—1977年,日本全部双边政府对外援助开发金额从4.78亿美元增加8.99亿美元,5年年均增长率为13.5%;1977—1982年,日本全部双边政府对外援助开发金额从8.99亿美元增加23.67亿美元,5年年均增长率为21.4%。

与日本对外援助总规模增长相比,对东南亚国家的援助规模增长更快。1972—1977年,日本对东南亚国家的双边政府对外援助开发金额从3.14亿美元增加3.53亿美元,5年年均增长率仅为2.4%;而1977—1982年,日本对东南亚国家的双边政府对外援助开发金额从3.53亿美元增加10.71亿美元,5年年均增长率为24.9%。这说明在前5年,日本对东南亚援助增速低于日本总体对外援助的增速,而在"福田主义"出台后的5年,日本对东南亚援助增速高于日本总体对外援助的增速。[1]

---

[1] 根据日本外务省ODA数据库http://www3.mofa.go.jp/mofaj/gaiko/oda/shiryo/jisseki/kuni/index.php数据计算。

（二）受援国结构的变化

日本对外援助的特点之一就是偏向亚洲,尤其是偏重东南亚国家。1970年,日本对外援助额的44.3%投向东南亚国家,以后随着日本援助对象国的增加,东南亚国家占比逐渐下降,目前约占27%(见表4)。

表4 对东南亚各国援助占日本全部对外援助的比重变化　　　单位:%

年　份	1970	1980	1990	2000	2010	2015
对东南亚各国援助占比	44.3	43.6	35.7	33.4	26.9	27.3
其中对印度尼西亚占比	29.0	18.8	13.6	9.0	10.4	4.0
对马来西亚占比	0.5	3.6	5.7	1.1	0.9	0.6
对菲律宾占比	4.3	4.8	9.2	5.8	5.0	4.5
对泰国占比	3.8	8.7	6.0	7.8	1.5	1.4
对柬埔寨占比	1.3	0.0	0.0	0.8	1.0	0.9
对老挝占比	1.1	0.1	0.2	0.9	0.8	0.9
对缅甸占比	2.7	7.1	0.7	0.4	0.8	3.0
对越南占比	0.3	0.2	0.2	7.3	7.3	11.8
对新加坡占比	1.3	0.4	0.2	0.0	0.0	0.0
对文莱占比			0.0	0.0	0.0	0.0
对东帝汶				0.2	0.2	0.2
对中国援助占比		0.2	8.9	9.2	6.5	1.3

资料来源:根据日本外务省ODA数据库 http://www3.mofa.go.jp/mofaj/gaiko/oda/shiryo/jisseki/kuni/index.php数据整理。

日本对外援助的这一特点是与日本特殊情况相联系的。首先,是与日本过去的侵略历史有关。日本对亚洲国家的战后处理,并不完全是以赔偿了事,在很大程度上是以无偿和有偿援助的方式来解决的。其次,日本在东南亚有巨大的经济利益。以印度尼西亚为例,在2010年以前除个别年份外,印度尼西亚一直是日本最大的受援国。印度尼西亚为何如此得到日本的青睐,主要是出于以下考虑:一是在东南亚国家中,印度尼西亚国土面积最大,人口最多,石油资源最丰富。二是印度尼西亚坐拥马六甲海峡、龙目海峡、巽他海峡等海上战略通道,地处印度洋与太平洋交汇处,而日本从印度尼西亚进口石油和矿产。更为重要的是,日本从中东进口的90%的石油,从澳大利亚进口的能源、矿产以及谷物均必须通过上述海峡。三是印度尼西亚与日本长期保持密切的经贸关系,是日本重要的经济伙伴。

由于1978年越南入侵柬埔寨,日本不得不冻结对越南的援助。1991年《柬埔寨和平条约》在巴黎签订,柬埔寨问题得到解决,日本对越南的援助开闸解禁,并逐年增加对越南的援助。从2011年起越南成为日本最大的受援国。

根据日本内阁2015年新修订的《开发协力大纲》,日本政府援助的全球重点仍然在亚洲地区,特别偏重于东南亚国家。

从受援国角度来看,来自日本的援助在绝大多数年份占东南亚许多国家接受所有外国政府援助中占首位(表5)。2000年以后,由于东盟4个老成员国在接受日本政府贷款后陆续进入还本付息期,因此日本对该4国援助的纯支出开始大幅度减少,其中印度尼西亚近年已经是还款金额超过接受贷款金额。

表5 日本援助占东南亚国家接受所有外国政府援助比重(1)　　单位:100万美元;%

时　间	1971—1980	1981—1990	1991—2000
印度尼西亚	1 311 (386) (29.4)	2 210 (1 005) (45.5)	3 210 (2 043) (63.7)
马来西亚	155 (78) (50.3)	456 (279) (61.2)	514 (144) (28.0)
菲律宾	396 (155) (39.1)	1 343 (660) (35.5)	1 912 (921) (49.1)
泰　国	342 (135) (39.5)	1 058 (538) (50.9)	1 353 (1 085) (80.2)

注:数据的第一行是所有外国政府援助金额,第二行是日本援助金额,第三行是日本援助占比。
资料来源:根据经合组织国家发展援助委员会(OECD - DAC):"Geographical Distribution of Financial Flows to Developing Countries"年度数据汇总整理。

与东盟4个老成员的情况相反,近年东盟4个新成员(越南、老挝、柬埔寨、缅甸),尤其是越南和缅甸开始成为日本重要的援助对象国(表6)。2015年,日本成为19个国家的最大援助国,其中就包括东盟四个新成员国。①

表6　日本援助占东南亚国家接受所有外国政府援助比重(2)　　单位:100万美元;%

时　间	2001—2010	2011—2015
柬埔寨	4 722 (706) (14.9)	2 671 (684) (25.6)
老　挝	2 066 (803) (38.9)	1 482 (422) (28.5)
缅　甸	1 545 (614) (26.8)	6 262 (3 233) (51.6)
越　南	13 349 (6 357) (47.6)	11 363 (6 583) (57.9)

注:内容同表5。
资料来源:同表5。

(三)援助方式和援助领域的变化

从援助方式来看,一国援助可分为赠与和政府贷款两大块,其中赠与又分为无偿资金援助和技术合作。"福田主义"出台后,日本对东南亚国家援助中的无偿资金援助和技术合作比重有所增加。以日本对印度尼西亚的援助为例,日本对印度尼西亚的无偿资金援助从1978年的不足150万美元增加到1983年的2 000万美元;在同期,技术合作从180万美元增加到4 000万美元,项目内容一般是接受印度尼西亚的进修生或向印度尼西亚派遣技术人员。

无偿资金援助和技术合作的目的绝大多数是提供智力支持,帮助当地培养人才,涉及领域包括农业、工业、渔业、医疗保健、教育等。1978—1986年,日本在6个东南亚国家分别设立一个人才培训基地(印度尼西亚的化工研修开发中心、泰国的护士学院、马来西亚的国立计量研究所、新加坡的日新技术学院、缅甸

---

① 2016年版《开发协力白皮书》,第211页。

的桥梁技术设计中心、菲律宾的金属铸造技术中心)。①

由于日本大力增加对印度尼西亚的智力援助以及实施方便东南亚年轻人赴日留学的政策,80 年代以来东南亚赴日留学生逐年增加,许多学生毕业后回国工作。时至今日,许多具有日本留学背景的东南亚人进入当地各级政府,对改善、发展与日本的关系起到正面作用。

在有偿援助的政府贷款方面,在 1978 年以前,日本对印度尼西亚的政府贷款大部分用于基础建设领域,如通信网、铁路网、输电网、自来水管网、广播网、水利灌溉网、水力和火力发电厂、大坝、港口、公路等领域,还有一小部分用于直接经济领域,如纺织厂、化肥厂、造纸厂、氯化碱厂、造船厂、糖厂、镍厂、油田等,目的是保障民生以及保障对日本的能源供应。1978 年以后,日本对印度尼西亚的政府贷款不再包括对经济领域投入,同时加强了对基础设施的投入,并开始投向印度尼西亚的医疗事业和文化事业(如 1979 年援建印度尼西亚国立考古公园等)。

六、对外援助与日本对东南亚贸易投资的发展

(一)日本对外援助的贸易投资效应

总的来看,在日本对东南亚国家经济援助不断增加的同时,日本与东南亚国家的贸易投资规模也逐年扩大。近年尽管东南亚国家与中国的经贸关系日益发展,但东南亚与日本经济关系紧密程度仍然高于东南亚与中国的经济关系。

在贸易方面,1980—2000 年日本的对东南亚进出口依存度明显高于对中国的进出口依存度。2000 年以后,随着中国出口主导经济的发展,日本对中国的进出口依存度才超过东南亚国家(见表 7)。

表 7　日本对外贸易中的东南亚国家和中国占比　　单位:1 亿美元;%

年　份	1980	1990	2000	2010	2015
出口总额	1 304.4	2 876.6	4 781.8	7 717.2	6 248.0
其中:对东南亚出口	135.5 (10.4%)	334.1 (11.6%)	685.1 (14.3%)	1 128.7 (14.6%)	950.1 (15.2%)

---

① 日本通商产业省:《経済協力の現状と問題点》,通商产业调查会 1983 年版,第 147 页。

续 表

年 份	1980	1990	2000	2010	2015
对中国出口	51.1 (3.9%)	61.5 (2.1%)	303.6 (6.3%)	1 496.2 (19.4%)	1 092.2 (17.5%)
进口总额	1 412.8	2 352.9	3 795.3	6 940.3	6 483.4
其中：从东南亚进口	247.4 (17.5%)	299.7 (12.7%)	595.5 (15.7%)	1 010 (14.6%)	979.5 (15.1%)
从中国进口	43.5 (3.1%)	120.6 (5.1%)	551.6 (14.5%)	1 533.7 (22.1%)	1 606.7 (24.8%)

资料来源：日本东盟中心 http://www.asean.or.jp/ja/asean/know/statistics/8.html。

从东南亚国家的对外贸易来看也是如此，1980—2000年，对日本进出口依存度甚至超过同期日本对东南亚的依存度，即使近年东南亚对中国进出口金额大量增加，但在2015年东南亚国家对日进口依存度仍然高于对中国进口依存度（表8）。

表8 东南亚国家对外贸易中的日本和中国占比   单位：1亿美元；%

年 份	1980	1990	2000	2010	2015
出口总额	717.3	1 443.7	4 264.8	10 497.3	11 820.3
其中：对日本出口	211.8 (29.5%)	273 (18.9%)	573.6 (13.5%)	1 030.2 (9.8%)	1 136.9 (9.6%)
对中国出口	7.0 (1.0%)	26.3 (1.8%)	163.8 (3.8%)	1 137.8 (10.8%)	1 342.5 (11.4%)
进口总额	656.0	1 632.5	3 689.6	9 557.0	10 882.8
其中：从日本进口	144.2 (22.0%)	377.7 (23.1%)	704.1 (19.1%)	1 169.1 (12.2%)	2 115.1 (19.4)
从中国进口	17.6 (2.7%)	47.9 (2.9%)	186.5 (5.1%)	1 298.7 (13.6%)	1 243.5 (11.4)

资料来源：同表7。

从直接投资方面来看，东南亚与日本的关系更为密切。战后日本对东南亚直接投资出现两波高潮。第一次高潮在20世纪80年代，1980年日本对东南亚直接投资金额占其全部对外投资的近20%。90年代后，随着日本对欧美和对华直接投资的增加，其对东南亚投资比重出现下降；但在2010年后日本又出现了一波对东南亚投资高潮,2015 年日本对东南亚直接投资占比达 15.5%(见表 9)。

表 9　日本对东南亚直接投资占对全球直接投资的比重　　单位:1 亿美元;%

年　份	1980	1990	2000	2010	2015
对外直接投资总额	46.9	569.1	490.3	572.2	1 307.5
其中:对东南亚直接投资	9.3 (19.7%)	40.8 (7.2%)	25.4 (5.2%)	89.3 (15.6%)	202.4 (15.5%)
对中国直接投资	0.1 (0.2%)	4.1 (0.7%)	9.3 (1.9%)	72.5 (12.7%)	88.7 (6.8%)

资料来源:日本贸易振兴机构(JETRO)https://www.jetro.go.jp/world/statistics.html。

从东南亚国家来看,来自日本的投资占比一直超过 12%。近年虽然中国开始对东南亚进行直接投资,但投资规模明显小于日本对东南亚投资。2015 年来自日本的投资在东南亚的 FDI 中占比达到 14.5%(见表 10)。

表 10　东盟的外国直接投资(FDI)中日本和中国占比　　单位:1 亿美元;%

年　份	1995—2001	2010	2013	2014	2015
外国直接投资总额	1 423.6	791.3	1 248.6	1 300	1 208.2
其中:来自日本直接投资	221.5 (15.7%)	99.1 (12.5%)	247.5 (19.8%)	157.1 (12.1%)	175.6 (14.5%)
来自中国直接投资		83.1 (10.5%)	64.3 (5.2%)	69.9 (5.4%)	82.6 (6.8%)

资料来源:1995—2010 年数据根据日本东盟中心 http://www.asean.or.jp/ja/asean/know/statistics/8.html;2013—2015 年数据根据东盟秘书处数据库 http://data.aseanstats.org/。

(二)日本对外援助与其贸易投资良性互动的机制

日本对东南亚国家经济援助之所以能够促进贸易与投资的发展,是与日本领导人较早具有战略考虑以及安排相关制度设计分不开的。

日本于 1951 年年底开始与东南亚各国进行外交接触,磋商战争赔偿事宜,日本领导人一开始就把赔偿与以后的经济发展联系在一起。对此,当时执政的吉田首相是这样表述的:"必须把它视为加深彼此友好关系,建立密切经济合作的机会，我国在丧失了领土、粮食和工业原料的今天，当然希望援助东南亚地区的开发，确保粮食和工业原料的供给，并且使这个地区成为有利的市场。"①

1957年7月，时任首相岸信介也强调："日本经济已经复兴。从确保市场考虑，东南亚对日本来说至关重要。日本要在通过自己的工业力量和技术帮助东南亚新兴国家确立经济基础的同时，力求扩大市场，以此形成双方之间紧密的政治关系。这是日本外交发展的方向。"②

在当时日本经济还并不发达的情况下，日本为何要进行对外援助？日本1958年首次发表的经济合作白皮书对此讲得很明白，即："对低收入国家的开发，就是要通过唤起低收入国家的进口需求，来促进我国的出口，同时确保我国重要的原材料进口市场。"③从日本领导人的讲话以及政府文件中可以看出，日本对外经济援助从一开始就有明确目的，即促进出口和保障原材料进口。

日本援助东南亚国家能够起到促进贸易与投资发展还与日本援助制度本身有关。与其他国家相比，日本对外援助的特点除了上述援助对象集中在亚洲地区以外，还有以下两点：

第一，援助协议中附加束缚性条款的协议较多，即援助用的器材物质必须用日本产品、项目施工方必须用日本企业等。日本高"束缚率"的对外援助对于出口的带动作用在20世纪50年代末至60年代初尤其明显。在1959—1961年，日本对外政府贷款绝大多数是贷给亚洲低收入发展中国家，而且全部是附带束缚条款的贷款协议。这些贷款购买的大都是日本的机械产品，因此在这3年中，日本政府贷款购买的机械产品占日本机械产品出口额的比重达到64%—71%。很明显，日本用高"束缚率"的对外援助拉动了当时的机械产品对外出口。④

70年代以后，日本对外援助的"束缚率"逐渐降低，"非束缚率"则一度上升至90%以上。但在2000年以后，由于日本财政压力增大，日本对外援助的"非束缚率"又出现回落。2015年日本对外援助总的非束缚率为82.3%，在OECD发展援助委员会所有28个成员国中列第13位，处于中游水平。⑤

第二，在对外援助领域中对经济基础的援助占比较大。发达国家对外援助中对经济基础领域的援助所占比重一般在15%—20%，但2015年日本对外援

---

① 吉田茂：《十年回忆》第4卷，世界知识出版社1963年版，第269页。
② 吉本重义：《岸信介传》，东洋书馆1957年版，第292页。
③ 通商产业省：《経済協力の現状と問題点》，1958年，第22页。
④ 通商产业省：《経済協力の現状と問題点》，通商产业调查会1962年版，第94页。
⑤ 外务省：《开发协力白皮书》（2016年版），第255页。

助中对经济基础领域的援助比重占52.9%(见表11)。

表11 日本对外援助领域结构的国际比较　　　　　　　　　单位:%

2001年	社会基础设施	经济基础设施	农林渔业	工业等其他生产领域	紧急援助(包括粮食援助)	债务救济、行政经费等
日 本	23.6	32.0	6.1	8.1	0.6	29.6
发达国家平均	31.7	16.5	5.1	10.1	7.7	28.9

2015年	社会基础设施	经济基础设施	农林渔业	工业等其他生产领域	紧急援助(包括粮食援助)	债务救济、行政经费等
日 本	18.1	52.9	3.6	12.6	6.1	6.8
发达国家平均	34.4	18.8	4.3	12.0	12.2	18.3

资料来源:日本外务省2002年版和2016年版《开发协力白皮书》。

(三) 日本对外援助与其贸易投资良性互动的外部环境

1. 日本东盟外交政策受美国影响较大

战后日本外交是建立在日美同盟基础上的。在冷战大背景下,日本的东南亚政策从一开始就打上了美国的烙印,直至今天,美国因素仍然影响着日本与东南亚国家关系的发展。例如,与东南亚国家的经济外交是通过"赔偿外交"建立起来的,而"赔偿外交"则是在美国安排下进行的。东盟成立之后,日本东盟外交政策的变化,也受到来自美国因素的影响。20世纪70年代,美国逐步实行战略收缩,"福田主义"应运而生。冷战结束后,日本加强了与东盟的政治合作,外交自主性进一步提高,但这也离不开与美国的协调。在与东盟的交往中依然是以对美协调为主。1997年东南亚金融危机爆发后,日本曾积极支持东盟的倡议,建立"亚洲货币基金",但该计划遭到美国反对,结果日本不得不放弃。

2. 日本与东南亚国家关系具有特殊性

这一特殊性不仅体现在日本与东南亚不同国家的关系上,还体现在对东南亚国家不同民族的关系上。

第二次世界大战后期,日本奉行"南下政策"侵占东南亚,但时间不长只有3年多。在占领期间,日军推翻了印度支那原有殖民当局,让一些东南亚国家实现

"独立",并扩大了当地精英的参政比例,导致战后的东南亚国家很多军政领导人与日本有合作。

另外,日本与东南亚各国均已签署战争赔偿协议,已不存在历史遗留问题,也没有领土纠纷。尽管东南亚各国当时均对日本的赔偿金额存在不满,但在美国的干预下,以及当时东南亚国家普遍想引进日本的资金发展本国经济,因此先后接受日本的赔偿方案。

七、几点启示

东南亚是中国建设"一带一路"的重心,而对外援助无疑可以通过改善与东南亚的关系,进而推动中国在东南亚的"一带一路"的建设。在这方面,战后日本在对东南亚提供经济援助时注重运用软实力的做法值得借鉴。

第一,应重视经济外交和文化外交的结合。经济外交和文化外交的结合可能是未来国际关系中最可期待发挥作用的软实力。在经济全球化的今天,传统的经济实力与军事实力的行使越来越不被人们认同,经济外交和文化外交的综合运用将成为一个民族参与国际事务、解决地区争端、实现世界协调发展的有效途径。这是战后日本对东南亚国家外交给我们的一个重要启示。

第二,援助项目应该更加关注全球问题和受援国公民社会。当前,环境污染、全球贫困、资源短缺和能源危机、毒品与跨国犯罪、艾滋病及传染疾病等成为国际社会普遍关注问题,这些问题超越国界,关系到人类生存与发展。当一个国家的对外援助理念与全球意识一致时,就会引起受援国的共鸣,援助国就容易通过对外援助积极参与到全球问题的解决中,而援助国对全球问题的解决过程也就是该国形成软权力的过程。

援助项目还可以触及受援国底层社会,渗透到受援国弱势群体。从目前中国对外援助的项目看,主要以当地政府需要的工程为主,如体育场、国际会议厅和政府办公楼等,较少有面向当地社会的小微项目。应该转变思路,将援助重点下沉,即密切和加强民间层次的合作与交流,注重受援助国民众的实际需求,扩大对外援助在受援国基层民众中的积极影响。对外援助不应是锦上添花,而更应是雪中送炭。只有关照普通民众阶层的民生和社会发展项目,才能展现中国的人文关怀和道德责任,赢得受援国更为广泛的认同。

第三,积极鼓励援助人员与当地深度交流。目前,中国的对外援助在与当地政府层面的沟通机制较完善,沟通渠道较畅通,但与民众层面的沟通渠道尚比较缺乏，而对外援助的一线工作人员通常直接面对当地民众，误会的产生往往源于文化的差异和沟通能力不足以及沟通渠道的不畅。所以，在保证安全的前提下，应加强援外工作人员的培训，鼓励他们与当地民众交流、沟通以增进信任。

第四，加大对外援助透明度，避免外部误判和疑虑。国外民众对中国对外援助不理解的很大部分原因是信息不对称。对外援助透明度的提高，不仅有利于国际社会清晰地了解援助情况，也有利于援助国国民和受援国民众对援助项目的监督，可以提高中国的信誉和软实力。2011年中国发布了第一份对外援助白皮书，这是提高对外援助透明度的重要举措。未来应做到发布中国对外援助年度报告并建立对外援助的数据库。

参考文献

[1] 李阁楠：《日本的对外战略性援助》，《外国问题研究》1992年第1期，第32—37页。
[2] 乔林生：《日本对东盟的经济政策》，人民出版社2006年版。
[3] 赵晨：《东南亚国家联盟：成立发展同主要大国的关系》，中国物资出版社1994年版。
[4] Bert Edserom, *Japan's Evolving Foreign Policy Doctrine*, Palgrave Macmillan UK, 1999.
[5] 石川幸一：《現代ASEAN経済論》，文真堂2015年版。
[6] 寺西重郎：《わが国の政府開発援助（ODA）政策について》，[日]《経済研究》第34卷第2期（1983年），第121—129页。
[7] 松井谦：《開発援助の経済学》，新評論1979年版。
[8] 小林真樹：《福田ドクトリン——対東南アジア政策の転換とODA》，《国際協力論集》第5卷第2号（1997年），第125—146页。
[9] 朽木昭文：《インドネシア：ODAによる投資環境の整備》，《統計》2005年12月号，第48—54页。
[10] 伊藤隆敏：《ASEANの経済発展と日本》，日本評論社2004年版。
[11] 永井重信：《日本・インドネシア関係50年史》，日本・インドネシア友好年実行委員会，2008年。
[12] 中冈三益：《戦後日本の対アジア経済政策史》，亚洲经济研究所，1981年，第103—124页。

日本学界聚焦"特朗普效应"

徐林卉*

【摘　要】 美国总统大选及其对日本的影响,是日本智库当前研究的重点,学界乃至整个社会都很关注,"特朗普现象"已经入选"日本年度十大流行语"。总体上讲,特朗普当选给日本社会带来的不安情绪正在逐渐地消退,尽管意见分歧仍然存在,但目前的研究重点则是日本的短期外交策略和中期战略调整。

【关键词】 美国总统大选；特朗普现象；战略调整

一、特朗普究竟是谁

特朗普胜选前,日本对其并不看好,也不了解,外交人员明言没有任何通道,驻美大使甚至公开支持希拉里。胜出后,日本政府一度紧张忙乱,开会、通话、见面,这些亡羊补牢式的危机处理措施还是得到了社会的认可。然而,迄今为止,日本对于特朗普及其施政纲领还是感到把握不准,相互矛盾的信息太多,各种不同的判断纷至沓来,如同日本庆应义塾大学国际政治学教授中山俊宏(Nakayama Toshihiro)所言:"我们至今仍然不清楚特朗普的真实面目。"

根据以往的一般认识,特朗普商人出身,政治素人,不按常规出牌,为了自身利益可以不择手段,不惜摩擦,因此,具有很强的不确定性和攻击性。当他把一大批富豪商人引入执政团队后,企业竞争的理念将成为政府治理的逻辑,美国内外政策出现了调整变化的可能,这就更使许多人感到"不适应"和"茫然",以及为自己的被动应对而感到"担心"。

也有不少日本学者持有不同的判断,日本立命馆大学国际关系学教授宫家邦彦(Kunihiko Miyake)等人反复提醒:"特朗普隐藏极深,远没有看到的那么简单。"他们援引特朗普亲信白邦瑞(Michael Pillsbury)数次公开的言论强调,特朗

---

* 徐林卉　女,博士,上海社会科学院应用经济研究所副研究员。

普的"不可预测"是"故意"表现出来的。特朗普并不是没有经验,而是基于商业交易个性,要在许多传统的政治规则、范例基础上进行试探与突破。说到底,就是战略目标未变(包括亚太再平衡),策略手段调整(将企业竞争行为演变为大国博弈策略)。

特朗普著有《交易的艺术》,目前的所作所为就是讲求这种"交易艺术"。先漫天要价,强势夺人,再讨价还价,谋取实利。进两步,退一步,进退之间图方圆,笑骂之际谋夙愿。因此,作为第一步,"试探"与"交易"将是2017年特朗普政策的主基调,他有底线的思维和博弈的冲动。在日语中,トランプ(特朗普)一词是源自英语trump的外来语,含有扑克牌或扑克游戏的意思。打牌就是博弈,就是交易艺术,日本人现在一说到トランプ,自然会条件反射地联想到扑克游戏。打牌经常出现小概率事件,保持竞技状态很重要,因此,对于日本而言,做好各项"交易"预案和策略准备,是当前最为关键的事。

二、特朗普如何看待日本

从表面上看,日本是特朗普最喜欢攻击的目标之一(美国企业研究所迈克尔·奥斯林语);"特朗普对美国最坚定盟友之一日本的厌恶胜过中国,确实令人感到意外。"[①]

特朗普在竞选时说过很多狠话,例如,他说"日本那个安倍首相是(美国经济的)杀人犯,这家伙厉害。用地狱般的日元贬值来搞美国,让美国没有办法跟日本竞争。所以美国的工程机械卖不过小松,这些都是日元贬值的功劳"。此外,他还认为,日本"从美国夺走了工作岗位","通过操纵外汇出口廉价产品","安全保障免费搭乘美国顺风车"。

日本外交政策研究所的智库报告对此高度关注,追根溯源,注意到特朗普在纽约经商并两度破产的那段岁月里,目睹了日本财团收购洛克菲勒中心、目睹了日本产品对美国工商业和工人家庭的冲击,留下深刻印象。特朗普的个性很强,政治嗅觉也很敏感,1987年在《纽约时报》公开宣称应该让日本"支付保护费",1988年在奥普拉·温芙瑞脱口秀节目上骂日本企业"跑来美国卖车、卖录像机,打垮我们的公司",1989年提出对日本产品征收15%—20%进口附加税的主张,1990年接受专访时指责"日本人赚饱我们的钱,买下整个曼哈顿",并在这次大

---

① 日本《外交学者》,2016年5月5日。

选中把过去三四十年来美国国民对日本的怨恨摆了出来,成功吸引了很多选民的眼球。宫家邦彦教授直言特朗普代表着美国的"阴暗面"。这句话当时认同的人不多,现在则成为日本学者普遍的看法。特朗普难以改变长期形成的看法,并且急于将之转化为政策行为,日本社会为此忧虑俱增。日本一桥大学国际经济学教授深尾京司(Kyoji Fukao)说:"在我们未来走向何方的问题上,日本面临着一种危机。"

根据庆应义塾大学教授中山俊宏等人的归纳分析,日本的危机感来自6个方面:

第一,第二次世界大战后(简称二战后)日美同盟第一次出现了动摇,日本社会对美"不信任感"或"被抛弃感"都"前所未有"地增强了,右派阵营趁势推进"自主防卫路线"的主张,左派阵营则筹划推进放弃日美同盟的讨论。

第二,日本经济复兴计划突然被打乱,政府在考虑调整宏观经济政策,企业在权衡各种利弊得失,民众则更多地担忧美国贸易保护主义对本国经济、收入和就业的影响。

第三,特朗普一直说中国"偷走"了美国的就业岗位,但他心里清楚,新兴经济体的廉价劳动岗位不可能回归美国,需要争夺的是日本、德国的高技术或高技能就业机会(日本亚洲研究所所长池田信夫也承认,实际上美国更多需要三菱、丰田、索尼、松下、本田、夏普、东芝这些公司日本工人的高薪制造业职位)。因此,他最终会压制日本商品对美输出,逼迫日本厂商在美投资,以日本产业的空心化换取美国实体经济的发展。人气很高的评论家副岛隆彦甚至说,特朗普的手段极端强硬,最令人担心的是日本政府以及银行和券商持有的600万亿日元美国国债(约合5.16万亿美元)都面临特朗普治下美国债务违约的风险,从而让日本陷入"彻底崩溃"的境地。

第四,亚太政经格局可能出现重大变数,目前变化的方向和力度不明朗,但基辛格对特朗普的影响,以及尼尔·弗格森《特朗普的新世界秩序》关于美俄中三大国形成"强权共同体",以及"日德将成为最大输家"的分析判断,引起日本学界高度重视。

第五,日本右翼受到鼓舞,两厌(厌韩、厌华)两反(反传统媒体、反东京审判史观)思潮有所抬头。一条五毛特效(普及型)特朗普广告曾经广为流行,网民留言最多的是:"大美兴,特朗普王。"

第六,普世主义价值观基础削弱了,K街院外游说集团的渠道变更了,政治献金制度也受到很大的冲击，今后日本若想得到美国任何帮助或 easy approval（如加入各种技术标准组织、专利共享平台、债务评级优惠等），恐怕都得付出高额代价。

因此，尽管安倍抢先致电祝贺后，特朗普使用了 great、amazing 两个英文单词；尽管抢先与特朗普会面后安倍称其"值得信任"，但仍然难以使大多数日本人释疑宽心，他们宁愿信奉日本学者福泽谕吉的那句格言："信其可信，疑其可疑，取其可取，舍其可舍。"目前绝大多数人接受的分析是：日美同盟符合美国的战略利益，日本是特朗普对付中国的一张有用的牌，费用分担上有谈判的余地；自由贸易对美国企业构成威胁，特朗普的积怨新愁可能集中于此，他对丰田的那句"没门"是个例证；特朗普团队的一些人脉关系可用，尤其是与日本政策投资银行控股 TSI 有合作关系的伊万卡、收购重组日本幸福银行（现关西城市银行）并兼任日本协会主席的提名商务部长威尔伯·罗斯。

三、TPP 变局与日本困局

日本朝野对 TPP 具有较好的共识基础，认为这是对外追求国际话语权和遏制中国崛起的重要载体，是对内升级产业结构和刺激经济增长的重要工具。日本一桥大学国际贸易学教授富浦英一（Tomiura Eiichi）提供的调查资料显示，日本"赞同"进口自由化的人数比例（51%）远超"反对"人数比例（32%），指望 TPP 能够增加 13.6 万亿日元 GDP 和 79.5 万个工作岗位。日本主流学界也普遍接受经济产业研究所石川城太的理论模型（与樽井礼合作）以及相应的统计分析（与早川和伸合作），认同进口自由化可以促进出口，TPP 可以重组全球生产工序的分工网络，而垂直型分工体制有利于日本经济持续增长。

受到"特朗普冲击"后，TPP 计划设想可能落空，贸易保护主义也可能成为美国经济政策的主轴，这是日本当前最为着急的事情之一，日本智库学者都认为"需要紧急应对"。

首先是汽车业。汽车和电子是日本出口两大支柱，汽车厂商原本指望通过 TPP 零关税进入美国市场，利用 NAFTA（北美自贸协定）低成本进入美国市场（丰田、日产、本田和马自达在墨西哥都建有整车工厂），现在情况发生了变化，成本、关税和汇率的全面上升可能成为"窒息"日本汽车业的"枷锁"。日本汽车工业协会会长矢野义宏直接表示，如果 TPP 和 NAFTA 都受挫，那么"日本车企将面临一个相当困难的局面"。所以，日本政府支持丰田不顾特朗普推特威胁而坚持扩大墨西哥生产基地的产能。

其次是农产品。矛盾集中在日本核污地区食品的出口和美国牛肉的进口。目前,美国禁售关东14个县的食品,日本一直请求美国缩小禁售范围,现在看来产品禁售清单不仅不可能缩小,而且很可能扩大。至于日本进口美国牛肉,TPP许诺与美国进口日本汽车捆绑,同步分阶段取消关税。而特朗普现在则主张,日本必须先降低目前对美牛肉的38.5%关税,不然的话,美国将把日本汽车关税税率从2.5%提升至同等税率。

再次,日本经济可能面临整体打击。特朗普主义的核心是重建美国制造业,为此通过关税壁垒保护国内市场,通过软硬两手争取国外投资。特朗普在竞选时反复抨击日本,要对日本很多商品大幅提高关税。瑞士信贷首席经济学家白川弘道(Hiromichi Shirakawa)认为,日本和美国之间的贸易关系将会变得更加糟糕。不少日本学者则担忧,特朗普的贸易保守主义或许会损害美中贸易、美欧贸易或美日贸易,中国的国内市场有较大回旋空间,比谁都能"输得起",而日本就难说了,国内要素成本很高,对美贸易依存度也很高。

最后,日本可能在中日韩自贸谈判中丧失最大的谈判筹码。原本三方的底线落差就很大,多轮没有谈拢,现在中韩两国会趁机抬价,日本无论让步或者退出,经济利益和国际声誉都将受到很大的损失。

面对急剧变化的经济环境,日本赶紧作出"反败为胜"的调整,制定"有冲击力"的政策。现已形成所谓的"紧急对策三支箭":

一是想方设法"抢救"或"挽救"濒临死亡的TPP。具体行动包括日本参众两院赶紧批准TPP,落实1.2万亿日元专项预算;安倍四下游说,与新、澳、菲、越等展开联合行动;再三呼吁,努力说服特朗普改变决定。

二是未雨绸缪,做好重新谈判的预案准备和攻防演练。特朗普反对包括TPP、TTIP、NAFTA在内的多边协议,试图以双边协议取而代之,首当其冲的可能就是美日重新谈判,而日本最为担心和极力避免的是签署第二个"广场协议"(1981年美元转强后,美国马上考虑压日元和马克升值)。日本庆应大学渡边靖(Watanabe Yasushi)认为,特朗普外交的基本思路是计较经济方面的得失,这一点是始终如一的。现在需要拟订的就是"以商促政"的方案。

三是重新拣起RCEP。佐藤正久曾经质询:如果TPP最终不成,日本该怎么办?安倍不加思索地回答:我们可以推进亚洲区域内的RCEP协定。这是日本在被动情况下的一步先手棋,进可以逼宫TPP,退可以同中国争夺主导权。

安倍近来已携巨款实施了一系列拉拢东盟国家的实际行动。

四、美国"重回孤立主义"的冲击

对于日本而言，无论维系经济增长还是应对中国崛起，甚至谋求"正常国家"和"区域主导"，都得依靠或仰仗日美同盟。特朗普改变了美国的全球治理理念，动摇了日美同盟的政治基础，有可能使"战后日美关系面临最大的挑战"，日本将面临一系列两难选择或战略困境。

首先，日美安保同盟的军事费用问题。根据美国 2016 年度预算咨文，驻日美军每年开支 55 亿美元，日本通过"体贴预算"方式支出了 16.5 亿美元（1 900 亿日元）负担美军基地日本员工劳务费及其他费用。而根据船桥洋一的说法，日本每年实际上负担了"维持日本境内美国军事基地正常运转所需的 75% 的费用，远高于韩国和德国为本国境内美国军事存在所承担的份额"。现在特朗普明确要求日本承担全部费用，谈不成就掀桌子，废约撤军。虽然日本防长已经拒绝，但并非没有协商余地。京都大学名誉教授中西辉政（Terumasa Nakanishi）认为，特朗普要求日本为安保付钱，这并非大问题，因为现在已不是 40 年前，必须是双向的。真正的"凶兆"是日后美国还会要求日本参加海外反恐战争，那时日本就会面临"顺从是地狱，拒绝也是地狱"的两难困境。

其次，特朗普怀疑美国对日韩的核保护伞承诺，甚至提出让日韩自行发展核震慑力量，这在日本引起轩然大波。日本政府再度宣布永远也不拥有核武器，日本民众也大都认为"不可思议"，但他们最担心的是 58% 的韩国人支持本国发展核武器（盖洛普民调数据），这是一个"令人不安的信号"（船桥洋一语）。如果韩国拥核，那么日本必将陷入第二个两难选择的境地。

再次，美国如果重会孤立主义，亚太地区就会出现治理真空，这使日本大为惊恐。兼任国家安全委员会顾问的日本庆应大学国际政治学教授细谷雄一（Yuichi Hosoya）发言时强调，东亚和东南亚经济最具活力，也为最危险，"如果美国人撤退，中国将贯彻它的计划，因为北京没有势均力敌的军事对手了"。神奈川大学国际关系副教授佐桥亮（Ryo Sahashi）曾经嘲笑中国航母将在日本潜艇战力面前成为"铁棺材"，现在则担心撤走驻日驻韩美军将会让中国"阴谋得逞"。日本智库东京财团外交和安全研究部主任渡部恒雄（Tsuneo Watanabe）也表示，中国的战略空间可能空前扩大，可以"为所欲为"，尤其是"一带一路"进一步挤压日本的地缘经济空间，日本将面临第三个进退两难的战略选择。

此外,日本好不容易启动了与普京的谈判协商,其实它不奢望俄罗斯会在北方四岛问题上实质性退让,但希望起码能通过签署日俄和平条约提升经济协作关系,获得能源供应和投资机会,牵制中俄战略合作。然而,对俄友善的特朗普胜选了,导致俄罗斯针对原美国盟国的外交筹码暴增,可以预见在日俄谈判中不可能再让步,还会对日本勒索敲诈、予取予求。日本则从原先美俄对立时的左右为难变为美俄亲善时的左右为难。

为此,东京智库日本再建基金会主席船桥洋一(Yoichi Funabashi)等人提出了几点建言:

第一,日本应设法让特朗普真正意识到,美日同盟一直是亚太地区稳定和繁荣的基石,美日关系是最成功的大国联盟之一。日本国际问题研究所松本明日香(Matsumoto Asuka)也认为"核心问题在于如何让特朗普相信美国可以在维护日美安全联盟的问题上获益"。安倍政府并非无所作为,而是通过一系列举措拓展了日本防御能力(如安保法案授权自卫队参与海外作战任务,日美防御合作新指南拓展了海事执法功能)。"与其痛批日本做得不够,不如认可日本的努力,鼓励东京做出更大贡献",如合作研发尖端防御技术,加强日本在东南亚地区的安保能力建设。

第二,特朗普缺乏战略上的一致性,"对日本来说是一个机会,可参与美国东亚政策的塑造"。原先奥巴马政府在对华关系上摇摆不定,日本则始终坚持中国是严重威胁,"消除这一观念分歧,应该排在安倍与特朗普一起解决的一系列问题的榜首"。

第三,俄罗斯可能成为一个引起混乱的国家,也可以成为一个促进亚太地区稳定的因素。特朗普希望与普京"融洽相处",也给了一个很好的日美"合作领域",因为安倍已经与普京建立了"值得信赖的建设性关系",可以帮助特朗普改善美俄关系,并防止中俄进一步拉近关系。总之,不能让特朗普竞选期间的夸张言论破坏了日美联盟。

日本知名学者山崎正和的一句话,在智库学者中产生很大的共鸣:日本需要忍耐一段时间。一旦特朗普作为总统正式行使权力,就会受到那些有经验、有知识的幕僚的辅佐,特朗普也可能会逐渐发生变化。重要的是日本不能放弃。假设我们被要求支付翻倍的美军驻留经费,也不能因此破坏安保体制。

五、"特朗普效应"难以帮助日本走出"死胡同"

特朗普上台之际,正值安倍经济学"走进死胡同"之时。2013年以来,日本经济学界对安倍经济学从热捧到失望,目前"难以成功""日本经济败象显现"等话语已非常普遍。

其依据主要是:

第一,日元贬值虽然促进了出口,但GDP增长却微乎其微,2013—2015年平均增长仅0.6%。增长缓慢的主因是消费不旺,而个人消费不旺的主因是日本人实质收入持续下降(2013年下降0.9%,2014年下降2.8%,2015年下降0.9%)。

第二,安倍经济学的实质是通过货币宽松及其配套政策刺激经济增长,而日本央行近年推出的一系列政策实验,结果却让人失望:国债收益率仍为负值,债市几近冻结。即使日本年金积立金管理亏损5.31万亿日元(日本养老基金管理机构2015财年报告),央行持有1/3国债并账面浮亏8.7万亿日元,仍然难以摆脱通缩阴影。2016年年初导入负利率政策后情况更糟,就连日本央行副行长岩田规久男都承认"负利率后日本央行已经山穷水尽"。

第三,货币政策的边际收益率在下降,产品和企业的竞争力也在下降。智能手机制造主要在中国完成,品牌也被挤出前十;白色家电全线败退,彩电制造早已不是中韩企业的对手;电子业风光不再,只有元器件制造还保持优势;汽车制造业是日本经济的镇山之宝,近年又受到油耗造假的影响而步入市场险境。

第四,日元贬值导致出口成本下降和原材料进口成本增加,大企业因前者而持续盈利,中小企业因后者而陷入亏损和绝望。

第五,安倍经济学赖以生存的"财富扩散效应"并没有出现。日本大企业的全员劳动生产率为1 500万日元(人工成本占50%),中小企业只有500万日元(人工成本占70%),几乎没有加薪增员的空间。

以上这些都还没有考虑美国大选可能带来的外部冲击。特朗普认为美日贸易和安保负担方面的不平等现象必须改变,"他会在政策中加入让日本吃不消的内容,这些会使艰难的日本经济雪上加霜"(船桥洋一语)。正因为此,特朗普当选当天日经指数的跌幅(5.43%)仅次于墨西哥。

然而,第二天就出乎意料地出现了反转,随着美国市场上扬,美元走强利率走高,给日本带来了走出通货紧缩的"一线希望":截至年末,日经225指数涨幅甚至超过道琼斯工业平均指数,日元兑美元汇率从103日元下滑到118日元,10年期国债收益率转为正值,居民消费价格有望企稳或上升,国际贸易也首次实现了扭亏为盈,对华贸易逆差也下降了12.9%。这一变动引起了众多日本智库研究机构(包括野村综合研究所、三菱综合研究所以及外务省日本国际问题研究所、内阁府经济社会综合研究所、通产省亚洲研究所、央行日本银行金融研究所、经济产业省经济产业研究所、日本贸易振兴会)的高度关注。

目前,日本高校学者和智库学者大多持"谨慎乐观"的态度。日本东京大学学习院经济学教授伊藤元重(Motoshige Ito)的观点比较典型,他认为,特朗普当选送给日本的是日元贬值和股价上涨,但这只是市场近期走势,未来的不确定因素仍然存在,长期影响很难预测,"日元与股票走得太远了,有可能向相反方向运行,因此最好不要把当前走势当作长期趋势"。

日本学者担心"可能让这些希望破灭"的因素还包括:一是如果日元兑美元汇率跌势过猛,或将引发华盛顿的政治反弹;二是如果特朗普的经济计划失败,投资者马上就会产生失望情绪;三是国际清算银行已经评估美元虚高,如果美联储改变加息决定,会再次让日本央行的希望破灭。

2016年已经过去,2017年日本经济走势究竟如何,成为聚焦点。日本学界已经关注到:日本2017年财政预算透露出政府财力趋紧的信号,日本央行2016年年底纪要显示出大多数委员仍然认为日本经济风险偏向下行,日本国会可能通过一项长期工/临时工同工同酬法案,但关键性改革(劳动力自由流动)似乎仍是遥远的目标。更为重要的是,安倍经济学"新三支箭"的核心目标是2020年GDP达到600万亿日元,这就要求年均增长2%以上,与目前0.6%的增长水平落差太大,现在几乎用上了所有的政策手段,但仍然难有真正的起色。

六、结语:美中关系的改善与日本的危机

在2016美国总统选举战期间,特朗普曾经几度攻击过中国,选举结束后在接受台湾地区领导人蔡英文贺电时也曾否定"一个中国"政策。但是特朗普在与我国领导人举行电话会谈时再次表示支持"一个中国"政策。之后特朗普女儿伊万卡、具有影响力的女婿库什纳和5岁的外孙女出席了中国大使馆举办的招待会,可以说特朗普与中国的关系发生了急剧转变,预计中美关系今后会有更加显

著的改善。再看美日关系,美中电话会谈之后,日本首相安倍晋三首相访问华盛顿,着力积极改善美日关系,但是众所周知,特朗普与历届美国总统最大的区别是他的"不确定性"。不管怎样,日本今后都应该做好两件事,一是在防卫领域加强与美军合作,二是为重振美国经济提供援助,而对于日本来说这两件事都是要付出很大成本代价的艰难选择。

全球化分工视角下的中日 CO_2 排放比较

唐杰英[*]

【摘　要】 全球化推动生产的专业化和分散化,形成以生产工序分工为主要特征的国际分工新形态。中国和日本在国际分工中的位置不同,经济发展带来 CO_2 排放的强度和规模也不同。笔者从全球化分工的视角分析中日两国在排放规模、排放密度、排放结构、完全排放中国内排放占比的差异发现,中国 CO_2 排放规模大幅度超过日本, CO_2 排放密度快速下降,但大幅度高于日本;中国高排放行业的产出占比高于日本;中国国内排放在完全排放密度中所占的比例大幅度高于日本,国际分工中集聚了更多排放密集型的价值链节。本文研究在优化能源结构、强化环境规制、调整贸易政策等方面提供了有益的启示。

【关键词】 全球化分工;产业集聚; CO_2 排放;完全排放

全球化分工推动产业链全球布局,发展水平不同、要素禀赋不同的国家参与到全球产业链的不同分工连接中来。中国经济快速发展,在国际分工中的位置不断攀升,但仍然是高排放产业链节的集聚地。随着经济规模的不断扩大,能源消耗、排放问题日趋严重,面临的国际减排压力不断增加。2009 年,中国超过美国,成为最大的碳排放国。日本是世界上最发达的国家之一,占据国际分工的高端链节,也是世界上环境标准最高的国家之一,在低碳减排方面走在世界前列。

在开放经济条件下,一国生产产品需要同时消耗国内和国外进口的中间品。本文从直接能耗的角度比较分析中日 CO_2 排放规模及排放密度的差异,进而利用投入产出表,从垂直化分工的视角比较分析中日国际分工产业链集聚的差异及其对排放的影响。

一、全球化分工的发展与中国的排放压力

随着全球化程度的不断提高,贸易、投资自由化快速发展,在全球范围内推

---

[*] 唐杰英　女,博士,上海社会科学院世界经济研究所副研究员。
本文为国家社科基金一般项目"中国贸易模式的特征及转型研究(课题编号:14BJY073)"的阶段性研究成果。

动分工细化和贸易模式的变化。产业链在全球布局,发展水平不同、要素禀赋不同的国家依照其比较优势参与到国际分工中来,形成了以产业链分工为主要特征的国际分工新形态,在生产上体现为生产的专业化和分散化。

生产的专业化和分散化将世界各国通过资本等可流动要素的流动和产品流动更加紧密地联系在一起。技术水平较低的国家可以通过进口中间品,利用本国的劳动力等要素的成本优势等,在国内进行一定工序的生产、加工后出口国际市场,以加工贸易的方式参与国际分工。各国出口产品中所含有的进口成分不断提高。Miroudot(2009)研究指出,OECD 国家中间产品进口占货物进口额的50%以上,而一些新兴经济体中国和巴西,这一比例甚至超过了 3/4。Koopman、Wang 和 Wei(2008)认为,中国加工贸易中出口商品的国内含量仅为 18%。

在全球化条件下,随着国际社会对环境关注程度的不断提高,环境规制成为影响国际分工布局的一个新的因素。国与国之间环境规制的差异,会影响国际分工中不同产业、不同价值链节在不同国家的集聚,严格的环境规制会降低其对高能耗价值链节的吸引力,而促进低能耗价值链节的集聚,从而降低该国的排放密度。"污染避难所假说"(Pollution Haven Hypothesis, PHH)认为,如果发达国家和发展中国家之间的环境规制存在差异,贸易自由化将使污染密集型产业从环境规制较严厉的发达国家转移到环境规制宽松的发展中国家,使发达国家专业化生产相对"干净"的产品,而发展中国家专业化生产污染密集型产品,从而缓和发达国家的环境污染,而恶化发展中国家的环境(Copeland and Taylor,1994;Chichilnisky,1994)。这一主张得到实证研究的支持。一些实证研究指出,环境规制对产业转移、贸易模式具有显著的影响,环境规制较宽松的国家更多出口污染密集型产品(Grossman and Kruger,1994;Ederington and Minier,2003;Levinson and Taylor,2008;张友国,2010)。

中国融入全球化分工的程度不断提高,在经济贸易快速发展的同时,排放问题日趋严重,面临的国际减排压力不断增加。中国较宽松的环境规制一方面吸引高排放产业链节的集聚,另一方面导致能源消费的综合成本偏低,效率低下。这造成经济的 CO_2 排放密度较高,排放规模不断扩大。2009 年,中国来自能源消耗的 CO_2 排放达 68.77 亿吨,超过美国成为世界最大的碳排放国,2012 年进一步提高至 82.05 亿吨(IEA,2011,2014)。中国已经成为联合国气候变化框架下备受瞩目的国家,中国对减排问题的态度及承诺甚至是影响联合国气候峰会议程的一个重要因素。发达国家基于重构危机后全球经济贸易格局的考虑,正在酝酿将减排义务向国际贸易领域延伸,主张向来自环境规则较宽松国家的产品征收碳关税。中国的排放问题是全球化分工的结果,面临着国内环境污染和国际减排的双重压力。

二、基于直接能耗的中日碳排放比较

(一)测度方法及数据说明

能源消耗是人类可以通过环境规制等加以控制的 CO_2 排放来源,故本文的研究对象仅限于来自能源消耗的 CO_2 排放。本文从两个层面比较分析中日两国基于直接能耗的碳排放的差异:一是 CO_2 排放规模,衡量不同行业来自能源消耗的 CO_2 排放总量;二是 CO_2 排放密度,用单位产出的 CO_2 排放来表示,衡量不同行业来自能源的排放强度。目前,中日两国投入产出表的行业分类较宽泛,一个行业不仅包含不同类别的最终品,也包含了处在不同价值链分工环节的中间品。因此,这一指标不仅反映中日两国在能耗效率方面的差异,而且在一定程度上反映了两国在国际分工中行业及分工链节集聚的差异,是中日两国在能耗效率和国际分工差异的综合体现。

CO_2 排放密度用单位产出的 CO_2 排放衡量。鉴于农产品和矿产品的生产、贸易与该国的地理条件等密切相关,且产业链较短,产品和产地较难分割,因此,本文以制造业为主要研究对象。为了在统一的统计框架下比较中国和日本排放密度的差异,本文利用 WIOD(World Input-Output Database)数据库的数据。WIOD 数据库环境项目的能源消耗和 CO_2 排放根据各国各部门的化石能源消费量和 IPCC 不同石化能源的热当量和 CO_2 排放估计法计算。为了剔除价格因素的影响,本文利用价格指数将行业产出平减成以 1995 年价格计算的数值。目前,社会经济项目中的价格指数、环境项目下的基于能源消费的能耗和排放的数据仅更新至 2009 年;而 2009 年受经济危机冲击,不能客观反映经济常态,因此,本文利用 WIOD 2009 年的数据以及中日两国国内的价格指数、能源消耗的增长率,将 WIOD 数据更新至 2011 年。这样,本文的数据区间为 1995—2011 年。中国国内数据来自历年中国统计年鉴,日本国内数据来自日本经济产业省和日本内阁府网站。

值得指出的是,中国统计年鉴有关行业能源消耗的统计采用终端能源消费的方式。根据国际通行准则(International Energy Agency, IEA; European Environment Agency, EEA),终端能源消费指终端用能设备入口得到的能源,等于一次能源消费量减去能源加工、转化和储运这三个中间环节的损失和能源工业所生产的能源;而中国分行业终端能源消费的统计,仅扣除选煤、炼焦、油田、炼油、输配电损失,未扣除发电损失和能源工业生产的能源,因此按照中国统计年鉴终端能源消费量计算的能耗密度、排放密度远高于根据 WIOD 数据库计算的结果。①

（二）中日 CO_2 排放规模比较

中国和日本经济整体及制造业分行业能耗密度的变化如表 1 所示。表 1 显示:

第一,从 CO_2 排放总量来看,中国排放规模大幅度超过日本。中国产出的 CO_2 排放总量快速上升。2011 年,中国 CO_2 排放是 1995 年的 2.3 倍,而日本的 CO_2 排放总量则保持在相对稳定的水平。1995 年,中国 CO_2 排放总量是日本的 2.7 倍,而 2011 年,这一差距扩大至 6.8 倍。受全球金融危机影响,中国 GDP 增长受阻,2008 年开始 CO_2 排放总量增长速度明显放缓,并在 2010 年出现负增长。日本的 CO_2 排放总量也从 2008 年开始出现明显的下降趋势,并在 2009 年出现 1995 年以来首次低于 10 亿吨的排放量。②

第二,从制造业 CO_2 排放量来看,中国和日本呈现不同的变化趋势。1995—2001 年,中国制造业的 CO_2 排放量由于排放密度大幅下降而持续下降,2001 年降至 11.78 亿吨。2002 年开始,在加入世贸组织后货物贸易快速增长、制造业规模不断扩大的推动下,中国制造业的 CO_2 排放量持续增长。日本尽管受亚洲金融危机冲击,制造业产出 1995 年开始持续下降,但由于排放密度明显提高,CO_2 排放规模有所扩大,在 2000 年达到考察期间的最高值。之后,由于经济持续低迷以及《京都议定书》减排承诺的约束,制造业排放规模持续下降。

---

① 差异主要来自能源行业。在中国的终端能源消费统计中,没有剔除能源产业将一定形式的能源作为产品向其他部门提供的数量,存在重复计算现象。具体表现在:(1) 能源产业的能耗规模及直接能耗密度被人为夸大;(2) 在计算完全能耗密度时,由于各行业均需要使用能源产业提供的产品,导致所有行业的完全能耗密度均被人为夸大。
② 本文计算 1995—2011 年所有年度的 CO_2 排放量,鉴于篇幅,文中仅列出 5 年的数据。日本的 CO_2 排放总量在 2007 年达到 10.8 亿吨,2008 年降至 10.2 亿吨。

表 1 1995—2011 年中日 CO_2 排放规模的变化

单位：百万吨 CO_2

国别	中 国					日 本				
行业 \ 年份	1995	2000	2005	2009	2011	1995	2000	2005	2009	2011
总产出	2 723.13	2 804.93	4 686.10	6 213.55	6 238.32	1 024.27	1 072.84	1 045.11	953.74	913.99
制造业合计	1 271.53	1 028.90	1 556.38	2 011.51	2 258.37	391.38	413.59	354.93	296.91	271.97
食品业	78.51	49.49	55.46	70.82	59.99	16.40	16.15	14.18	12.15	11.98
纺织业	57.38	32.56	44.12	49.72	50.69	5.43	5.15	3.94	2.08	1.27
皮革制品业	4.26	2.72	3.20	3.55	3.47	0.38	0.39	0.24	0.13	0.09
木材及木制品业	9.07	5.64	9.30	12.01	12.82	3.75	4.13	2.99	1.68	1.28
造纸业	40.40	27.45	37.76	52.00	51.80	18.97	17.10	14.52	11.87	10.54
石油加工业	49.99	58.11	81.97	100.87	111.28	33.30	31.11	30.78	27.82	26.53
化学工业	230.29	179.04	198.60	269.23	322.98	57.24	60.45	54.89	51.36	47.94
橡胶塑料业	28.26	15.63	19.66	23.43	26.38	4.38	5.60	3.80	2.71	1.29
非金属矿物制品业	381.06	332.39	534.00	712.49	811.66	91.07	79.85	72.69	59.72	56.80
金属制品业	305.04	271.87	507.53	628.25	686.09	131.67	164.99	131.44	110.81	102.80
机械工业	41.95	23.29	28.31	39.11	47.59	7.55	4.36	3.75	2.61	2.08
电气机械业	15.87	11.18	13.11	19.03	22.53	11.40	8.96	7.22	5.58	4.63
交通设备业	17.19	13.56	18.75	25.38	34.35	6.06	10.11	10.98	6.10	2.95
其他制造业	12.27	5.97	4.61	5.63	6.73	3.79	5.23	3.51	2.29	1.76

数据来源：根据世界投入产出表数据库（WIOD，http://www.wiod.org/new_site/database/eas.htm）的数据计算所得。

第三，从行业排放规模来看，中日两国排放规模最大的三个行业相同，均为"化学工业""非金属矿物制品业"和"金属制品业"。但是 2000 年开始，中国这三个行业的排放规模有明显扩大的趋势，而日本则呈现不断下降的趋势（见表 1）。

（三）中日 CO_2 排放密度比较

中日经济整体及制造业分行业 CO_2 排放密度变化如表 2 所示。表 2 显示：

第一，中日总产出 CO_2 直接排放密度的差距不断缩小。1995 年，中国总产出的 CO_2 直接排放密度是日本的 14.36 倍，2011 年这一差距缩小至 5.98 倍。值得指出的是，这种差距部分来自能源消费结构及能源效率的差异。中日两国之间消费结构及能源效率可从两国能源密度的差异中得到反映。能耗密度表示从单位产出所消耗的能量，不考虑能源消费结构和能源效率。如果以这一指标来看，中日之间的差距明显缩小。1995 年，中国总产出的能耗密度是日本的 8.5 倍，2011 年，此差距缩小 4.2 倍。① 在能源消费结构方面，煤炭是单位能效 CO_2 排放最高的能源，而其在中国能源消费中所占的比例大幅度高于日本。在考察期间，煤炭在中国能源消费总量中所占的比例均高于 40%，部分年度甚至超过 50%。而日本煤炭在能源消费中所占的比例呈现上升趋势，但处于相对较低的水平，从 1995 年的 12.41% 上升至 2009 年的 14.89%。② 另外，"电力、煤气及水的供应"是为国民经济提供能源的基础产业，中日两国在这一行业 CO_2 排放密度的差异也反映了两国在能源结构和能源效率方面的不同。"电力、煤气及水的供应"是两国 CO_2 排放密度差距最大的行业，1995 年，中国这一行业的 CO_2 排放密度是日本的 30.72 倍，之后差距逐渐缩小，2011 年降低为 9.66 倍。③

第二，中国各行业的 CO_2 排放密度呈现明显的下降趋势，而日本多数行业 CO_2 排放密度没有明显的下降趋势，甚至在 2000 年有所上升。这可能是因为中

---

① 数据来源：世界投入产出表数据库，http://www.wiod.org/new_site/database/eas.htm。
② 能源消费结构根据各种能源对应的热量计算，煤炭包括无烟煤、褐煤和焦煤三种。数据来源：WIOD 数据库，http://www.wiod.org/new_site/database/eas.htm。
③ WIOD 数据库只提供电力、煤气、水的生产和供应这三个行业合并的统计数据，考虑到这三个行业中的水并不是能源提供行业，且从中国和日本国内的统计指标来看，其产值和能源消费相对其他两个行业较低，因此这个统计指标主要反映由电力、煤气这两个行业能耗密度和 CO_2 排放密度的差异。数据来源：WIOD 数据库，http://www.wiod.org/new_site/database/eas.htm。

表 2 1995—2011 年中日制造业 CO_2 直接排放密度的变化

单位：CO_2 (kt)/百万美元

国别	中国					日本				
行业 \ 年份	1995	2000	2005	2009	2011	1995	2000	2005	2009	2011
总产出	1.522	1.026	0.988	0.649	0.484	0.106	0.124	0.119	0.099	0.081
食品业	0.667	0.275	0.181	0.111	0.081	0.042	0.048	0.045	0.034	0.025
纺织业	0.577	0.223	0.157	0.077	0.056	0.047	0.081	0.095	0.055	0.026
皮革制品业	0.182	0.083	0.061	0.031	0.021	0.039	0.066	0.057	0.034	0.017
木材及木制品业	0.493	0.156	0.134	0.072	0.054	0.045	0.076	0.070	0.045	0.026
造纸业	1.211	0.532	0.327	0.231	0.160	0.108	0.117	0.112	0.092	0.065
石油加工业	1.793	1.459	1.153	0.828	0.840	0.414	0.552	0.730	0.606	0.191
化学工业	2.914	1.542	0.976	0.571	0.506	0.215	0.263	0.246	0.210	0.134
橡胶塑料业	0.727	0.207	0.148	0.074	0.059	0.032	0.046	0.032	0.020	0.007
非金属矿物制品业	4.701	2.933	2.900	2.000	1.662	0.925	1.060	1.131	1.041	0.785
金属制品业	2.116	1.218	1.175	0.598	0.471	0.250	0.393	0.345	0.299	0.164
机械工业	0.583	0.189	0.093	0.054	0.046	0.026	0.017	0.012	0.010	0.008
电气机械业	0.192	0.054	0.024	0.012	0.009	0.024	0.017	0.012	0.008	0.010
交通设备业	0.367	0.156	0.072	0.039	0.037	0.014	0.025	0.022	0.014	0.005
其他制造业	1.030	0.280	0.144	0.064	0.056	0.066	0.107	0.086	0.060	0.040

注：CO_2 直接排放密度根据"CO_2 排放/(产出－进口)"计算。

数据来源：根据世界投入产出表的数据（WIOD，http://www.wiod.org/new_site/database/eas.htm）计算所得。

国在1995年仍然处在工业化的初级阶段,在工业技术、能耗效率等方面仍有较大的提升空间。而日本在1995年已经进入成熟的工业化阶段,排放密度的提升空间有限,1995—2000年排放密度的升高可能是由于人工成本上涨而推动机械化程度提高的结果。

第三,中国的高排放行业和日本相似,而低排放的行业则和日本有所不同。不管是中国还是日本,"石油加工业""化学工业""非金属矿物制品业"和"金属制品业"都是排放密度最高的行业。中国排放密度最低的产业是"电气机械业"和"皮革制品业",而日本排放密度最低的产业则是"交通设备业"和"橡胶塑料业"。这也反映了中日两国在国际价值链中分工中的差异。中国在这些行业的排放密度较低主要是因为劳动力丰富的要素禀赋结构使得中国在劳动密集型产业的机械化程度较低,在国际分工中主要承接加工、装配等劳动密集型的链节。而日本则受其严格的环境规制以及高劳动力成本的影响,在高排放产业的国际分工中,主要承接高附加值产品或链节,使得日本在这些传统的高排放行业反而具有较低的排放密度。

三、基于国际分工的中日 CO_2 排放比较

(一)行业结构

国际分工差异在行业结构方面表现为高排放行业在国民经济中占有比例的不同。中国"石油加工业""化学工业""非金属矿物制品业"和"金属制品业"这四个排放密度最高行业产出占 GDP 的比例大幅度高于日本。1995 年,中国这四个行业产出占 GDP 的比例为 18.559%,2011 年小幅降至 16.889%,这一比例在考察期间均是日本的 3 倍多。分行业来看,占比差距最大的是"非金属矿物制品业"和"金属制品业"。2011 年,中国"非金属矿物制品业"和"金属制品业"产出占 GDP 的比例分别是日本的 10.45 倍和 3.42 倍。实际上,中国"非金属矿物制品业"的主要产品水泥以及"金属制品业"的主要产品粗钢的产量已经多年位列世界第一,2013 年,水泥产量在世界总产量中所占的比例超过 60%,粗钢产量在世界总产量中所占的比例超过 48.51%。[1]

---

[1] 中国水泥产量自 1985 年起连续 27 年位居世界第一,2013 年水泥产量占世界的比重超过 60%;2013 年中国粗钢产量占世界的份额为 48.51%,位居世界第一。数据来源:水泥数据来自历年《中国统计年鉴》;钢铁数据来自 Worldsteel,《世界钢铁统计数据 2014》,https://www.worldsteel.org/.

表3　1995—2011年中日排放密集型产业份额的变化

单位：%

国别	中国					日本				
行业＼年份	1995	2000	2005	2009	2011	1995	2000	2005	2009	2011
石油加工业	1.558	1.421	1.514	1.073	0.749	0.417	0.325	0.237	0.236	0.614
化学工业	4.416	4.143	4.331	4.149	3.310	1.380	1.324	1.255	1.258	1.586
非金属矿物制品业	4.530	4.043	3.479	3.137	3.344	0.510	0.434	0.361	0.295	0.320
金属制品业	8.057	7.964	8.638	9.255	9.486	2.730	2.419	2.136	1.906	2.770
合计	18.559	17.571	17.961	17.613	16.889	5.036	4.502	3.988	3.694	5.290

注：产业份额根据"(产出－进口)/GDP×100%"计算。

数据来源：根据世界投入产出表的数据(WIOD, http://www.wiod.org/new_site/database/eas.htm)计算所得。

(二) 垂直化分工结构

全球化分工不断深化，一国的产出不仅在国内产生 CO_2 排放，还通过进口中间品等引起国外 CO_2 排放。全球化分工条件下垂直化分工对碳排放的影响表现为一国生产某一产品产生的国内排放在完全排放中所占比例的不同。本文利用投入产出表，通过计算完全 CO_2 排放密度中国内排放所占的比例，来反映中日两国在产业链分工方面的差异。完全排放密度中国内排放所占的比例用 E^d/E 表示。其中，$E=C^d(I-A)^{-1}$、$E^d=C^d(I-A^d)^{-1}$ 分别表示行业完全排放系数向量和行业国内完全排放系数向量，A 表示直接消耗系数矩阵，I 表示单位矩阵，$(I-A)^{-1}$ 为里昂惕夫逆矩阵。① E^d/E 的值越小，说明在完全排放中，国内排放所占的比例越低，进口中间品排放所占的比例越高，生产该产品隐含更多的国外排放。

本文利用 WIOD 数据的投入产出表计算中日两国 35 个行业的完全排放密度和国内完全排放密度，据此计算本国排放的占比。限于篇幅，以下仅列出制造业的计算结果，如表 4 所示。从表 4 可以看出，中国和日本多数行业国内完全排放所占比例都呈明显下降趋势，但是，日本的下降幅度明显高于中国。1995 年，除了"石油工业"外，中国其他行业的国内完全排放占比均高于日本，即中国制造业产品的本国中间品排放占比明显低于日本。这可能是因为，1995 年中国的工业配套能力较低，中间品尤其是高技术中间品仍然主要依赖进口，而日本制造业的本国配套能力高，除了能源等初级产品外，中间品主要由本国提供。随着日本国内劳动力等成本的不断提高，国内经济增长乏力，产业转移步伐逐渐加快，②加上《京都议定书》对碳排放的约束，日本各产业完全排放中国内排放所占的比例明显下降。2011 年，除了"非金属矿物制品业"外，所有制造业的国内排放占比均低于 70%，其中，最低的是"石油工业"，其国内排放占比仅为 25.921%。而中国则和日本相反，大部分行业国内排放占比仅小幅下降，"纺织业""皮革制品业"两个劳动密集型行业的国内排放占比还有所上升。2011 年，中国所有行业国内排放占比均大幅度高于日本。这反映了中日在价值链分工、集聚上的差异，

---

① 此处隐含的假设是进口中间品的排放密度与进口国的排放密度相同，即日本进口中间品的排放密度与日本本国的排放密度相同，中国进口中间品的排放密度与中国本国的排放密度相同。
② 1996 年，日本的海外投资余额为 2586.53 亿美元，2014 年，日本的海外直接投资余额达到 12 015.06 亿美元。数据来源：日本贸易振兴机构的直接投资统计，https://www.jetro.go.jp/world/japan/stats/fdi.html。

较宽松的环境规则使得中国在国际价值链分工中集聚了更多排放密集的环节,导致生产单位产品的国内排放比例大幅度高于日本。

四、结论及启示

本文分析全球化分工的发展及其对中国经济发及 CO_2 排放的影响。在此基础上,利用 WIOD 数据库,比较分析中日两国在 CO_2 排放规模、CO_2 排放密度、行业结构、垂直化分工结构的差异得出以下结论:

第一,1995—2011 年,中国经济的 CO_2 排放密度快速下降,但仍然大幅度高于日本。

第二,中国在经济快速增长的推动下,CO_2 排规模大幅度超过日本。

第三,中日两国排放密度最高的四个排放行业相同,但中国高排放行业产出在 GDP 中所占的比例明显高于日本。

第四,中国国内排放在完全排放密度中所占的比例大幅度高于日本,在国际分工中集聚了更多排放密集型的价值链节。

上述结论具有以下政策含义:

第一,强化环境规制,降低中国 GDP 排放密度。中国环境治理规则相对较为宽松,加上执行过程中的种种偏差,导致权力寻租、政策不确定和事实上的排放管制宽松。由于中国劳动力要素的价格优势,相对而言,环境规则对于国际产业转移的影响可能并不显著,有些研究也指出中国并没有成为发达国家的"污染避难所"。但不容忽视的是,中国经济整体的排放密度较高,而且高排放产业产出在 GDP 中占有较高比例。也就是说,即使环境规制可能并没有导致中国成为"污染避难所",却导致中国经济整体的排放密度偏高。中国应合理评估排放的负外部性,加强环境立法,强化环境治理,引导技术进步方向,控制中国经济发展的环境负荷。

第二,调整贸易政策,控制高排放的行业及分工链节在中国的集聚。中国在成为世界制造中心的同时,也成为世界排放的中心,不仅高排放产业产出在 GDP 中所占比例较高,中国内排放在完全排放中所占的比例也较高。利用政策工具,促进高排放中间投入品的进口,控制出口,以引导产业结构调整,降低高排放产业及分工链节在中国的集聚,降低经济整体的排放密度。

第三,优化能源消费结构,提升环境条件。中国能源消费中较高的煤炭比例是导致中国 CO_2 排放密度较高、排放规模持续扩大的重要原因。煤炭的能

表 4　1995—2011 年中日制造业完全 CO_2 排放密度中本国排放占比的变化

单位：%

行业	中国					日本				
年份	1995	2000	2005	2009	2011	1995	2000	2005	2009	2011
食品业	86.838	85.881	81.145	84.153	80.990	89.367	88.346	78.324	73.720	63.459
纺织业	77.259	75.885	74.925	82.110	79.430	88.779	69.780	78.675	73.832	61.183
皮革制品业	73.005	73.000	70.269	78.021	74.982	88.930	70.652	78.960	73.563	61.082
木材及木制品业	80.549	81.379	77.734	82.886	79.333	83.650	75.999	74.002	71.189	59.050
造纸业	85.312	82.874	78.389	82.909	79.752	92.354	81.301	83.358	79.968	69.580
石油工业	82.013	76.307	70.138	72.784	63.751	76.379	54.341	39.600	35.099	25.921
化学工业	88.223	85.386	79.053	83.217	79.831	91.727	76.106	74.123	70.189	58.471
橡胶塑料业	80.089	77.382	71.698	78.311	75.074	88.556	76.170	73.703	68.688	56.358
非金属矿物制品业	93.776	93.069	91.528	93.293	91.577	94.910	86.614	89.443	85.112	75.373
金属制品业	87.886	87.459	81.693	83.363	79.180	89.639	69.226	76.008	70.469	54.834
机械工业	82.129	80.452	71.641	78.768	74.239	86.703	89.141	70.530	66.420	53.205
电气机械业	73.465	68.936	56.972	68.346	65.491	86.666	95.433	72.783	68.501	56.642
交通设备业	79.594	79.289	69.057	76.042	71.958	87.052	71.931	73.299	68.473	54.739
其他制造业	82.381	80.611	75.991	80.768	77.514	88.074	75.357	77.695	72.009	58.677

数据来源：根据世界投入产出表的数据(WIOD, http://www.wiod.org/new_site/database/eas.htm)计算所得。

量密度较低,使用煤炭提供同量的能量将排放更多的 CO_2。低价的煤炭为中国经济发展提供低价的能源,但也导致中国国内环境条件日趋恶化。而且,随着国际社会对碳排放问题关注程度的不断提高,中国经济发展面临的减排压力不断增加。因此,中国应合理评估不同能源在消费过程中对环境的不同影响,侧重从环境影响及治理的角度重新设定煤炭定价机制,利用经济手段优化能源结构。

参考文献

[1] 张友国:《中国贸易含碳量及其影响因素——基于进口非竞争型投入—产出表的分析》,《经济学》2010 年第 4 期。

[2] 周肖肖、丰超、胡莹、魏晓平:《环境规制与石化能源消耗——技术进步和结构变迁视角》,《中国人口、资源与环境》2015 年第 12 期。

[3] Chichilnisky C. 1994. North-South Trade and the Global Environment [J]. *American Economic Review*, 84: 851-874.

[4] Copeland B. and Taylor S. 1994. North-South Trade and the Environment [J]. *Quarterly Journal of Economics*, 109: 755-787.

[5] Ederington J. and Minier J. 2003. Is Environmental Policy a Secondary Trade Barrier? An Empirical Analysis [J]. *Canadian Journal of Economics*, 36: 137-154.

[6] Gong-Bing Bi, Wen Song, P. Zhou, Liang Liang. 2014. Does environmental regulation affect energy efficiency in China's thermal power generation? Empirical evidence from a slacks-based DEA model [J]. *Energy Policy*, 66: 537-546.

[7] Grossman, G. and Krueger, A. 1994. Environmental Impacts of a North American Free Trade Agreement. In Garber, P. (Ed.), *The U. S. Mexico Free Trade Agreement*. MIT Press.

[8] IEA, 2011, 2012. CO_2 Emissions from Fuel Combustion (Highlights) [DB/OL]. http://www.iea.org.

[9] Koopman R., Wang Z. and Wei. S. J. (2008) "How Much of Chinese Exports is Really Made in China? Assessing Domestic Value-added when Processing Trade is Pervasive", NBER Working Papers 14109.

[10] Levinson A. and Taylor S. 2008. Unmasking the pollution haven effect [J]. *International Economic Review*. 49(1): 223-254.

[11] Miroudot, S., Lanz R. and Ragoussis A. 2009. Trade in Intermediate Goods and Services [R]. *OECD Trade Policy Papers*, No. 93, OECD Publishing, Paris.

http://dx.doi.org/10.1787/5kmlcxtdlk8r-en.
[12] Sabuj Kumar Mandal. 2010. Do undesirable output and environmental regulation matter in energy efficiency analysis? Evidence from Indian Cement Industry[J]. *Energy Policy*, 38(10): 6076-6083.

二、日本金融、产业与企业

日元的国际化进程及对人民币国际化的启示

孙 林[*]

【摘　要】历史上日元主要经历了20世纪80年代初开始的国际化和90年代末开始的国际化。前一次主要是在对美贸易黑字不断扩大、引发美国施压的前提下,作为应对措施的一环被动实行的日元国际化行为;后一次则主要是日本经济低迷、1997年亚洲金融危机后,作为激活日本经济和援助亚洲经济的对外经济政策一环而主动实行的日元国际化行为。从日元国际化的进程和经验来看,人民币国际化需要继续发展经济和改革金融体系,在条件许可的时机实现人民币在经常项目和资本项目下的自由兑换,成为世界贸易结算货币、国际资本计价货币和外汇储备货币。

【关键词】日元;国际化;人民币

随着中国成为世界第二大经济体、世界贸易大国,人民币国际化的讨论与研究日益活跃,尤其是2013年中国提出"一带一路"倡议和中国加入SDR以来,围绕人民币国际化的讨论逐渐具体到路径、方式等技术性领域。作为同在亚洲地区、也同样曾经登顶世界第二大经济体和世界贸易大国的日本,其货币日元国际化的经验对中国而言显得尤为重要。一国货币的国际化,意味着该货币在以贸易为主的国际交易中被广泛地使用和保有,成为国际储备货币之一,具备国际交易单位、国际结算手段及资本储存手段三大职能。从时间上来看,日元历史上大致有过两次国际化活跃期,可大致划分为20世纪80年代初开始的国际化和90年代末开始的国际化。两次国际化分别具有不同的国际和国内的政治和经济背景。

在日本,关于日元国际化的相关研究主要由经济学研究者开展。20世纪90年代末,主要研究日元国际化的现状,例如,河合正弘(1992)、关志雄(1995)和上川孝夫(1997)等学者将研究聚焦于日元国际化的进展方面;也有从国际政治角度的研究,如藤井良广(1999)研究了日元国际化对扩大日本国际政治影响力的

---

[*] 孙林　上海社会科学院部门经济研究所副研究员。

作用。本文在梳理日元国际化的历程及其背景的前提下,分析日元国际化未达到预期的原因,探讨日元国际化的经验对人民币国际化的启示作用。

一、20世纪80年代的日元国际化及其背景

(一)日元国际化的开始

日本国内对日元国际化的兴起直接起因源于20世纪70年代国际政治经济环境的巨变。标志性的事件是1971年8月美国宣布放弃美元的"金本位制",即"尼克松冲击",意味着第二次世界大战(简称二战)后布雷顿森林货币体系的崩溃。1973年3月,日本从"二战"后持续的固定汇率转向浮动汇率制。同时,经过二次石油危机,世界上积累了巨额的石油金钱,跨国资本流动的规模急速膨胀。二战之后一直相对稳定的国际金融市场进入动荡期。作为资本自由交易的场所,欧洲日元市场变得非常活跃。① 日本为了应对欧洲日元市场的扩大,1980年12月修改了《外汇法》,开始进入促进资本自由流动的时代。

20世纪80年代之前,日本并未有主动推进日元国际化的实质性举动,其主要原因在于日本政府和日本央行对日元国际化持消极态度。日本政府担心日元国际化所要求的资本账户开放将导致日本货币政策独立性的下降,也担忧跨境资本流动会影响日本国内宏观经济的稳定性;同时,日本金融体系相对封闭、政府管制严厉且发展缓慢,缺乏主动谋取日元国际化的动力。尽管如此,并不意味着1980年之前日本在日元国际化方面毫无作为。因为在一国货币国际化的发展过程中,虽然政府和央行的积极推动能够起到一定作用,但其本质还是一国经济、贸易规模扩大后的自然表现。因此,20世纪80年代之前事实上日本已经在若干方面为之后的日元国际化铺平了道路(见表1)。

20世纪50—70年代末,日本经济处于高速增长期,保持两位数增长,并在1968年超越德国成为世界第二大经济体。1970年,日本经济占世界经济的比重为6.2%,占亚洲经济的比重为40.9%;到了1978年,日本经济已经占到世界经济的10.5%,占到亚洲经济的50%以上。

---

① 欧洲日元市场是20世纪70年代以后随着日元国际地位的提高而出现的新型金融市场,即由在日本以外的存款机构持有的日元存款。欧洲日元市场是欧洲市场的一部分,其地理范围很广,在伦敦、新加坡、中国香港、纽约等地都有交易,但其中以伦敦最为重要,占全部市场份额的60%左右。欧洲日元债券是指在日本境外发行的以日元为面额的债券。欧洲日元债券的发行不需经过层层机构的审批,但需得到日本大藏省的批准。发行日元欧洲债券不必准备大量的文件,发行费用也较低。

表 1　20 世纪 80 年代之前的日元国际化动向

时　间	主要政策或日元国际化相关事宜
1960 年 7 月	日本政府开始允许非居住者（外国机构）开设自由日元账户，部分恢复了日元的可兑换性
1964 年 4 月	日本从国际货币基金组织（IMF）第 14 条款国过渡到第 8 条款国，使日元从不可兑换货币转变为在国际收支经常项目下的可兑换货币，承诺履行对日元实行经常项目下自由兑换的义务；此后，在国际商品和外汇交易中使用日元成为可能，标志着日元国际化的开始
1970 年 12 月	日本通过亚洲开发银行首次发行以日元计价的外债，并以此为基础形成了欧洲日元债券市场（海外）
1971 年 8 月	布雷顿森林体系崩溃，黄金与美元脱钩，使多元化的国际储备成为可能和现实，德国马克和日元成为美元之外新兴国际储备货币的备选
1973 年 2 月	日本的日元汇兑制度开始从固定汇率制向自由浮动汇率制转移
1973 年 3 月	在华盛顿召开的 20 国财长会议上，日本提出希望美国用日元等货币来弥补其国际收支的差额。这是日本政府首次提出，希望使日元成为国际储备货币之一、在国际经济中发挥更大作用的设想

资料来源：根据日本财务省《50 年の动き（昭和 24 年～平成 12 年）》资料整理，https://www.mof.go.jp/about_mof/zaimu/50years/050100.htm。

（二）20 世纪 80 年代的日元国际化

经过 30 多年的高速增长，日本经济和贸易规模显著扩大，成为日元国际化的实质性支撑。20 世纪 80 年代，日元开始在国际货币体系中崭露头角。一般来讲，日本学界并不将 80 年代之前的一些金融自由化举措视作日元国际化，而是将 80 年代初开始至 90 年代初结束的日元国际化称之为日元国际化的第一阶段。

80 年代前后，日本所面临的一系列内外部政治、经济条件发生了巨大变化。

从外部来讲，进入 80 年代以后，日本出口导向型经济发展迅猛，美日贸易失衡，日本经常项目下贸易盈余持续积累，而美国对日贸易赤字显著增加，导致美日间贸易摩擦日益升温，日本面临来自美国政府、企业和民间的巨大压力。美国针对美日贸易不均衡现象，提出了推进日元国际化对策的必要性，即通过日元国际化政策，谋求日元升值，在此基础上通过日本金融市场的开放，促进美国金融机构在日本市场扩大业务范围和活跃度。因为美国政府坚持将日本的巨额贸易顺差归咎于日本市场的封闭性和被低估的日元，企图通过"日美结构协议"谈判，不断要求日本扩大内需、开放金融和资本市场,实现金融自由化和国际化。

从内部来讲,一方面,经历了 20 世纪 70 年代的两次石油危机之后,尽管日本经济增速开始放缓,但日本企业已经积累了较为充盈的自有资金,市场资金较之前充裕,需要金融市场进一步开放;另一方面,自 1973 年布雷顿森林体系瓦解后,国际货币体系失去了之前的稳定性,主要货币之间的汇率出现剧烈变动,对于原材料、能源资源和产品均高度依赖国际市场的日本出口导向型经济体而言,汇率稳定尤其是对美元汇率的稳定,对日本经济而言异常重要。随着日本经济实力的不断提升,日本政府开始逐步改变之前关于国际货币多元化和日元国际化的保守认识,希望日元在国际货币体系中发挥重要作用,日元国际化有助于国际货币多元化和国际货币体系的稳定性。

1980 年 12 月,日本修订了《外汇法》,这是日本日元国际化历史上具有标志性意义的措施。修订后的《外汇法》对资本项目下的跨国资本流动从"原则上禁止"转变为"原则上自由",这是继 1964 年实现经常项目下的日元自由兑换之后日元国际化的最大举动。当然也还有相对约束,即"原则上自由"的跨国资本交易需通过认定的银行或者证券公司,并且通过事先申告的形式,所有的交易仍然处于日本大藏省的行政指导掌控之下。因此,《外汇法》修订之后,跨国资本交易并未出现大幅增加,其背后原因就是大藏省担心欧洲日元债大量的发售会引起金融市场的混乱。同时,当时日元处于贬值阶段,产业界对此并没有表现出参与欧洲日元市场的兴趣(上川孝夫,1997)。

直到 20 世纪 80 年代中期,关于是否应该和如果推进日元国际化才成为日本国内的政策议题。当时,随着日本贸易盈余大增,而美国对日贸易赤字不断攀升,美国从企业到政府开始不断施压,要求日本开放金融市场和日元国际化。美国从企业到政府都认为,日元升值可以减少对日贸易赤字。另外,美国金融界也认为,日本金融市场减少管制将有利于美国金融业在不断扩大的日本金融市场中获得商业机会。在内外双重环境变化和压力下,日本开启了金融自由化和日元国际化阶段。

1983 年,里根总统访日之际成立了"日元美元委员会"。1984 年 5 月,该委员会发布了《关于金融自由化的现状与展望》,提出了日元国际化的具体政策。针对美国的一系列要求,事实上,日本政府是消极的。大藏省对美国的日元国际化要求采取的是"积极的、渐进的、自主性"原则,反对激进的日元国际化(太田,1991);日本银行也认为,如果外国央行保有大量的日元,日本金融政策的独立性将有可能受到影响，因此，本质上对日元国际化持反对态度；而当时的产业界担心日元国际化将导致日元升值、影响出口，也反对日元国际化的相关政策。但是，迫于美国政府和民间的强大压力，作为回应美方的要求，日本政府提出了促进日元国际化的具体对策措施：一是减免非居住者欧洲日元债利息税，建立离岸欧洲日元市场(Japan Offshore Market)，放宽对居住者欧洲日元债发行限制；二是废除外汇交易中的日元转换规则、实际需求原则，建立期货市场；三是放宽金融市场管制。

总体而言，20世纪80年代，日本政府持续出台了促进日元国际化的相关对策措施(见表2)，但是由于日元国际化基本上是美国一边倒的施压行为，日本自身没有形成关于如何推进日元国际化的具体战略。因此，其结果只有欧洲日元市场的开放取得了一些进展，而日本金融、资本市场的自由化和规制缓和只取得了非常有限的进展。直到90年代后期，日本政府实行"金融大爆炸"改革之后，金融资本市场的开放和自由化才实现了重大进展。但是，尽管日本出台了诸多措施，但日元国际化的进展并不显著。

表2　20世纪80年代开始的日元国际化措施

时　间	主要政策或日元国际化相关事宜
1980年12月	日本大藏省颁布实施新《外汇法》，把过去对资本交易的"原则上禁止"改为"原则上自由"，取消了本国居民向国外提供日元贷款和外汇不能自由兑换成日元的限制。这是自1964年日元经常项目基本实现自由可兑换以来的最重要的一步，日元正式成为硬通货，使得日元真正开始进入国际化阶段
1983年10月	将"促进日元国际交易以及改进金融、资本交易市场的环境"纳入综合经济对策；大藏省表明将积极推进日元国际化和金融、资本市场的自由化
1983年11月	美日首脑决定设立协调美日汇率问题的专门机构"日美日元美元委员会"
1984年4月	开设外汇交易期货，废除外汇的进出口实际需求原则
1984年5月	日本政府发布《日美日元美元委员会报告书》，大藏省发布《关于金融自由化、日元国际化的现状和展望》政策报告，提出日本政府关于日元国际化的基本思路、对策和展望
1985年3月	外汇审议局发表了《关于日元的国际化》等一系列重要官方文件或协议，认可了推进日元国际化的积极意义，明确了推进态度；开设商业承兑票据市场、短期国债市场、商业票据市场；废除金融机构的分业经营限制，银行可以从事债券经营活动、参与商业票据市场和金融期货市场的交易；证券公司可通过办理国债担保贷款业务等方式，介入银行业务；放宽外国金融机构的准入

续　表

时　间	主要政策或日元国际化相关事宜
1985 年 4 月	废除对居住者欧洲日元债的征税
1985 年 5 月	日美日元美元委员会发布报告《关于金融自由化、日元国际化现状和展望》，更新了关于日元国际化、金融资本市场自由化、外国金融机构经营环境改善、欧洲日元市场自由化等方面的措施
1985 年 6 月	废除日元兑换业者指定制度，欧洲日元贷款的自由化
1985 年 9 月	"广场协议"签署生效
1986 年 4 月	放宽非居住者发行欧元债券指导规则
1986 年 5 月	修订《外汇法》，设立离岸市场
1987 年 6 月	发布《关于金融、资本市场自由化和国际化的目前展望》
1987 年 7 月	放宽居住者欧洲日元债发行的指导规则
1987 年 11 月	解除非居住者欧洲日元 CP
1989 年 4 月	创立东京金融期货市场
1989 年 5 月	欧洲日元贷款自由化
1989 年 6 月	进一步放宽非居住者欧洲日元债的发行适用基准，非居住者 4 年以下欧洲日元债解禁
1989 年 7 月	居住者外币海外储蓄自由化（法人、个人 500 万日元以下金额存款无需许可）
1990 年 7 月	居住者外币海外储蓄自由化（法人、个人 3 000 万日元以下证券投资账户均不需要许可）
1993 年 7 月	废除非居住者欧洲日元债的适用基准
1994 年 1 月	放宽居住者外债、武士债的适用基准
1995 年 4 月	简化非居住者欧洲日元债、非居住者国内债的学科手续
1995 年 8 月	废除对非居住者欧洲日元债的回流限制
1996 年 1 月	废除非居住者国内债的适应基准

资料来源：同表 1。

（三）20 世纪 80 年代日元国际化的背景

首先，日元国际化的背景是日本经济实力的大幅提升。20 世纪 80 年代的日元国际化是被动的,主要来自美国的施压。但是,非常明确的事实是"二战"后日本经济的长期高速经济增长导致的国力崛起。"二战"之后,日本经济逐步从战争的废墟上复苏,经过30年的高速增长,成长为世界第二大经济体、贸易大国和金融大国。尤其是70年代末,日本迅速摆脱了第三次石油危机的冲击,产业结构成功转型,经济结构调整见效,经济实力明显增强。同时,日本保持贸易顺差,在80年代初积累了大量的外贸盈余。经济和贸易的发展为日元的国际化奠定了良好的基础。因此,日本战后实现的经济高增长对日元能够成为硬通货发挥了重要作用,成为日元国家化的基础。

其次,日元国际化的发生还与美国对日政策转变具有密切关系。20世纪70年代末80年代初,美国经济处于衰退期,国内经济困难,国际贸易遭遇战后复兴国家德国和日本的强力竞争。日本经济规模不断扩大,出口能力日益增强,尤其是以美国市场为目的地的出口贸易顺差连年膨胀。因此,美国开始对日本施加压力,迫使日元升值,同时也期待日元在国际货币体系中发挥更大的作用,事实上导致了日元的国际化。

再次,日元国际化是20世纪80年代前后世界日本放松金融管制的间接结果之一。70年代末到80年代初,英、德、美、法等国先后采取了旨在放松管制和推动金融自由化的一系列措施,推动本国金融业的发展,各国货币在国际金融体系中的地位得到加强。日本作为主要发达经济体之一,尽管国内存在反对意见,但迫于国际竞争力压力,也实施了放松金融管制、实施一系列金融自由化对策措施的改革,提高了日元在国际金融市场中的影响力,导致了日元国际化进程的实质性进展。

总而言之,1980年日本大幅修改了二战后一直沿袭执行的《外汇法》,使得日本外汇及外贸管理发生了本质性的变化,日本资本项目下的外汇交易实现了自由化,基本扫清了日元国际化的制度性障碍。在美国不断施压下,尤其是1985年"广场协议"后,日元开始了大幅度升值进程;此后日元债券的发行也迅速增加,日元成为国际储备资产的一部分,贸易结算中使用日元的比例不断提高,日元国际化有了很大进展。到了1992年,在日本进出口总额中,以日元进行的贸易结算占比分别达到了17%和40.1%;1991年,在国际债券市场,日元债券占比达到12.9%;1991年,日元银行贷款占比达到11.6%;1990年,日本在各国储备货币中的比例占到8%,超越英镑的3%,成为仅次于美元和德国马克的第三大国际货币(见图1—图4)。

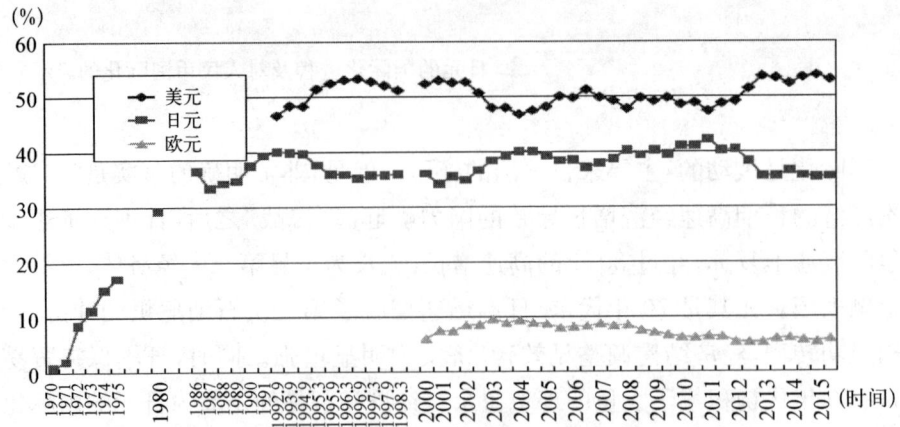

图 1　1970—2015 年日本出口贸易主要结算货币构成比例

数据来源：日本财务省关税/外汇审议会，https://www.mof.go.jp/.

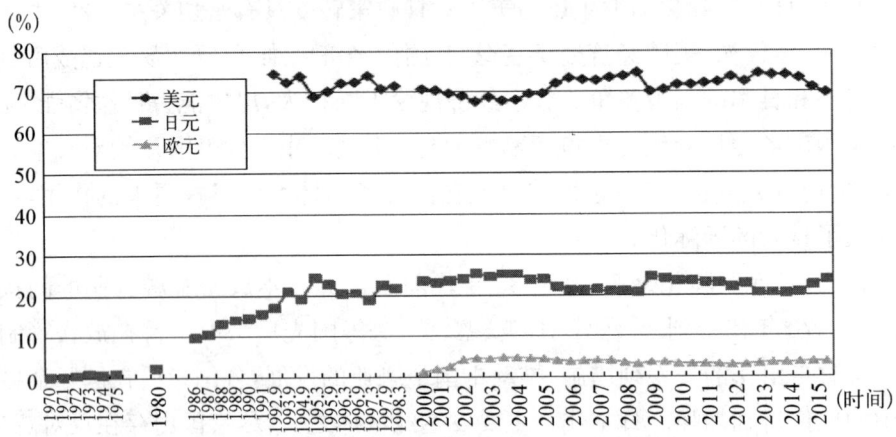

图 2　1970—2015 年日本进口贸易主要结算货币构成比例

数据来源：同图 1。

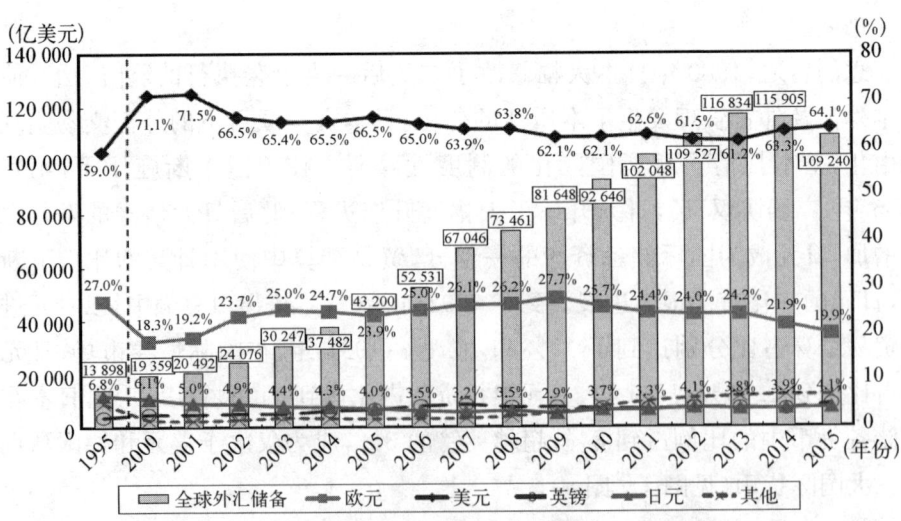

图 3　1995—2015 年全球储备货币中主要货币占比构成

数据来源：同图 1。

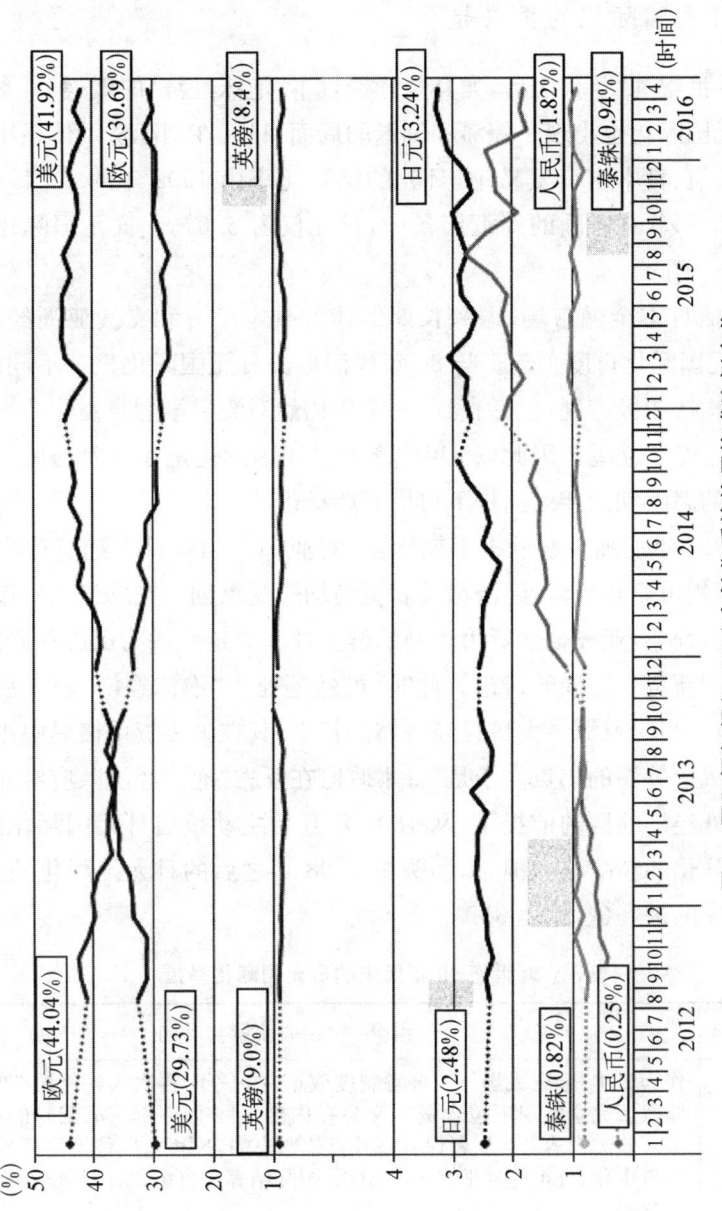

图 4 国际银行间(SWIFT)支付货币的使用构成比例变化

数据来源：同图 1。

二、20世纪90年代末的日元国际化及其背景

(一) 日元国际化的再兴起

进入20世纪90年代之后,尤其是随着日本"泡沫经济"的破灭,日本经济陷入停滞,日元国际化也出现了停滞和倒退的局面,日元在国际货币体系中的地位出现了下降。在日本出口贸易中,日元的结算比率由1992年的40.1%下降到1997年的35.8%,在各国的外汇储备中,日元仅占6.0%。日元国际化进入倒退期(见图1—图4)。

为了激活日本金融市场,振兴长期低迷的日本经济和支援亚洲经济复兴,1998年,日元国际化再度兴起。与80年代消极的日元国际化显著不同的是,国内各方势力均持积极态度,包括直到1997年仍然对激进金融自由化持反对立场的大藏省也改变了立场。因此,90年代末的日元国际化是在政府与民间都表现出十分积极的态度和兴趣的前提下再度开始推进的。

同时,1997年亚洲金融危机不期而至,对亚洲各国和日本经济产生了巨大的冲击,各国货币竞相贬值,经济增长和贸易均遭受重创。在反省危机爆发的根源和机制的过程中,亚洲金融货币体制的健全性和稳定性成为反思和研究对象,开启了对亚洲新货币格局的讨论。此时,虽然还处于"泡沫经济"破灭后的泥潭中,但仍然作为当时亚洲最大最强经济体的日本,其在国际货币格局中占有一席之地的日元成为关注的焦点。于是,日本政府在反省"泡沫经济"、应对亚洲金融危机等国内外经济问题的前提下,从1998年开始主动重启日元国际化的进程,探讨日元国际化的新战略。但是,回头看1998年之后的日元国际化的进程,仍然未取得相应的进展(参见表3)。

表3 20世纪90年代末的日元国际化举措

时 间	日元国际化相关政策与动向
1997年5月	作为日本"金融大爆炸"(金融制度改革)的一环,再次大幅修改《外汇法》。修改后完全实现了包含资本交易在内的国际交易和外汇交易的自由化。主要修改内容:居住者保有海外存款账户的自由化、居住者之间外汇结算的自由化、外汇兑换业务的自由化、国际结算的自由化、国际证券交易的自由化等
1998年4月	正式实施修订版《外汇法》,废除了外汇交易的事前许可和申报制度,改为时候报告制度,彻底实现了无约束的国际货币流动

续 表

时　间	日元国际化相关政策与动向
1998 年 6 月	金融 4 项法案成立
1998 年 6 月	经团联等民间机构提出了《推进日元国际化的金融市场改革方案》
1998 年 7 月	在大藏大臣宫泽喜一提议下设立了"外汇和其他资产交易委员会"专门小组,探讨在日本国内外经济和金融环境变化的状况下,推进日元国际化所面临的问题与对策
1998 年 10 月	大藏省通过"新宫泽计划",实施了具体的日元国际化政策
1998 年 10 月	自民党金融问题调查会设立了"关于日元国际化的小委员会"
1999 年 4 月	"外汇和其他资产交易委员会"发布《面向 21 世纪的日元国际化》报告,指出在亚洲货币危机、欧元诞生、金融大改革等国内外经济和金融环境形势变化中,鉴于日元国际化的必要性和紧迫性,需要研究基本方针和对策措施,以提高日元在国际上的作用
1999 年 9 月	大藏省成立由产官学人员组成的研究小组,商讨日元国际化的对策措施,旨在推动日元国际化。相关委员会的研究持续到 2003 年

资料来源:同表 1。

(二) 日元国际化再兴起的背景

1998 年,日本开始主动谋求日元国际化时,日元早已实现了经常项目、资本项目下对国际主要货币的自由兑换,基本实现了国际资本的自由流通。尽管经过上一轮日元国际化,但进展不尽如人意。与 80 年代的因美国施压而不得已进行日元国际化的情形不同,90 年代末的日元国际化的再兴起主要是基于国际环境的变化,即伴随着 90 年代欧盟的进展逐步浮出水面的欧元和亚洲金融危机的爆发,对日本从政府到学界、产业界产生了极大的刺激,均希望通过日元国际化使得日本金融市场成为国际金融中心,在亚洲占据主导到地位,有利于低迷的日本经济复苏。具体而言:

首先,日元国际化的再度在兴起是激活日本国内经济的需要。"泡沫经济"破灭后,日本经济持续低迷,金融体系问题重重,日元兑美元汇率大幅波动。1995 年 4 月,美元对日元达到创纪录的 79 日元;而 1998 年 8 月 15 日,则跌至 146.75 日元,日元作为国际货币的地位已有所下降。日元汇率的大幅波动严重影响了日本经济的稳定,打击了日本外贸和资本交易,阻碍了经济的复苏。因此,日本试图通过推动日元国际化来振兴对外贸易,进而带动经济增长;期待日元国际化不仅有利于日本增加货币发行收益,而且还可降低汇率风险,从而能给持续萧条的日本经济注入新的活力。

其次,日元国际化再度兴起也是深化国内金融体制改革的需要。"泡沫经济"遗留下的巨额不良债权,严重打击了日本的金融体系,拖累了日本经济的复苏。针对国内混乱的金融体系,1996年,日本政府发布了称为"金融大爆炸"的金融制度全面改革方案,企图通过金融资本市场的规制放松改革激活日本经济。1997年5月,开始大幅修改《外汇法》;1998年4月,《外汇法》正式实施,包含诸多推进日元国际化和金融市场自由化的措施。

再次,日元国际化的再度兴起与亚洲金融危机爆发后支援亚洲经济复苏的需要。1997年亚洲金融危机爆发后,日元国际化和金融市场改革的目的包含了支援亚洲各国经济。亚洲金融危机始于货币危机,危机中各国的货币发生了剧烈动荡。日本试图将日元国际化和国内的金融改革并举,促进本国和亚洲各国经济复苏。在支援亚洲经济复苏、稳定亚洲金融市场方面,日本政府提出了在亚洲促进日元作为结算货币的构想。

1998年5月的APEC会议上,日本作出了强调日元在国际上的作用,并将为此作出努力的声明,引起了东盟各国的高度关注。为此,为了扩大日元的使用范围,对亚洲加强了日元的资本供给。当然,在此阶段,日本的日元国际化思路尚未达到在亚洲地区推进日元作为基准货币的战略高度。在此背景下,日元国际化的推进政策是1998年10月发布的"新宫泽计划"。该计划对亚洲各国经济复苏提供300亿美元的支援,包括中长期援助资金的150亿美元贷款和进出口银行贷款,150亿美元的经济改革过程中的资金需求准备金。在该计划的第二阶段,更加清晰地强调日元在亚洲的作用。

最后,日元国际化的再度兴起是受到欧元诞生的刺激。欧元的诞生使日元的国际化有一定的紧迫性,将进一步挤压日元的国际空间,打破了日本原来设想的美元、日元和马克三足鼎立局面。日本忧患意识增强,不得不加快日元国际化的步伐。作为世界第二经济大国和全球最大的债权国,日元目前的地位之低与日本经济实力极不相符。

因此,与20世纪80年代的以欧洲日元市场的非居住者为主要对象的规制放松不同,1988年以后的日元国际化所包含的目的或目标,除了放松规制之外,主要目的是激活日本经济和支援金融危机/货币危机之后的亚洲经济。出于稳定亚洲货币体系、支援亚洲经济复兴和振兴日本经济的战略性考虑,主动推进日元国际化成为当时重要的政策选项。

三、日元国际化的进展

虽经过20世纪80年代和90年代的两次日元国际化的活跃期,但日本并未达到日元国际化的预期目标。当年日元国际化的内涵或定义是通过在国际交易中扩大日元的使用和保有,使得日元得以广泛流通,即在贸易交易及资本交易时,提高以日元结算的比例、提高世界其他经济体中央银行外汇储备中日元的比重。这是日本大藏省外汇审议会于1998年明确的定义。参照上述定义,日元国际化的进展现状可以用作为支付手段的结算货币、价值储存手段的资产货币和官方外汇准备货币的三个方面指标来加以判断。以上述指标为判断依据,日本尽管经历了80年代初的第一次日元国际化,但到了90年代末,日元的国际化水平依然只达到一个很低的水平,之后也一直没有起色。日元国际化的议题也最终归于沉寂。

(一) 贸易领域

在日元的使用方面,从日本贸易结算来看,90年代末,日本出口中以日元交易的比例基本维持在40%以下左右,而以美元未结算的比例始终在一半以上。从进口来看,随着日本企业海外投资的增加,进口产品总额增长迅速,但以日元结算的比例始终未超过30%(见图1、图2)。这种状态与主要发达国家货币相比属于低水平。在世界贸易中,结算货币基本都是美元,以日元结算的比例仅5%,而当时日本贸易总额占世界贸易的比例已经超过7%,日元使用比例低,国际化水平有限。

从国际贸易分地区数据来看,1998年对东南亚贸易中,以日元结算的比例出口占到48.4%,进口占到26.7%;对欧共体的贸易中,日元结算在出口中占到34.9%,进口占到44.3%;对美国贸易中,以日元结算的比例出口占15.7%,进口占16.9%。相对于对美贸易,对东南亚和欧盟贸易中,日元国际化的进展更大。但是,对亚洲贸易中,以美元结算的进口占70%、出口占50%。

(二) 资产领域

作为资产保有的手段,一国货币被他国保有的因素包括各国的基准利率水平、汇率变动预期等。90年代末,以日本的经济规模和国际投资的状态看,日元国际化的条件之一的作为资产保有手段指标看,国际化程度非常之低。1997年,发行的国债中,日元债的比例仅为4.5%,而1994年曾经达到13%。日本银行的对外贷款余额中,以日元借贷的比例在90年代基本维持在20%左右。尽管亚洲各国很大程度上依赖从日本获得贷款,亚洲与日本的资本交易关系也非常密切,但是直至今日日本金融机构对亚洲的融资借贷基本是以美元为主进行的(见表4)。

(三)国际储备货币

从各国官方的角度来看,作为国际货币的使用,美国、德国、法国等,其周边国家中均有作为基准货币的,而在亚洲不存在以日元为基准货币的国家。日元作为外汇储备货币,80年代有少许上升,1991年达到最高点,之后一直处于下降通道(见图3)。欧洲国家,当时除了储备美元之外,还有不少国家将德国马克作为储备货币;而在亚洲,由于很多国家实质上采取与美元联动的联系汇率,资本市场基本都具有保有美国债券的强烈倾向。

表4 外汇市场主要货币占比和排名(4月份平均交易额)

年份	2001		2004		2007		2010		2013		2016	
币种	占比(%)	排名	占比(%)	排名	占比(%)	排名	占比(%)	排名	占比(%)	排名	占比(%)	排名
美元	44.9	1	44.0	1	42.8	1	42.4	1	43.5	1	43.8	1
欧元	19.0	2	18.7	2	18.5	2	19.5	2	16.7	2	15.7	2
日元	11.8	3	10.4	3	8.6	3	9.5	3	11.5	3	10.8	3
英镑	6.5	4	8.2	4	7.4	4	6.4	4	5.9	4	6.4	4
澳元	2.2	7	3.0	6	3.3	6	3.8	5	4.3	5	3.4	5
加元	2.2	6	2.1	7	2.1	7	2.6	7	2.3	7	2.6	6
瑞士法郎	3.0	5	3.0	5	3.4	5	3.2	6	2.6	6	2.4	7
人民币	0.0	35	0.0	29	0.2	20	0.4	17	1.1	9	2.0	8
瑞典克郎	1.2	8	1.1	8	1.4	9	1.1	9	0.9	11	1.1	9
新西兰元	0.3	16	0.5	13	0.9	11	0.8	10	1.0	10	1.0	10

数据来源:TCB Survey, Report on global foreign exchange market activity in 2016, BIS.

四、日元国际化进程受挫的原因

20世纪90年代末,日本政府推行了一系列完善金融自由化改革和推进日元国际化进程的政策。亚洲金融危机过后,日元国际化的战略从追求日元成为贸易、金融交易计价货币和国际储备资产,转向通过推动日元区域化间接实现日元国际化,提出了以日本为中心组建 AMF（亚洲货币基金）的构想,向遭遇亚洲金融危机国家和地区提供金融支援,但遭到 IMF 和美国的反对后被迫放弃。到目前为止,日元国际化的程度与其 90 年代初的鼎盛时期不但没有提高,反而出现了停滞与倒退。日元国际化停滞不前的原因,归纳起来有以下几点：

首先,美国的反对以及亚洲部分国家对日元国际化政策存在一定的抵触。鉴于与亚洲国家关于历史方面的外交问题始终未得到妥善处理,日本无法提出各国能够接受的关于未来亚洲国际新秩序的愿景,无法动摇亚洲各国以美元为基准货币的货币体系。

其次,日本经济的安定增长和金融系统的健康发展是推进日元国际化先决条件。日元在亚洲地区要能够作为国际货币被广泛接受,首先需要日本解决"泡沫经济"破灭所形成的金融系统的不良债权,恢复国内外对日本金融体制的信心,实现日本经济的再生。但事实上,90 年代末之后,日本经济继续低迷停滞,由此大幅削减了国际投资者对日元的投资意愿,降低了日元作为国际储备货币的吸引力。

再次,日元汇率缺乏足够的稳定性。货币的汇率稳定是成为国际货币的重要条件。自 1973 年日元实行浮动汇率制以来,其稳定性始终难以得到保证。1973—1995 年,日元汇率波动幅度超过 10% 的年份出现过 8 次;1985—1986 年的一年时间里,日元升值幅度达到 40.5%;1997 年亚洲金融危机中,日元从 1995 年 4 月创纪录的 79 日元,跌至 1998 年 8 月 15 日的 146.75 日元。进入 21 世纪之后,日元依然经历了多次的大幅度贬值和升值。

最后,从长远来看,日元国际化的推进需要扩大日本贸易对象国获得日元、保有日元的机会。然而,"泡沫经济"破灭后,内需扩大对策迟迟无法见效,贸易盈余仍然不断增加,与日元国际化背道而驰,导致国际化进展停滞不前,甚至出现了倒退。贸易结构与一国经济的资源禀赋和经济结构高度相关。长期以来,日本出口严重依赖美国市场,进口以资源能源类产品为主,贸易结构不利于本币贸易结算的推广,限制了日本通过进口支付日元作为对外输出日元的能力。同时,日本银行以日元计价的对外贷款比重低,与以投资所在国货币进行的证券投资相比,日本海外直接投资比重偏低,也不利于输出日元。所以,尽管"广场协定"签署后,日元大幅升值、资本账户不断开放,日本银行对外贷款和日本居民对外投资迅速增长,日本一直作为世界上最大的资本输出国,但并没有对于日元国际化产生太大的影响。

五、日元国际化对人民币国际化的启示

20世纪80年代以来,日本出现了两次日元国际化的活跃期。两次日元国际化活跃期与当时日本经济面临的国际国内政治经济环境密切相关。前一次主要是在对美贸易黑字不断扩大、引发美国施压的前提下,作为应对措施的一环被动实行的日元国际化行为;后一次则主要是日本经济低迷、1997年亚洲金融危机后,作为激活日本经济和援助亚洲经济的对外经济政策一环而主动实行的日元国际化行为。继2010年中国GDP规模超越日本成为世界第二大经济体、世界贸易大国以来,人民币国际化成为一个活跃的议题,尤其是2013年中国提出"一带一路"倡议以来,人民币国际化成为世界关注的重大问题。

2016年10月,人民币纳入国际货币基金组织的特备提款权(SDR),人民币占到10.92%,而美元从之前的41.9%下降为41.73%,欧元从之前的37.4%下降为30.93%,英镑从11.3%下降到8.09%,日元从9.4%下降到8.33%,中国的份额主要来自欧元、英镑和日元。① 这是人民币国际化进程中的重要进展,但人民币作为国际货币的实际影响还非常小。参考表4的外汇市场主要货币占比(%)和排名及图4的国际银行间(SWFT)支付货币的使用构成比例来看,人民币国际化成分正在逐步提高,但仍然处于起步阶段。

对如今世界第二经济大国、亚洲第一经济大国的中国而言,昔日亚洲第一经济大国日本的日元国际化经验教训,对人民币国际化具有相当的启示作用,早已引起中国学者的关注,譬如徐奇渊(2010)、孙海霞、斯琴图雅(2010)、尹栾玉(2010)、卢有红、彭迪云(2017)等均有所论及。归纳起来主要有以下几点:

首先,要保持本国宏观经济的稳定和发展。日元国际化问题的提起正是由于"二战"后日本经济的崛起和扩张,而后期日元国际化的停滞甚至倒退都与日本经济的衰退有明确的关系。因此,要推进人民币国际化,中国需要保持长期稳定的可持续发展,这是人民币国际化的根本动力和保障;同时,货币国际化与贸易结构、资源依存度,以及政治、军事和经济实力等构成的综合国力相关。因此,经济保持稳步发展,提高综合国力是人民币国际化的重要保障。

---

① http://www.mofcom.gov.cn/article/i/jyjl/m/201608/20160801382294.shtml.

其次，要完善金融市场，在制度上保障人民币国际化的推进。日本于 80 年代第一次日元国际化中，已经实现了资本项目下的自由兑换，但是由于担忧国内金融政策受到外界影响，在制度上并未扫清日元国际化的障碍，妨碍了日元国际化的推进。中国致力于完善金融市场的改革，逐步提高经常项目下人民币自由兑换的程度、渐进有序放开资本项目下的自由兑换，从有管理的浮动汇率向自由浮动汇率制度转变，通过贸易和投资的方式逐步使人民币成为周边国家和地区贸易结算、资本计价和外汇储备工具。

第三，加强区域经济合作是实现人民币国际化的外部保障。日本在 90 年代末提出了以日本为中心组建 AMF（亚洲货币基金）的构想，但是遭到 IMF 和美国的反对而放弃，失去了拓展日元国际化外部空间的机会。与日本不同，中国在国际政治舞台上相对独立，尤其是"一带一路"倡议提出以来，中国具有宏大的促进亚欧非经济一体化的长远规划愿景和战略，能够为未来人民币的国际化提供国际政治经济的广阔空间。

受人民币汇率波动、跨境资金流动风险防范和中国外贸整体表现低迷等因素影响，2016 年人民币在跨境结算中的使用规模明显下滑。2016 年跨境贸易与直接投资人民币结算规模为 7.69 万亿元，比 2015 年的 9.55 万亿元下降 19.5%，比 2014 年的 7.60 万亿元略增长 1.2%。其中 2016 年跨境贸易人民币结算业务 5.23 万亿元，同比大幅下降 27.7%，为 2009 年跨境贸易人民币结算试点开展以来的首次出现下降。2016 年跨境直接投资人民币结算业务发生 2.46 万亿元，同比增长 2.9%，增幅较 2015 年的 121.56% 大幅收窄。[①] 可见，人民币国际化将受国内外环境的影响而发生反复。从日元国际化的进程来看，人民币国际化还有很长的路要走。短期来看，需要继续发展经济、改革金融体系，尽早使人民币成为硬通货，这是实现人民币成为世界贸易结算、国际资本计价和外汇储备货币，即实现人民币国际化长期目标的基本保证。

参考文献

[1] 卢有红、彭迪云：《人民币国际化：进展、波动与推进新思路》，《金融与经济》2017 年第 3 期。

[2] 孙海霞、斯琴图雅：《日元国际化进程和对人民币国际化的启示》，《亚太经济》2010 年

---

① http://news.xinhuanet.com/local/2017-04/17/c_129541162.htm.

第1期。
[3] 徐奇渊:《日元国际化的经验及其对人民币的启示》,《金融评论》2010年第2期。
[4] 尹栾玉:《日元国际化道路对人民币国际化的启示》,《学术交流》2010年第6期。
[5] 関志雄:《円圏の経済学》,日本経済新聞社,1995年。
[6] 河合正弘:《円の国際化》,伊藤隆敏編《国際金融の現状》,有斐閣,1992年。
[7] 上川孝夫:《円の政治経済学》,編著,同文館,1997年。
[8] 藤井良広:《ユーロが及ぼす円・アジアへの影響—アジア通貨圏の可能性と課題》,《国際問題》1999年6月。
[9] 太田赳:《国際金融:現場からの提言》,中公新書,1991年。

日本对美经济合作新动向及前景评估

陈友骏*

【摘 要】美国特朗普政府启动后,奉行"美国第一"的经济单边主义政策,在贸易问题上不时敲打日本。对此,日本则加大了对美经济的合作力度,不仅大幅提升了对美经济合作的政策主动性,更积极追加对美投资等,刺激美国实体经济增长。尽管如此,日本国内普遍担忧日美经济合作前景、特朗普政府的"经济单边主义"及其经济政策的可行性、日本的海外利益等诸多问题。受其影响,短期内日美经济合作关系将出现"双速型"的发展模式,即能源及农业贸易等战术问题将得以突破,而日美 FTA、TPP 等战略问题将久拖不决。

【关键词】日本;特朗普政府;日美 FTA;经济单边主义

美国特朗普政府启动以来,奉行"美国第一"的经济单边主义政策,在贸易问题上不时敲打日本,引致日美新一轮贸易摩擦浮现。而与贸易问题形成鲜明对比的是,美国在安全问题上却加大了对日本的倚重,且进一步提升了日美安全同盟在其亚太安全战略中的位置,并把日本明确定义为美国在东亚地区的"安全代言人"。

与此同时,半岛问题、海洋问题、领土争端等东亚地区热点问题逐次升温。对此,日本国内保守政治势力借机炒作"周边事态不稳",并推动日本社会整体右倾化的趋势性发展。受其影响,在综合考虑政治、经济、安全及个人政治利益等各种因素之后,带有强烈保守主义色彩的日本安倍政府选择加强对美经济合作的妥协路线,并希望借此实现"以经促政"甚至"以经促军"的战略目标,即通过日美经济的深度融合,维护日美双边政治关系的稳定发展势头,更觊觎提升日美安全合作的层级与辐射范围。

本文试图解析日本对美经济合作的新动态,深究其对美经济合作的战略考虑及日美经济关系中的结构性矛盾,在此基础上,评估其对美经济合作关系的发展前景及对我潜在影响等。

---

* 陈友骏 博士,上海国际问题研究院副研究员。本文原载《现代国际关系》2017 年第 9 期。

一、日本对美经济合作新动向

美国特朗普新政府的对外经济政策折射出强烈的"单边主义"色彩,而且它不断利用行政干预、启动反倾销调查等政策举措,敲打与美国具有较大贸易赤字的国家,其中也包括其军事盟友——日本。对此,日本安倍政府并没有流露出丝毫的不满或对抗情绪,而是表现出明确的妥协立场,希望借助进一步强化对美经济合作的举措,平衡日美关系发展中的潜在不确定因素。

(一)加强经济上的高层次沟通,推进经济政策上的全面对接

安倍政府致力于加强与美国在宏观经济政策领域的沟通与协调,构建包括主要政府官员在内的高级别双边经济政策沟通机制,且已经取得巨大进展。日美两国于2017年4月在东京的首相官邸共同召开了为期两天的第一次日美经济对话,一举将双边经济政策的交流层级推高至副总理级(日方的首席代表是副总理兼财政大臣麻生太郎,而美方的首席代表则是副总统迈克尔·彭斯(Michael Pence)),并就经济政策、贸易及投资政策、个别领域深入合作等广泛议题交换意见。日本国内对此次对话会普遍持积极态度,认为对话应"志存高远",共同促进双方经济的结构性改革。[①]

除了新建副总理级经济对话会以外,日美两国政府间提升或新建多个层级、涵盖各个领域的经济沟通机制,其中包括:网络经济政策协调对话会(司局级)、日美能源战略对话会(司局级)等。值得关注的是,参加上述经济对话会的主要成员均来自日、美两国政府内部的各个相关职能部门,且多为制定政策的一线工作者、直接参与方,因此,其对各自国内经济情况与相关领域的政策法规等较为熟悉,这为双边层面的经济政策沟通创造了颇为务实、可信的客观条件。除此之外,日美之间还有若干个邀请民间人士一同参加的、官民并举的经济对话会。

(二)尽力维护日本作为美国国债最大持有国的经济地位,以释放对美国宏观经济发展的政治信心

据美国财政部网站公布的统计数据显示,2016年10月,即美国正式举行

[①] 《日米双方の構造改革促す経済対話に》,《日本経済新聞》,2017年4月19日。

2016年总统大选(2016年11月8日)的前夕,日本持有美国国债的数量维持在1.13万亿美元,反超中国持有的美国国债规模(约1.12万亿美元)。① 中国和日本作为持有美国国债最多的两个国家,尽管两者都在减持相当数量的美国国债,但显然日本减持的幅度相较于中国而言有所顾虑,并没有发生大规模抛售美国国债的现象。比较2016年4月和2017年4月的相关数据,中国原先持有美国国债1.24万亿美元,而13个月之后这一数据就减少至1.09万亿,降幅达到12.12%;与之相比,日本原先持有美国国债规模为1.14万亿美元,而2017年4月日本的持有规模仍保持在1.11万亿美元上下,降幅仅为3.14%,明显小于中国的减持幅度。② 由此可见,安倍政府正在有计划地炒作美国国债一事,并将后者视为日本追加对美投资的"风向标"和"信号弹",同时在政治上凸显日美经济"联姻"的战略意愿。

(三)鼓励日本企业追加对美投资,进一步夯实日美经济合作的牢固基础

面对特朗普政府对日美贸易失衡的无理指责,安倍政府则采取了克制、忍耐的态度,甚至还主动示好,鼓励并引导日本企业积极配合特朗普政府的"振兴美国"计划,加大对美投资,尤其是制造业和基础设施领域的大规模投资。

在安倍政府的积极斡旋下,日本的各类企业纷纷掀起新一轮的对美投资热潮,同时带动日本的对美投资出现了短期内的激增。尤其是特朗普就任总统的前后半年时间,日本SOMPO控股公司、软银集团(Softbank)、松下、丰田等超大型企业不一而同地表示追加对美投资的部署,其中不乏金额为500亿美元的大手笔。借此,2016年日本对美投资总额达到521.94亿美元,较2015年(493.19亿美元)同比增加5.83%;与此同时,2017年第一季度日本对美投资流量超过110.19亿美元,占其总体对外投资(533.08亿美元)的20.67%,美国也借此继续保持日本最大的海外投资目的地的显要地位。③

---

① U.S. Department of the Treasury, *Securities (B): Portfolio Holdings of U.S. and Foreign Securities*, 15 June 2017, http://ticdata.treasury.gov/Publish/mfh.txt. 2017年6月28日访问。
② U.S. Department of the Treasury, *Securities (B): Portfolio Holdings of U.S. and Foreign Securities*, 15 June 2017, http://ticdata.treasury.gov/Publish/mfh.txt. 2017年6月28日访问。
③ 日本貿易振興機構(JETRO):《直接投资统计》,https://www.jetro.go.jp/world/japan/stats/fdi/. 2017年6月29日访问。

(四)积极加强对美能源领域的务实合作,以此缓解日本能源安全的压力并维护经济系统的有序运转

为此,日本着重落实三方面的战略部署:

其一,日本已成功实现从美国进口页岩油(2016年5月)和页岩气(2017年1月),使其对美能源进口步入全方位、无障碍化的新里程。日美能源合作半径借此再度扩大,日本进口能源的多元化布局也随之得以扩展。

其二,拓展能源技术分野的全方位交流。日本竭力提升对美能源合作的覆盖面和战略层级,而这得到了美国的积极响应。日美双方又将"日美清洁能源政策对话会"更名为"日美能源政策对话会",[①]意在拓展日美能源合作的讨论范围,将电力系统、化石燃料甚至网络安全等不同议题纳入双边协商框架之内。

其三,加强安全利用核能的共同研究。2011年日本发生福岛核事故以来,核安全就成为日美能源合作的焦点之一。此后,围绕核能源的共同开发和安全利用等战略性议题,日美两国在双边层面建立了不同层次的沟通与交流机制。日美两国更是共同发布了《日美核安全合作情况说明书》,其中明确提出为了进一步加强两者合作防止核恐怖事件的发生,日美两国将共同努力,以尽快就相互交换核安全领域秘密信息等重大议题达成共识。[②]

(五)加强与美国在新兴经济领域的战略性合作

其主要涉及三大方向:

其一,北极航道。随着全球温室效应的加剧,北极航道的战略性新兴议题逐渐成为全球政治经济治理的焦点之一。尽管日本并不是北极圈国家,其对北极航道的经济价值和战略意义却觊觎已久。为了谋求在北极治理及开辟北极航道中的一席之地,日本将对美合作作为其"北极外交"的优先方向之一。此外,日本联合美国共同设立了国际北极研究中心(International Arctic Research Center),并将其作为对外展示日本北极研究成果及显示日本在北极问题上存在感的重要平台,同时更为其广泛收集北极研究的全球信息、了解北极开发的进展

[①] 経済産業省:《第6回"日米クリーンエネルギー政策対話"を開催しました》,2015年3月4日,http://www.meti.go.jp/press/2014/03/20150304001/20150304001.html. 2017年9月7日访问。
[②] 外務省:《核セキュリティ協力に関する日米ファクトシート》,2016年12月6日,http://www.mofa.go.jp/mofaj/files/000209175.pdf. 2017年9月5日访问。

情况等提供捷径。

其二,资源勘探。技术革新为新材料的研发与升级提供基础性保障,而随着新材料的大规模生产、制造,基础矿产资源的有限性也就成为无法回避的矛盾之一。以此为背景,日本加大了与美国在资源勘探领域的交流与合作。为了鼓励日本企业积极参与美国的铜、锌等金属资源矿藏的探寻工程,具有政府背景的独立行政法人日本石油天然气及金属矿物资源机构(Japan Oil, Gas and Metals National Corporation: JOGMEC)仅2016年度就出资135亿日元,或直接给予相关企业资金支持,或为相关企业实施债务担保,[1]帮助日本企业开展在美的资源勘探业务。

其三,科学技术。科技进步是推动经济发展的不竭动力。为了加速推动日本科技的发展与进步,安倍政府持续维护并完善日美两国在科学技术领域的定期交流机制。值得注意的是,由日美两国政府共同牵头的"日美科学技术合作合同实务级委员会"于2016年7月在美国华盛顿举行了第15届年会,此次会议的主要议题涉及科学外交、大数据、人工智能、医疗研究、可再生能源等前沿领域的科学研究。[2] 实际上,日美两国在上述领域均具有全球领先的技术实力及研发能力,而这种机制性的"互通有无"不仅有助于两国相互学习、取长补短,更有助于共同维护其在相关领域的技术竞争优势,使双方的科技合作始终保持在战略层面和领先水平。

二、日本加强对美经济合作的战略考虑

面对特朗普政府在对日贸易等经济问题上的施压,安倍政府则采取了妥协和合作的立场,努力提升对美经济合作的主动性和积极性,并巧妙地"投怀送抱",博取特朗普政府在对日经济政策上施以所谓"恩惠"。不仅如此,安倍政府更意图借助经济杠杆,撬动日美关系在政治、安全等领域的深层次战略合作,进一步提升日美同盟的覆盖范围。显然,安倍政府在对美经济合作中所展现出来的"无条件妥协与积极配合",凸显其现实主义和功利主义的政治逻辑。

(一)贯彻"以经促政"的基本原则,实现日本政治利益的最大化

对于特朗普政府过激的政治举措及苛刻的对日经贸态度,安倍政府则采取

---

[1] 経済産業省、資源エネルギー庁:《エネルギー白書2017》,2017年,第257页。
[2] 外務省:《第15回日米科学技術協力合同実務級委員会 メディア・ノート》,2016年7月20日, http://www.mofa.go.jp/mofaj/dns/isc/page3_001730.html. 2017年9月4日访问。

了"积极配合"的隐忍,强调"经济换政治"的战略突破。其中,"一大逻辑,三大诉求"成为贯穿安倍政府对美经济妥协的政治主线。

"一大逻辑":这里,"美国强权下的和平"(Pax Americana)是安倍政府对美思维的战略逻辑及制定所有对外政策的战略出发点。换言之,在安倍政府及日本国内的多数政治保守势力看来,美国依旧是当今世界唯一的全球性超级大国,其在综合国力、军事实力、政治影响力、经济实力甚至制度建设等各个层面,均远超其他国家的相应水平。简言之,当今世界仍是美国主导下的"单极世界"。

"三大诉求":鉴于此,安倍政府反复强调紧密依附于美国的对外战略,积极谋求三大领域的政治突破:

其一,提升日美同盟关系的稳固性和重要性。受朝鲜的导弹和核试验以及日本与周边国家领土争端的矛盾激化等各种因素的影响,安倍政府的对外政策逐渐显现出强烈的"安全利益至上"的政治色彩,这也促使安倍政府在政治、经济、安全等各个领域更为紧密地环抱美国。在安倍政府看来,强化日美同盟的战略性合作是保卫日本国土安全、维护地区稳定的基础,①而在地区层面,强大且稳定的日美同盟关系是维护亚太地区和平与繁荣的基石。② 因此,只要美国可以帮助日本维护国家的安全及周边事态的稳定,安倍政府愿意适度让渡或完全放弃部分经济利益,以换取美国的政治信任和安全保护。

其二,在全球层面扩大日本的政治影响力,凸显日本"政治大国地位"。实现日本"政治大国"的理想,一直是"二战"后多届日本政府的夙愿,而对于保守政治势力代表的安倍政府而言,这更是毕其一生的政治事业。因此,为了遗留下必要且珍贵的政治遗产,安倍政府愿意在经济利益与政治利益之间做交易、搞平衡。以此为背景,安倍政府积极与美国的合作,强化其在全球治理中的角色扮演与功能发挥,并借此将日本拖入世界一流的政治大国行列。用安倍晋三自己的话来表述,即:《美国是日本携手合作,以共同解决发展问题、消除贫困、防治传染病、应对气候变化等全球性议题的重要伙伴》。③ 不仅如此,安倍政府还想依托美国

---

① 首相官邸:《第 51 回自衛隊高級幹部会同 安倍内閣総理大臣訓示》,2017 年 9 月 11 日,http://www. kantei. go. jp/jp/97_abe/statement/2017/0911kunji. html. 2017 年 9 月 14 日访问。
② 首相官邸:《日米共同記者会見》,2017 年 2 月 10 日,http://www. kantei. go. jp/jp/97_abe/statement/2017/0210usa. html. 2017 年 3 月 4 日访问。
③ 首相官邸:《第百九十回国会における安倍内閣総理大臣施政方針演説》,2016 年 1 月 22 日,http://www. kantei. go. jp/jp/97_abe/statement2/20160122siseihousin. html. 2016 年 1 月 23 日访问。

的实力和影响力,推动联合国的结构性改革,帮助日本成为联合国常任理事国中的一员。① 由是观之,安倍政府所积极推进的全球治理战略,其基本出发点与落脚点完全是"对美的依附性"。换言之,为了最大程度地实现日本的"大国梦想",安倍政府主动选择了对美的经济妥协,以换取其在全球治理中的政治定位和角色扮演。

其三,在国内修宪等重要政治议题上,最大程度地争取美国的支持。毫无疑问,安倍政府在国内政治中的最大抱负就是修改二战后制定的"和平宪法"。而由于历史、政治等各方面因素的影响,这部"和平宪法"又与美国有着千丝万缕的关联。与此同时,因安倍政府在历史问题上的错误言行,美国国内的一些和平主义政治势力对其修宪的真实目的始终持有怀疑及反对的态度。这也在一定程度上制约了美国政府在日本修宪问题上的种种表态及政策取向。鉴于此,为了博取特朗普政府及美国多数力量的广泛支持,安倍政府再度利用"金元外交",最大程度满足特朗普政府的经济要求,以帮助其获取美国在修宪问题上的最大支持与积极表态。

由此可见,安倍政府意旨的"政治"议题是多元的、广泛的,既包括朝核问题和东北亚地区稳定,也涉及美国对日本的非均衡贸易、汇率问题以及过渡保护国内市场的苛刻指责,更关联全球治理、日美军事同盟甚至日本国内的修宪问题等。概言之,特朗普政府在经济领域的政治需求遂成为安倍政府对美经济政策的主攻方向。

(二)淡化贸易问题所引致的尖锐矛盾,避免日美关系重蹈历史覆辙

总体来看,安倍政府处理日美贸易摩擦的思维逻辑主要受制于现实与历史两个方面。

一方面,安倍政府急于在现实经济问题上做权衡,力求实现"抓大放小"的利益平衡。尽管日美间建立了高级别的经济沟通机制,但双边层面的现实困难也是极为显著的,贸易失衡、汇率操纵、投资准入等传统议题仍是困扰日美经济合作的主要矛盾。特朗普政府启动以后,实则采取了"美国利益至上"及"经济单边主义"的对外贸易政策,并以维护、扩大美国的经济利益作为其经济政策的基本

---

① 《国連組織改革　日米の圧力をテコに進めたい》,《読売新聞》,2017年9月15日。

出发点。它不仅放弃了依托多边协商主义,推进地区及多边经贸合作的传统路线,更是对既有的双多边及地区经贸合作机制进行严厉批驳,甚至宣布退出TPP,这对日美经济关系造成严重伤害。不仅如此,贸易失衡业已成为特朗普政府"鞭打"日本经济的主要目标,同时贸易赤字问题亦引发了一系列的连锁反应,致使美国对日本的尖锐批评逐步由传统的贸易领域延伸至日元汇率、国内市场保护、产业政策及货币政策失效等深层次领域。

面对特朗普政府的高压政策,安倍政府却表现出异乎寻常的"沉稳",甚至积极主动地采取妥协性的政策路线。这里必须指出的是,实际上在经济领域,安倍政府的主攻方向是国内经济,尤其是稳妥且高效地落实"安倍经济学"的结构性改革,以带动日本经济回归正常的复苏轨道。从这一层面来看,特朗普政府在贸易问题上对日施压,容易被安倍政府加以利用,并使之转化为其推进国内经济结构性改革的"有利"外压,而安倍政府更可以拿着"特朗普大棒",迫使包括主要大企业在内的国内经济部门,按照政府设计好的政策路线实施产业规划及投资布局。

除此之外,安倍政府更设想着"抓大放下"的路径规划,即调整日美贸易结构以扩大对美出口规模,尤其是在对美基础设施出口上寻求突破性答案。具体而言,安倍政府业已锁定对美大项目出口的三大目标,即加利福尼亚的高铁计划(旧金山—洛杉矶,全长约 840 公里,项目预算约 642 亿美元)、德克萨斯高铁计划(达拉斯—休斯敦,全长约 390 公里,项目预算约 150 亿美元)、超电导磁悬浮计划(华盛顿—纽约,全长约 360 公里,项目预算 100—200 亿美元)。[①] 为了在特朗普政府主导下的标志性基础设施工程中获取标志性的项目承包权,安倍政府实则采取战略隐忍,更是不惜吞下贸易摩擦带来的短期"利益苦果"。

另一方面,日美关系曾因贸易摩擦而一度走入低谷的惨痛教训,成为安倍政府处理日美贸易摩擦的历史"镜鉴"。具体而言,受起始于 20 世纪中后期日美贸易摩擦的直接影响,美国的对日思维也经历了"Japan Bashing"到"Japan Passing"再到"Japan Nothing"的过程,之后经过日方的百般努力,才逐步使之回归"Japan Still Something"的新阶段。[②] 由此,日美贸易关系完全有可能成为

[①] 外务省:《米国経済と日米経済関係》,2017 年 3 月,http://www.mofa.go.jp/mofaj/files/000240495.pdf. 2017 年 9 月 5 日访问。

[②] 贺平:《日美贸易摩擦中的美国"对日修正主义"研究》,《世界经济研究》2008 年第 1 期,第 78 页。

掌控日美关系走向的"方向盘",更有可能演变为破坏日美关系发展大局的"老鼠屎"。正如有学者所指出的,"美国处理对日贸易摩擦的轻重缓急都是服从或服务于其全球战略"。① 由是观之,日美贸易摩擦很可能引发尖锐的日美政治矛盾,进而影响美国的全球战略及其对日政策的战略走向。鉴于此,安倍政府在贸易政策上的对美妥协并不是单纯牺牲日本在对美贸易中的经济利益,而是通过经济利益的转让,换取对美关系的总体战略突进,实则是"以退为进"。

(三)除了积极向特朗普政府示好及妥协之外,安倍政府还意图与特朗普政府构建地区及全球经济治理同盟,以共同遏制中国对外经济影响力的进一步提升

按照安倍晋三的逻辑,日美两国发展紧密的经济关系主要建立在三方面的牢固基础之上,且日美间所谓的有利条件显然并不适用于中国:

其一,共有的价值观理念。安倍晋三本人就曾在多个不同场合,直观地评价日美经济关系是建立在相同价值观基础之上的重要关系。② 有鉴于此,日美两国在地区及全球经济治理问题上就较为容易达成一致意见,取得相互信任的共识。这里,安倍的潜台词实际是中国与日本、美国等持有完全背离的价值观,这也必将导致中国难以与日、美等西方国家达成统一且高效的地区及全球经济治理规则,甚至可能引发彼此在经济价值观等理念问题上的直接冲突,并最终危及各方均意图构建的新经济治理体系。

其二,安全同盟所创造的现实基础。与经济问题相比,安全问题属于"高政治"范畴,也是较难达成妥协及合作的棘手问题。因此,日美安全同盟的现实存在就为日美协调包括经济合作等在内的其他问题奠定了有利条件。不仅如此,安倍晋三认为,"亚太地区和平与繁荣的基础是稳固的日美同盟关系",③而其他的双边或多边关系均应成为日美同盟关系的附属品或衍生物。这样一来,日美同盟关系的辐射半径就被安倍政府肆意放大至亚太乃至全球范围,进而也将地区及全球经济治理等宏观问题充填入日美双边性质的经济

---

① 樊勇明、贺平、黄河著:《贸易摩擦与大国关系》,上海人民出版社2011年版,第38页。
② 参議院事務局:《第百九十三回国会参议院予算委员会会议录第一号》,2017年1月30日。
③ 《七成日本人肯定日美首脑会谈 安倍支持率攀升》,《环球网》2017年2月13日,http://world.huanqiu.com/hot/2017-02/10120951.html,2017年9月14日访问。

合作之中。

其三,相同的资本主义经济体制。安倍在访美期间的记者招待会上,特意高调指出:"不允许国有企业或国家资本介入经济的正常运行,同时更不允许免费使用他人的知识产权。"[1] 显然,安倍的潜台词是日、美两国享有共同且"正确"的资本主义经济体制,且后者完全不同于中国的社会主义市场经济体制。从这一层面来看,安倍言论的矛头直指国有经济占据重要地位的中国经济体制问题,并意图联手美国一同遏制中国的经济发展。

安倍政府所强调的"日美经济合作关系的三大基础"映射出其对中国经济影响力日趋扩大的忌惮。更为重要的是,中日两国围绕钓鱼岛领土争端的紧张局势有所升级之后,尽管日本官方并没有明确将中国称为"威胁",但在日本的精英舆论和媒体评论中,中国俨然已取代朝鲜,成为日本面临的最大安全威胁。[2] 而且,随着中美之间实力对比的变化和相互依存关系的进一步深化,日本对"被边缘"于中美外交的担忧日渐显著。[3] 鉴于此,安倍政府急需借用政治外交牌来打压中国,并以此拉近日、美间业已发生疏离的经济联系,这就逐步产生了"对中国经济体制"的批评与指责。

三、日本对美经济合作的限度

尽管安倍政府及日本经济界在对美经济合作问题上表现出强烈兴趣,总体上也在竭力维持"一团和气"的场面,但在个别关键议题上,日本国内仍不乏保守或谨慎的观点,这也从一个侧面暴露日本对美经济合作的长期性隐忧。

(一)对特朗普政府存在战略性怀疑,这不仅涉及它的政治理念、外交战略等务虚层面,更包括经济政策、产业政策等务实层面

其一,对特朗普政府"经济单边主义"的做法心存余悸。特朗普在竞选阶段就一直宣传"美国第一"的极端思想,暴露出美国保守型的功利主义思想特征。这在心理上对日本造成一定压力,而投射至经济领域,日本的忧虑则主要聚焦于汽车贸易和日元汇率两大板块,更忌惮特朗普政府会随意采取强硬的贸易限制

---

[1] 首相官邸:《日米共同記者会見》,2017 年 2 月 10 日,http://www.kantei.go.jp/jp/97_abe/statement/2017/0210usa.html. 2017 年 3 月 4 日访问。
[2] 归泳涛:《日本学界对美国的认知变化及政策构想》,《国际政治研究》2015 年第 6 期,第 18 页。
[3] 归泳涛:《日本学界对美国的认知变化及政策构想》,《国际政治研究》2015 年第 6 期,第 23 页。

措施。此外,关于日美经济合作框架的谈判,特朗普政府也极有可能利用美国超强的经济实力,强迫日本妥协买单。由此,表面上特朗普鼓吹建立自由、公平且互利的日美贸易关系,而本质上却是要降低美国贸易赤字。与之相反,尽管日本也重视"自由且公正"的规则,但在贸易问题上实则与美国"同床异梦",两者难以取得具有实际效果的合作。① 概言之,特朗普政府及美国积极推动日美经济合作的真实意图,无非是维护或增强美国产品的对日出口竞争力,进一步攫取日本市场潜在的巨大经济利益。比如,美国国内的畜牧业团体是竭力要求政府尽快签署日美 FTA 的重要游说集团之一,其主要动因是日澳 EPA 的实施促使日本大幅降低了对澳大利亚产牛肉的进口关税,进而削弱了美国产牛肉的相对竞争力。② 对此,日本国内的部分有识之士则抱有清醒的认识。

其二,对特朗普政府经济政策的可行性和可操作性存有质疑。日本学者小野亮尖锐地指责称,与其说特朗普迫切想实施的是"就业第一主义",毋宁说是"投资第一主义"。根据小野的计算结果,2016 年 12 月美国的失业人数为 750 万,如果要完成特朗普提出的新增就业 2 500 万,则除了解决这 750 万人的就业问题之外(美国的失业率则降为零),还需创造 1 750 万的劳动人口,但今后 10 年美国人口的增加数约为 1 000 万,因此,与实现特朗普提出的就业目标相比,仍留有较大缺口。③ 由此,特朗普提出的"就业第一主义"完全是空口无凭的狂想,象征意义大于实际价值。不仅如此,特朗普点明批评丰田汽车,并要求后者在美国建厂,这严重地伤害了企业的经营自由。特朗普政府应尽可能提升制度的透明度,并在税收方面给予必要的优惠政策,以吸引对美投资的流入。④

其三,特朗普政府的"单边主义"经济政策将引发日本在第三方既有投资及利益所得的减少。特朗普政府启动以后,始终强调双边经贸合作或签署双边性质经贸合作协议的重要性,对多边或全球范围的经贸合作并不抱有太大兴趣。在此背景下,特朗普政府宣布退出 TPP,并启动重新修订 NAFTA 的谈判。此举引发了日本的高度关注。从中不难发现,重新修订 NAFTA 易使墨西哥失去

---

① 《日米首脳会談　経済で相互利益を追求したい》,《読売新聞》,2017 年 2 月 12 日。
② 菅原淳一:《TPPを土台とした新協定の可能性:再考迫られる日本の通商戦略》,《みずほインサイト》,みずほ総合研究所,2017 年 3 月 28 日,第 3 页。
③ 小野亮:《トランプ政権の誕生:雇用第一主義を掲げるが、目標達成は難しい》,《みずほリサーチ》,2017 年 2 月,第 5 页。
④ 《日米首脳会談　経済で相互利益を追求したい》,《読売新聞》,2017 年 2 月 12 日。

作为生产及出口据点的比较优势，进而对日本在墨投资造成间接性的损害。①特朗普政府希望重谈 NAFTA 的真实用意之一是提高美国对墨西哥的进口关税，这势必会抬高墨西哥对美出口商品的价格，损害相关出口产品的竞争优势。值得注意的是，日本各主要汽车企业均利用了 NAFTA 的优惠条款，将墨西哥作为对美出口的主要据点，其大批零部件和整车等源源不断地从墨西哥流入美国市场；此外，日本企业在中南美地区的主要投资集中于汽车产业，而且向北美地区的出口额接近两万亿日元，其中的近九成就是运输机械。② 由此可见，仅就日本汽车产业的海外投资而言，NAFTA 协定的重修势必将对其产生直接或间接的巨大负面影响。

（二）对日美经济的合作前景并不抱有足够信心，甚至担忧双方缺乏战略性的合作默契

尽管日本国内有部分观点认为日美两国应构建全方位的经济合作框架，其可以包括财政及金融政策、基础设施投资资金、能源合作以及贸易政策等，但与之针锋相对，仍有不少反对日美经济合作的声音，即与安保领域的合作相比，其对美经济领域的合作显然信心不足，③未来发展前景难以预估。而且，日本一味地"追随美国"的姿态是极为危险的。美国可能会利用安保问题做筹码，尤其是利用钓鱼岛问题的安保适用为诱饵，逼迫日本在经济谈判中接受美国的无理要求。④由此，日本对未来对美经济合作的担忧主要是战略层面的，且集中于两大问题之上。

其一，日美双方对 TPP 问题的认知存在明显分歧，且隔阂严重。日本坚持认为美国的参与才是 TPP 价值的真实所在，因此，它始终不愿放弃说服美国重新回归 TPP 框架的各种努力。更出人意料的是，日本首相安倍晋三甚至直言不讳地说："没有美国参加的 TPP 是毫无意义的。"④为此，日本副首相兼财务相麻生太郎在日美经济对话会议上高调主张："日美两国应共同发挥领导力，构建贸易及投资的高标准，并在亚太地区普及自由且公正的贸易规则。"对此，美国副总

---

① 西川珠子：《動き出すNAFTA再交渉とメキシコ：生産・輸出拠点としての優位性維持へ正念場》，《みずほインサイト：米州》，みずほ総合研究所，2017 年 2 月 10 日。みずほ総合研究所：《米国大統領選の結果と日本への影響》，2016 年 11 月 18 日，第 38 页。
② みずほ総合研究所：《米国大統領選の結果と日本への影響》，2016 年 11 月 18 日，第 38 页。
③④ 《日米首脳会談　厚遇の次に待つものは》，《毎日新聞》，2017 年 2 月 12 日。
④ 《首相"米抜きTPP、意味ない"トランプ氏翻意期待》，《日本経済新聞》，2016 年 11 月 22 日。

统彭斯却冷言以对,称"TPP 已是过去式",希望以日美双边谈判为基轴推进相关合作。① 显而易见的是,与日本国内反复讨论并形成尖锐意见对峙的局面相比,美国国内的政治焦点已完全脱离了 TPP,甚至主流精英阶层已完全忘记了 TPP 的一度存在。也就是说,特朗普政府重回 TPP 谈判桌的可能性日渐式微,日美在 TPP 问题上的诸多共识亦将逐步消失。

其二,日本对美国急于构建日美双边性质的 FTA 存有疑虑。尽管安倍政府对进一步提升日美间的经济合作关系表现出极强的兴趣与主动性,但就立即筹建日美 FTA 这一重大问题,安倍政府的意见却有所保留。针对美国副总统彭斯提及日美构建 FTA 的可能性,日本国内有观点就认为,"没必要过早地直接回应美国的这一要求";② 而且,广范围地吸收海外的经济活力不仅有助于日本实现持续的经济增长,更有利于继续引领更多国家制定通用的经济规则。③ 当然,与安倍政府的立场截然相反,日本国内也存有 FTA 的支持派,其多数意见认为在美方宣布放弃 TPP 的背景下,日本仍应坚持构建类似于 TPP 的高水准多边贸易及投资合作框架。④ 鉴于此,日美 FTA 或许是一个不错的选择,但针对日美 FTA 谈判,日本也极为担忧美国要求其以超越 TPP 的水准开放国内农业市场。

(三)对日本在对美经济合作中的长期利益所得心存忌惮,害怕"丢失战略性的经济利益"也是日本不愿深入推动日美经济合作的难言之隐

随着经济全球化的深入发展,国家间的经济竞争主要取决于各自的产业竞争,而产业竞争的本质是各国劳动生产率之间的竞争。而就劳动生产率这一微观层面的对美竞争而言,日本根本不具备任何优势,甚至存在明显的劣势。据日本学者泷泽美帆的计算结果显示,在劳动生产率方面,2010—2012 年日本能够超越美国的仅为化学和机械两个产业,其他的运输机械、建筑、金属制品等 18 个产业的劳动生产率均普遍低于美国的相关产业,日本制造业的整体劳动生产率仅为美国的 69.7%,而服务业(第三产业)的劳动生产率仅为美国的 49.9%。⑤

---

① 《米、对日 FTA に意欲 経済対話、日本と溝》,《日本経済新聞》,2017 年 4 月 19 日。
②③ 《日米経済対話 保護主義阻む姿勢崩すな》,《産経新聞》,2017 年 4 月 19 日。
④ 《日米首脳会談 厚遇の次に待つものは》,《毎日新聞》,2017 年 2 月 12 日。
⑤ 滝澤美帆:《日米産業別労働生産性水準比較》,《生産性レポート》2016 年 12 月号,第 3 页。

更为严重的是,日本农林水产业的劳动生产率仅为美国的4.7%,根本不具备同等的竞争力。① 鉴于此,一旦日美之间展开深度的经济合作及产业融合,则日本国内的多数产业尤其是服务业将出现整体性失势的局面,而美国企业将如潮水般、源源不断地涌入日本国内,或兼并、或关闭相关的日本同类企业。这样一来,主导并建立起传统日本经济体制的产业基础将发生动摇,日本国内经济的结构性转型或许也会失控,进而引致日本在经济上也完全沦落为美国的附庸国的尴尬结果。

四、结语

诚如有学者指出的,尽管日美两国在经济和政治方面有着各自相异的发展逻辑,但日美双边关系的任何层面和议题都难以逃脱日美战略同盟和驻日美军等敏感议题。换言之,日本"对政治格局决定经济利益分配的认知"决定了其在日美经贸关系中的从属地位。② 据此,美国在经济问题上单方面压制日本的局面不可能发生逆转,而且迫于特朗普政府"经济单边主义"的压力,日本将继续无奈地保持对美经济合作的"勤恳"与"忠实",进一步追加并扩大对美投资,以配合特朗普政府"重振美国"(make America great again)的战略部署。

与此同时,由于日本在对美经济合作中仍存有较多顾虑,且国内尚难形成统一共识,因此,日本对美经济合作的推进速度或许会受到一定影响,进而形成"双速型"的合作模式,即:石油和LNG等能源进出口、农产品贸易等战术性的产业合作或许会走得较快,且短期内对日、美两国均能产生较大的利益回报;而日美FTA、TPP及高新尖技术交流等战略性经济领域的合作则会呈现相对较慢的发展速度。更为重要的是,因为日美两国在FTA问题上存有较大分歧,所以短时间内难以启动相关的正式谈判,但不能排除双方就此议题启动联合研究的可能性。

此外,日本增加对美投资及调整对美投资结构,势必会对中国的对外贸易及中美日三边贸易结构产生客观影响。日本大幅增加对美投资,尤其是对美制造业投资,则会引发日本企业在美生产零部件及产成品的数量急剧增加,而其中的大部分将流向中国市场。由此,中美日三边贸易的传统格局将发生变

---

① 滝澤美帆:《日米産業別労働生産性水準比較》,《生産性レポート》2016年12月号,第3页。
② 樊勇明、贺平、黄河:《贸易摩擦与大国关系》,上海人民出版社2011年版,第273页。

化，一方面或许有助于美国增加对外商品出口，削减部分贸易赤字，而聚焦于中美贸易，则美国对华出口或许将增加，对华贸易赤字问题可以得到相应缓解；与此同时，中国的对美出口或许也将受到一定的负面影响，而对美出口的减少将直接引致中国外汇收入和外汇储备增量的"双减少"。对此，应加以重点关注。

日本经济愈益依赖外国游客消费

中村直文 著 张同林 编译*

【摘 要】由于日本的人口老龄化、少子化程度不断加深,人口出现不断减少的趋势。人口的变化对于正在丧失朝气的日本经济影响深远,外国游客消费的需求无疑是一种提振日本经济不可欠缺也是不可替代的资源。当今的日本社会如不扶持发展旅游观光产业,鼓励外国游客到日本旅游,购物消费,日本经济将会难以为继。

【关键词】旅游产业;外国游客;购物消费

近年来,伴随着访日外国游客大幅度增长,外国游客在日购物消费急剧增加。外国游客购物消费的增长,不仅促进了日本国内企业业绩改善,而且对日本经济发展带来正面影响。虽然外国游客在礼节、规矩等方面存在着一定的问题,但是要扩大日本国内市场消费,发展日本经济,日本就必须大力扶持旅游观光产业发展。不可否认,外国游客的在日消费正在成为拉动日本市场内需、推进日本经济增长的重要力量。

一、访日观光的外国游客急剧增加

从 2003 年开始,日本政府制定并实施的观光立国战略等政策开始初见成效,加上日元贬值等因素,2015 年访日外国游客达到了日本前所未有的近 2 000 万人的水平。从目前的情况看,它比政府的估算更快达成了预定目标,百货商店和药品、化妆品店等零售行业以及日用品和食品制造商也趁势从中获取了许多实惠,经济波及效果不同凡响。尽管如此,由于汇兑率上下波动、号称世界规模的中国经济,以及日本与中国之间存在的外交问题等不透明因素都对日本经济带来了重大的影响。况且,日本国内舆论也说,外国游客增加,不遵守礼节规矩的行为时有发生。尽管如此,对于人口减少趋势无法遏制的日本来说,争取稳定

---

* 中村直文 日本经济新闻社编辑委员兼日经 MJ 副总编;张同林 日本筑波大学博士,上海社会科学院城市与人口发展研究所区域发展研究室主任,副研究员。此文原载日本经济新闻社主编《今后日本的视角》,2016 年。

的外国游客来日消费,是不可或缺的。同时,日本需要的不是如今这样的购买消费热,而是以观光立国为目标进行脱胎换骨的社会结构改革。

二、银座俨然成为亚洲的商品展销中心

百货商店的营业负责人指出,"外国人购买的国外高级名牌商品,在全体销售总额中所占比率超过50%早已司空见惯"。如果走在平时的东京银座大街上,人们甚至会留下外国人比日本人更多的印象。在珍珠首饰老字号"御木本"(K. Mikimoto & Co., Ltd)的银座2丁目总店里,外国游客的消费需求约占该店全体销售额的50%以上。

外国的高级名牌厂家来这里开办商店的愿望也十分热切。实际上,这种动向从两三年前就显现出来了。当时,由于世界各地的厂商都预测"银座会成为亚洲的商品展销中心",所以高级名牌的厂商经常在此寻找建立销售店铺的场所。从那些希望在银座开办专卖店的国外高级名牌厂商来看,由于日元贬值,加上日本国内租金相对便宜的感觉也让他们受到了不少影响。即使日本企业,也有青山商事公司这样的公司,为提高自己在亚洲的知名度,直接把旗舰店开在了银座。免除烟酒等商品进口关税的"空港型免税店"预定2015年在三越银座百货店里开业。多数意见认为,这种免税店肯定会越来越吸引游客,对周围地区开办商店的需求肯定会起到重要的牵引作用。

这种情况发展的结果,显示东京银座的店铺租金已达到了历史记录的最高值。事实上,美国房地产服务大公司、CBRE(原生驹商事公司,东京千代田区)、JLL(Jones Lang LaSalle, IP, Inc. 东京千代田)等两家公司就有关2015年4—6月季度决算的店铺租金进行了调查汇总。根据CBRE的调查结果,关于银座中心地带、面向主要大街两侧的店铺,在6月末,预想签约后的租金每3.3平方米是40万日元。跟上年同期相比,上涨了23%,比上个季度上涨了14%,刷新了自2008年开始调查以来的最高纪录。在JLL公司统计的资料里,也看到每3.3平方米是25.5万日元,跟上年同期相比,上涨了13%,比上个季上涨了2%,创下自2002年10—12月开始调查以来的最高纪录。

三、日本企业取得了良好的相关业绩

不仅资产价值上升,而且获取到外国游客来日消费恩惠的企业决算结果也显示了稳定增长的趋势。三越伊势丹控股公司的2015年4—6月季度共同决算

结果表明,在主力百货商店的事业方面,由于外国游客的消费呈现扩大的趋势,使得以首都圈各旗舰店为中心的销售额得到大幅度上涨,纯利润为 87 亿日元,比上年同期增加 82%。

销售总额增加了 9%,总计 3 099 亿日元。按店铺来看,"三越银座店"的销售额增长了 36%、"伊势丹新宿总店"增长了 14%、"三越日本桥总店"增长了 9%,总之都获得大幅度的增加。据该公司透露,从与外国游客消费相关的方面来看,国外的高级名牌、日本品牌的化妆品和健康食品等销路甚好。4—6 月季度决算结果得知免税品销售额总计为 162 亿日元,是上年同期的 3 倍。三越伊势丹控股公司的大洋董事长在回答"假若没有外国游客消费的话,情况会变得怎样呢?"时说:"4—5 月可能比 2013 年就刚刚高出一点吧。"

药妆店规模最大的松本清控股公司(Matsumoto Kiyoshi Holdings Co., Ltd.)的情况也大同小异。看一下 2015 年 4—6 月季度决算的数据结果,就会发现外国游客来日消费已然奏效,纯利润达到历史最高纪录。大约在 2014 年秋天的时候,来自外国游客消费的效果只是 2%—3%,但是如今,竟然上升到 10%。购买量也是如此,可以说一次进店购物的个人核算价格也比日本人高。东京都内还开办了专门为外国人服务的特别商店,免税商店截至 8 月也达到了 180 家。但凡进入银座店,就会看到每个免税专用收款机处都排着一列长队,而普通的收款机处不必排队等待。

同行的鹤羽控股公司(Tsuruha Holdings Inc.)也盯着外国游客消费的领域,决心到东京中心地区开办商店。除此之外,酒店旅馆、铁路、化妆品等各种行业也在决算时纷纷公布由于国游客消费效果带来的好成绩。来日外国人游客猛增的结果,毫无疑问在一定程度上正在支撑着出现缩小倾向的国内消费。

四、安倍经济学和日元贬值促使来日游客猛增

到底来日外国人是从什么时候开始猛增的? 21 世纪初,当时的日本首相小泉纯一郎制定并提出观光振兴政策,可以说这是一个巨大的起点。从此以来,日本一直坚持"观光立国"的理念,政府自 2003 年开始实施命名为《访日宣传活动》(Visit Japan Campaign)的政策,争取在 2010 年以前促使访日人数明显低于其他发达国家的外国游客增加 1 倍,达到 1 000 万人的目标。这个政策即使政权交替,也被之后执政的民主党继承下来,放宽签证的发放条件等一系列措施都得以贯彻执行。结果自从该政策实施以来,当时只有 500 万人左右的来日外国人

数量一直在稳步增加。

随后,安倍政权把扩大访日外国人的数量列入日本的经济发展战略中。不仅如此,还提高了目标值,提出在东京夏季奥运会召开的 2020 年争取让来日游客人数达到 2 000 万,2030 年达到 3 000 万的目标。上述政策效果,加之提倡安倍经济学,又碰巧赶上日元贬值等因素,观光市场的状况发生了翻天覆地的变化。2012 年外国人游客人数为 835 万人、2013 年为 1 036 万人,史上第一次超过 1 000 万人的大关,接着 2014 年达到 1 341 万人(见表 1)。

表 1　最近 10 年来日本的外国游客数量变化情况　　　　单位:万人

年度	2005	2006	2007	2008	2009	2010	2011	2012	2013	2014
人数	672.8	733.4	834.7	835.1	679.0	861.1	621.9	835.8	1 036.4	1 341.3

资料来源:基于日本观光局资料整理。

2015 年游客增加的曲线呈现出越来越加速的趋势。根据日本政府观光局的调查资料统计,1—6 月来日游客人数达到历史最高纪录的 913 万人,比上年同期增加 46%;1—6 月来自中国的游客为 217 万人,比上年同期几乎增加了 1 倍。此外,韩国增长 43%、中国台湾地区也增长 29%。观光厅断定,"全年估算达到 1 800 万人左右"。SMBC 日兴证券公司对 2015 年 6 月份在旅游观光领域取得的实际成绩进行了季节性的调整,并在此基础上按照年换算率概算出的结果是 1 944 万人。从目前情况来看,这绝对是全年上升到 2 000 万人大关的节奏。

周游东京、京都和大阪等路线或者登富士山被外国游客都称为"黄金路线",深受来日观光的外国人欢迎。但是,最近再次来日本旅游的回头客增加,所以访问地点也越来越多样化了。例如,千叶县的观光农园,即使在日本也没什么名气,可是泰国人却看中那里的草莓而结队前往,富山县冰见市的渔港,据说那里来自东南亚的游客不断增加;此外,连电视剧的外景拍摄地也有大批游客出没。由此可见,全国各地为了开拓新的观光市场,正在积极开发旅游资源。

外国游客消费波及整个经济领域的效果正在逐步显现出来。观光厅公布的 4—6 月来日外国人的消费额为 8 887 亿日元,比上年同期增长 82.5%,以季度标准计算,创造了历史最高纪录。其中,仅中国游客就占全体消费总数的四成,所谓"爆买"现象在各地均有发生。2014 年突破 2 万亿日元,如果按年间换算,估计 2015 年的外国人消费总数接近 4 万亿日元。这个数字规模俨然逼近国内百货商店年间销售总额的 1/3。

五、扩大路线带来的扭曲现象

在 2015 年 1—6 月的经常盈利当中,旅游收支盈余为 5 273 亿日元,以半年标准计算,自 2014 年 7—12 月首次盈利 216 亿日元以来,确实实现了大幅度的增长。旅游收支是指从来日外国人所花掉的金钱总数中,减去日本人在国外支付的金钱总数,得到的差额部分。政府在 2014 年 10 月扩大充实了消费税的免税制度。在扩大免税对象品目基础上,全国的免税店总数也迅速增加。在 2015 年 4 月,店铺总数达到 18 700 家,大大超过了政府原来设定在 2020 年增加到 10 000 家的目标。以前,三大都市圈的免税店占全体的 6 成以上,但是从 4 月份起,开始启动了在商店街等地方允许设置包办免税手续的服务柜台等制度。正因为这个政策积极地起到了推波助澜的作用,所以外国游客消费正一味朝着扩大的方向发展。

然而,当外国游客消费朝着扩大方向持续发展之际,其负面因素也暴露了出来,其中之一就是汇兑问题。2015 年 8 月的日本《经济新闻》是这样报道的:"在(8 月)12 日的东京股票市场上,化妆品和家电批量销售商店等凡是与来日外国人相关联的品牌,总体上出现大幅度的贬值。这是因为中国人民银行(中央银行)采取的政策致使人民币连日贬值的结果,所以投资者对中国游客的购买力可能下降,来日观光人数也会停滞不前等事态提高了警惕性。

在与外国游客消费相关联的企业当中,经营化妆品的高斯公司一时下跌了 9%,资生堂同样卖出价跌落了 6%。另外,家电批量销售商店的 Laox 公司和 Bic Camera 公司也连续下跌,两天内分别下跌 14% 和 8%。三越伊势丹控股公司以及日本机场大楼等公司股,由于来日游客增加的缘故,曾受此恩惠的品牌大量被抛售。目前,虽然这些行动都被当作暂时现象看待,但是正因为中国的游客人数众多,所以今后包括外交问题在内,两国之间存在的不稳定因素也不容忽视。

况且,我们也不能忽略东京和大阪等城市的酒店旅馆开始出现客房严重供给不足的一面。除了来日外国游客增加的因素以外,再加之日元汇兑率贬值,所以日本游客的出游地也从国外转移到了国内。在这种情况下,甚至连保证商务旅客的住宿也开始受到影响。

大仓饭店东京(Hotel Okura Toktyo,东京港区)2015 年 1—6 月的外国人住宿客比上年同期增长14％，在全体住宿客中，外国人所占比率超过五成。据说自从2004年开始进行数据记录以来，首次出现这种现象。王子酒店（Prince Hotel）集团公司所有客房的平均单价，截至2015年6月，好像连续3年4个月超过上年的实际价格。根据英国的调查公司STR Global（STR国际）的数据统计，同年1—6月东京都内所有酒店旅馆的客房运转率是86.3％，大阪是89.8％，逼近九成。一般来说，运转率一旦超过85％，酒店旅馆就会发生人手不足的现象，服务质量也可能下降。

由于日元贬值，日本人的出游地转移到国内等原因，也使客房不足的问题愈演愈烈。据日本的旅行公司JTB的估算，2015年的暑假期间（7月15日—8月31日）外国游客人数为255万，比上年减少5万人，但是国内旅行人数将增加16万，达到7 561万人。

主要以商务旅客为中心的藤田观光公司经营的新宿华盛顿大酒店（Shinnjuku Washington Hotel，东京新宿区）正准备增加标准间和大床房间的数量。这是因为平均一个客房的销售额，其两人以上利用的游客比商务旅客高得多。受到排挤的商务客人哀叹说，"房间预定越来越难了"（大仓饭店东京的常客）。今后，因为城市在新建旅馆酒店之际也有限度，所以可能会明显牵制"观光立国"的政策落实。

与此同时，世间把外国人在旅游景点表现出来的一些不懂规矩的言行视为问题的意见正在增多。因为日本客人不喜欢那些在旅馆酒店大声说话的外国游客，所以我们也看到了有些酒店被迫采取把用餐场所分开等对应措施来解决的事例。假若发生轰动新闻媒介那样的麻烦事件，那么舆论批评增加外国游客消费政策的声音可能会越来越大。

表2　访日外国游客消费金额　　　　　　　　　　　　　单位：亿日元

年　度	2010	2011	2012	2013	2014
金　额	11 490	8 135	10 849	14 167	20 278

资料来源：日本观光局：《访日外国人消费动向调查》。

六、"不扶持发展观光产业，日本经济将难以为继"

由于人口不断减少，对正在丧失朝气的日本经济来说，外国游客消费的需求终归是不可或缺的。日本综合研究所调查部的藻谷浩介主席研究员在《通货紧缩的元凶》一书中，针对因伴随劳动年龄人口减少而出现内需缩小等现象，提出解决方案时指出："是访日外国游客的增加和短期侨居者的增加……从观光旅游产业获得的销售额1万亿日元可创造的国内生产总值（GDP）高达两三万亿日元……本来观光振兴政策与招揽工厂企业相比，就是一个非常有利于全面提升当地经济水平的举措。"（见表2）

况且，虽说外国游客消费迅速增加，但实际情况却是数量和品质在世界上还属于低水平。据2015年版《观光白皮书》记载，在2013年接待外国游客的排名榜上，日本是世界第27位，即便在亚洲也只停在第8位而已。以外国游客超过8 000万的法国为首，经济成熟的发达国家在排名上依次是，美国约有7 000万人，西班牙约有6 000万人，意大利约有4 800万人，是日本的3倍以上；即使在亚洲，泰国、马来西亚等国家的外国游客也超过2 500万人，所以考虑到日本的观光旅游资源，可以说它的定位仍然是一个"发展中国家"（见表3）。

第二次世界大战后，日本主要以产品制造为本位的经济政策是社会主流，至于"销售"的政策总是一拖再拖。尽管那些能够生产廉价商品的新兴国家不断涌现，但是政府和民间都依然保留着产品制作的志向，因此客观上也存在着拖延制定政策推销本国优点的侧面因素。

表3　国际旅游观光收入最多的国家排名榜（2013年）　　单位：亿美元

国别	美国	西班牙	法国	中国	澳门地区	意大利	泰国	德国	英国	香港地区	日本
国际旅游收入	1 396	604	561	517	516	439	421	412	406	389	149（第21位）

资料来源：《日本观光白皮书》。

虽然政府在制度政策方面落后于人，但是"日本的观光旅游资源足够成为世界上屈指可数的、能以观光立国为主的国家"。坚持这个主张的是小西美术工艺社的董事长大卫·阿特金森（David Atkinson）先生。原高盛集团公司（The Goldman Sachs Group, Inc.）的证券分析家阿特金森先生亲自出版了《新观光立国论》一书，主要阐述日本蕴含的潜力。他认为"二战"后推动日本经济发展的人口正在减少，所以增加短期侨居者即访日外国人正是为了支撑日本的经济发展。这个观点也与藻谷先生不谋而合。阿特金森董事长指出："观光战略是否需要，早已不是论点所在。日本不扶持发展观光产业，经济将难以为继。"

所谓阿特金森先生定义的观光资源就是"气候""自然""美食""文化"。他说日本是一个全部兼而有之的国家,究竟如何宣传这些价值?则至关重要。相反他强调说,日本方面引以为豪、希望宣传的"款待""准确地遵守时间的公共交通机关"以及"治安"等层面,从优先顺序上来看,都要排在后面。的确,为了体验一下日本的"自豪",特意想去国外旅行的人毕竟还是少数派。

星野度假村的星野佳路董事长在日本经济新闻电子版的经营者博客上曾做过这样的说明:"日本在观光立国方面,看起来好像落后于中国和韩国,实际上我们以亚洲各国的人们为对象进行问卷调查之际,当问到希望去的国家时,回答最多的总是日本。

其中很大的理由之一是雪。可以说我们在考虑制定亚洲的观光战略上,雪是一个重要的资源。的确冲绳也很美丽,但是海边度假村在其他亚洲国家也为数众多。然而,如果提到雪山度假村,只从雪质良好这一点来说,日本的竞争力必然会一举提高上去。来自西伯利亚的冷空气遇到日本山脉,通常会降下大量的雪。虽然世界上比日本更寒冷的地方还有很多,但是像日本这样能够降下优良雪质的国家却没有几个。从世界范围来看,北美有落基山脉,欧洲有阿尔卑斯山脉,亚洲当数日本列岛。在观光给予经济巨大影响的当今时代,我认为:"雪比石油更有价值。尽管我觉得石油是一种了不起的资源,'真好啊,从地下喷涌而出',但是雪却是从天飘落而降的资源。"

日本的气候比较稳定,自然生态还算不错。可以说美食和文化在世界上也具有充分的独自性。所以,我们不能沾沾自喜地满足于2 000万人,还要吸引3 000万人到来,脚踏实地地搞好赚取观光收入的工作才是当务之急。尽管日本在游客数量上有所增加,但是跟泰国等国家相比,观光收入还是很低。其中的理由是从亚洲地区来短期观光的游客比较多的缘故。阿特金森董事长指出:"至于日本的情况,虽说游客人数迅速增加,但是显然其中有一半好像是商务出差一样的亚洲人。我们应该这样倒算一下,投资建设一个吸引游客从欧美或澳大利亚等遥远的国家来日本长期逗留那样的观光立国给日本所带来的价值。"由于日本"虽然有很多海滩,却没有海边度假村"(阿特金森董事长),所以他认为开发高级旅馆或者度假地的投资不可或缺。

为此,看来企业、政府、行政机关以及文化设施的运营者等所有与观光旅游有关的人,都有必要重新思索一下自己对观光旅游的认识程度。日本的观光产业主要特征是对应孟兰盆节、元旦和黄金周等节假日进行娱乐活动,具有国民一同休假的性质，带着强烈的以推销为中心的创意思维倾向。虽然他们打着"款待"的旗号，实际上是不问市场需求的皇商型经营模式。

然而，观光立国并不是摆出一副把观光资源当作文化事业向世界公开展示的姿态，而是收取补偿价值，整合完善设施等场所。此外，游客有哪些需求，怎样做才能让游客逗留的时间更长一些？等等，需要精心细致的创意构思，缺一不可。

如此思考，不难理解，观光立国是一个涉及广泛产业链的课题。过度依靠内需消费的结果，日本的全球战略必然会落人之后。如今，人口减少现象日益严重，日本国内已经没有发展余力了，因此，包括观光产业在内的日本经济，能否从产品制造型产业模式成功转型？已经到了日本必须认真对待的时候了。

从东亚分工角度探讨中日中小企业比较优势及双方合作之可能性

渡边幸男 著* 蔡建娜译

【摘 要】由于历史和环境的局限,机械工业关联的日系和中系中小企业各自具备不同的优势,如何利用各自优势形成互补关系,这个课题意义重大。对于规模庞大、形式多样的正在扩大中的东亚机械工业关联市场,有无数的领域都需要日系中小企业所持有的高度化的技术。然而,就日系中小企业而言,他们不具备发现这些机会的眼睛,也不具备开拓这些市场的能力。与此同时,中系中小企业,基于自身开拓新市场的经验,形成了自己独特的发展基础。两者之间互通有无、携手发展的可能性和必要性都非常高。

【关键词】东亚机械工业关联市场;日系中小企业;中系中小企业

前言

笔者是从 20 世纪 70 年代后期开始,以日本的机械工业中小企业为中心,开始中小企业问题研究的。从对日本最大的工业带——以东京为中心的京滨地区开始,以机械工业及关联中小企业为中心,在日本各地进行实地调查,并从实地调查的结果出发:研究生产外包关系的内容,梳理机械工业产业集群的类型,同时剖析不同产业集群的机能差异。

直至 1999 年,都是以日本国内为中心进行研究。1999 年,因为一次中日共同研究项目的机会,我加入了中国中小企业的研究团队,从而得以近距离观察中国中小企业的实况。此后,每年都对中国中小企业进行实地调研。

在对中国中小企业进行调研时,经常以日本的制造业中小企业的发展过程为参照,来比较中国中小企业的特征。今天的报告内容,就是从这样一个对日本

---

* 渡边幸男 庆应义塾大学名誉教授庆应义塾大学名誉教授、庆应义塾大学博士。曾任日本学术振兴会产业协力研究委员会产业构造·中小企业第 118 委员会委员,并历任日本中小学会理事、常务理事、学会会长等职。代表作:《日本机械工业的社会分工结构——阶层结构、产业集群的外包制度》,有斐阁 1997 年版;《现代日本的产业集群研究——实态调查研究与理论含义》,庆应义塾大学出版社 2011 年版。蔡建娜 上海社会科学院经济研究所。

中小企业发展实况一直观察过来的研究者的眼光出发,来考察日本与中国中小企业特征的不同,同时进一步探讨两者在东亚这个更大的生产范围和生产机制下进行合作的可能性。

今天的报告内容并非基于日本中小企业的整体考察,更多是从本人一直重点调研的对象出发——广义上的机械工业的最终产品及部件(零部件)生产加工中小企业群(企业数来讲,占日本制造业中小企业4成弱),来对中日中小企业之间的合作的有效性和可能性问题进行探讨。

一、以东亚为单位考察机械工业(及制造业)的成长

在考察中日中小企业合作的问题时,首先需要考虑中日机械工业关联中小企业所处的环境。其中,最重要的环境是以东亚整体为单位,考察机械工业(及制造业)的生产范围。

换言之,就日本制造业而言,其社会分工结构已经实现了从日本"国内完结型生产体制"到东亚大社会分工结构及生产体系的转换。与此同时,在东亚范围内,由包括日系、欧美系在内的所有东亚企业共同构成的整个东亚的大社会分工结构及生产体系已经形成。这是2000年以后考察整个东亚的制造业中小企业所处的环境因素需要考虑的第一点。

基于世界市场(包括东亚)的终端需求,已经在整个东亚范围内构筑形成了世界范围内最为庞大的制造业生产体系(从素材开始到最终制品产出为止)。这个地域范围内,中间产品可以自由流动的局面已经形成。由此在整个东亚范围内,"东亚制造"衍生出规模庞大且日益扩张的多样化的机械工业关联需要的中间产品市场。这个市场正在不断扩大,同时这个庞大需求的主体部分在东亚内部获得满足。

就日系企业而言,作为生产单位的"日本国内生产"状况在削减,东亚已经形成为制造业生产的社会分工结构单位。日系制造业的大多数中小企业,其中包括在日本国内立足的中小企业,也都被纳入了东亚社会分工结构的生产体系之中,被迫在这个体系中寻求立足之地。也就是说,作为中间部品(零部件)生产的企业,在考虑部品交易和竞争对手的存在时,必须意识到东亚整体的这种关系和存在。

与此同时,必须引起注意的是,在这个东亚大生产体系的构筑过程中,同时也意味着整体制造业市场(包括制造业及机械工业)在东亚的快速成长和规模化的过程。包括耐用品消费市场以及作为资本品的机械工业制品市场,同时在东

亚范围内得到快速成长、成形；与此对应，在东亚范围内形成了全新的供给机制——整个东亚社会的大的社会分工结构与生产体系。这个体系不仅面向美国、欧洲、日本等既存市场扩大生产，也在面向快速成长的新兴市场扩大生产。在这个急速成长的巨大市场中，存在着数量多并且多样化的极具开拓空间的新市场和潜在市场。

二、由历史过程差异造就的日系及中系企业的独特个性

在业已形成的东亚生产体系中，日系和中日的机械工业关联企业相互交易、相互竞争，形成了多种多样的关系；同时，由于两者形成的历史过程和环境的差异，两者的存在方式有着很大差异。正是由于这个原因，日系和中系中小企业之间的合作具有特别重大的意义。

由于其独特的发展历程，日本机械工业部件加工中小企业就其存在特征来说，一方面，拥有世界最高水准的技术和弹性化的应对能力；另一方面，特别缺乏独立开拓市场的能力。相反地，就中国中小企业的特点而言，它们特别擅长积极地在多面、多样的潜在市场中进行开拓；然而技术能力有限，凭自身独立获取竞争优势的技术非常欠缺。

因此，中日中小企业之间的相互补充具有非常大的空间和可能。然而，仅仅从先进工业国和发展中国家这个背景来解释两国中小企业之间的这种差异性是远远不够的。

三、日系中小企业独特性的形成及其独特性

为何说日系机械工业关联部件供给中小企业在拥有高度技术水平的同时却没有市场开拓能力？在何种意义上说日系中小企业不具有市场开拓能力？

这个特点的形成，是由于日本的机械工业是在几乎完全由日系企业构成的"国内市场完结型"的生产体制中发展过来的。虽然曾经依赖欧美的技术，然而总体来说日本的机械工业是在日系企业内部完成生产的。换言之，虽然依赖从外部输入技术和原材料，但是在日本国内，机械工业从原材料的初始加工开始到部品的生产，到最终产品的生产为止，所有这些工序都是在日本完成的，其中几乎没有任何中间部品的输入或者产业机械的导入，属于典型的"国内完结型的生产体制"。就事实而论，虽然在高度成长的初期，日本曾经全面依赖外部输入高度化的工作机械等要素，但是在高度成长期的后半期，这些要素也都由日系企业

实现了国内生产,无论是面向日本国内的市场还是面向海外的出口,实现了完全由日系企业之间的社会分工来进行生产的体制。与此同时,在出口方面主要是以大企业进行原材料与最终产品出口,或者通过商社为媒介进行中小企业生产的最终产品出口,因此中小企业直接进行中间产品(部件)出口的极为罕见。

作为结果,日系机械工业关联中小企业的一个特征是,受到日系企业之间相互交易环境和交易文化的局限。一个极端的表现是,特定日本大企业附属的产业集群的中小企业,往往只在与特定数量的极少数企业进行交易的过程中成长,并达成技术的高度化,此外的企业一般也是。虽然拥有独特技术的中小企业一般交易对象的数量会相对多些,但是总体上彼此之间仍然属于日系企业之间这种长期而稳定的交易关系。同时,获得新订单的机会,一般也都是从与该公司有交易关系的顾客开始的交往居多。

这意味着,对于日系机械工业关联中小企业来说,积极发展与开拓新客户(新订单)能力的必要性不高,由此产生了大量在新客户(新订单)开拓方面能力低下的企业。特别是,超出日系企业之间的交易范围,与其他文化的企业之间形成交易关系的,在日系机械工业关联的中小企业当中可以说几乎没有。对这些日系中小企业来说,因为一直以来依靠在东亚市场拓展的日系企业的稳步增长的订单进行生产,因此这种开拓能力的欠缺,包括这种能力发展的必要性的欠缺,并没有成为它们经营上的问题。

另一方面,这些日系机械工业关联中小企业,在机械工业领域,它们是支撑日系企业走在世界最前端的基石,同时这些中小企业都是在彼此激烈的竞争中脱颖而出的,其中大多数企业或者企业群都在自身的专业领域里拥有世界最前端的技术,包括拥有自身独有的技术。要从日系企业的相互竞争中脱颖而出,最重要的是要具有从广义上来说的技术及其高度,因此并没有产生超出日系企业的范围去构筑交易关系的必要,由此也没有机会形成超出日系企业范围开拓市场的能力。

然而,随着日系企业自身的成长开始钝化,在海外拓展的日系企业同时扩大了对非日系企业的零部件调剂;到了2010年以后,如果再仅仅局限于日系企业群之间的相互交易,大多数日系中小企业已经不能再依靠自己独特的技术得到发展的前景。由此,超出日系企业范围建立交易关系、开拓新的市场,对日本中小企业成长来说成了必不可少的事情。在这个时点,缺乏开拓新订单、新市场的能力——尤其不能在超出日系企业的范围建立交易关系,则成了日系机械工业关联的中小企业经营上的最大问题所在。

四、中系中小企业独特性的形成及其独特性

笔者自 2000 年开始对中国沿海中小企业进行访问，前后调研了近 200 家企业，从中看到了中国机械工业关联中小企业的状况。

中国中小企业的存在有一个前提条件，那就是中国存在多层次且规模庞大的国内市场，很多快速增长的外资也难以进入的市场。与此同时，中国中小企业活跃的领域，往往既存的中国系大企业、国有企业占据着寡占性的市场支配权。也就是说，和高度成长期的日系企业不同，改革开放后的中系中小企业，虽然存在大量外资系企业作为潜在的竞争对手，但是在中国系大企业寡占市场的支配下，这些中小企业很少有与这些企业建立交易关系的念头，据此来采取行动的必要性也很少。再说，层次丰富且规模巨大的国内市场在急速成长、扩大之中，存在着大量、多样的外资大企业难以进入的新市场。而且，既存的国有企业中的多数在改革开放状况下不断缩小并解体，由此可以相对容易地获得大量受过近代工业训练的技术人员、一技之长者，同时也可以通过与这些技术人员、一技之长者自己创建的企业建立订单关系，获得相关技术支撑。

在这种环境下，对中小企业来说，竞争的最关键在于自身能够直接参与，同时能够发现其他企业还没有开发的新市场、潜在市场，同时开拓这个市场。只要发现了新市场或者潜在市场，一个中小企业就能实现急速扩张，因此中国的机械工业中小企业往往既是最终产品企业，也是部品（零部件）企业。与此同时，新市场开拓所需要的生产要素、人才、机械、原材料等，大多数在国内都可以获取，只要有需要也可以从外资企业或者海外市场来调剂，各种品质一并存在，皆可自由得手，同时外包的利用也没有问题。

这种情况之下，大量的、多样的企业和企业家参与进来，形成了市场的开拓和激烈的竞争。在这里，所欠缺的主要是领先的技术、高度的技术，以及领先的开发能力和先进工业所需的领先的生产、管理和开发能力。一旦开拓了新市场，这个市场就急剧扩大并迅速成长，从而引发同水准企业的大量参与，由此产生了激烈的竞争。对于处在这种激烈竞争中的企业来说，就当下这个发展阶段而言，大多时候除了开发还未开拓的内外市场之外别无办法。为了保持在已开拓市场上的优势地位，以及从新市场中的激烈竞争中脱颖而出，进一步得以生存发展，就需要广义上而言的技术高度化。然而，在这个时点进行技术高度化对于中国

中小企业的困难在于,能够得手的技术几乎无法与竞争对手形成区别,而要形成独创的技术,由于竞争过于激烈,根本没有时间去形成。

就目前正在市场中发挥竞争力的中系中小企业的大部分而言,因为这个独特的出身背景,它们在新市场中的开拓能力都是极高水准的,然而无论是从狭义还是广义上来说,它们在技术面都缺乏独立构筑技术优势的能力。然而,即便对中系中小企业来说,虽然依然可以开拓很多潜在的新市场,但是在既存市场的技术高度化并进一步从竞争中脱颖而出依然极其重要。当然,这里所指的技术,并不单单指一般意义上的领先技术,而且应该是与其他企业形成差别化的独有技术,从而能够确保在竞争上的优势地位。

五、主要课题:相互补充的可能性和实现路径

由于历史和环境的局限,与机械工业关联的日系中小企业和中系中小企业各自具备不同的优势,如何利用各自优势形成互补关系,这个课题意义重大。此外,对于什么是比较有效的互补关系,需要就实际情况进行具体分析来把握。

对中系中小企业而言,与可以供给高度技术的日系中小企业之间结成合作关系非常有必要,一方面能够保证在已开拓的市场中进一步发展,另一方面还能够与周边的中国其他中小企业形成区别。对日系中小企业来说,虽然拥有高度并且独特的技术,但是只有与能够活用这些技术的中小企业结成合作关系才有意义。

因此,具体如何在中日两国的中小企业之间形成相互补充的合作关系,这是非常重要的课题。然而,涉及具体的个体企业之间如何相互发现,并进一步形成独特的互补关系,这就需要从具体需求和各自能力等方面相互匹配。针对这个课题,具体谁来、利用什么情报、采取什么行动,笔者在这个时间也无从回答。从本文的角度来看,作为政策来说能够做的事情,就好比是提供让双方中小企业可以"相亲"的场。

对于规模庞大、形式多样的正在扩大中的东亚机械工业关联市场,有无数的领域都需要日系中小企业所持有的高度化的技术。然而,就日系中小企业而言,它们不具备发现这些机会的眼睛,也不具备开拓这些市场的能力。与此同时,中系中小企业,基于自身开拓新市场的经验,形成了自己独特的发展基础。在这种情况下,笔者感觉到两者之间互通有无、携手发展的可能性和必要性都非常高。然而,从政策的角度,为了促进两者之间的相互合作,可以提供哪些帮助,或者说

应该提供什么帮助,这些关于政策的具体化的内容,笔者所知甚少。在本文结尾之时,笔者也提出一个衷心的期望,即希望长期以来在日本国内一直从事中小企业之间协作促进工作的政策担当者,能够发挥智慧来具体化操作并实现这一目标。

日本中小制造业在华据点的机遇与挑战
——唐泽制作所和共立精机的经验

驹形哲哉 著*　　蔡建娜 整理

【摘　要】本文介绍了两家日本中小制造企业在华办厂,以中国国内市场为主要对象,开展经营,获取一系列成功的经验。案例中两家公司在中国的事业可以说是大获成功的;并且,两家公司的在华据点都不设常驻日本管理人员,而成功地保持了"日本的品质观念"。这一点对人力资源受到限制的日本中小企业,是很值得关注的。案例中两家公司,经营管理人员都由中国人组成,而且与日本据点互相独立地运行,可以称为"最高水平的本地化"。"最高水平的本地化"的关键就在于当地一把手的能力与人品。之所以中国据点的全面工作都可以包在他们的身上,是因为他们在各方面都是可靠的。

【关键词】日本中小制造业在华办厂;本地化

前言

经过 20 世纪 90 年代至 21 世纪初的 10 多年的时间,日本国内完整的社会分工结构(即在国内保有从进口原材料到岸,一直到完成最终产品的完整制造环节)就已完全解体了。在制造业领域,日本大企业陆续在海外展开建立生产据点,使日本制造业的分工体系扩大到了全东亚的地理范围。在这个过程中,为大企业配套的中小企业也就需要随之到海外办厂,从而继续为大企业提供配套生产。在日资的境外法人总数趋于增加的情况下,中坚及中小企业的境外法人占的比例从 2000 年的 12.5% 上升到 2011 年的 27.3%。[①] 日本中小企业的境外据点总数中,有 80% 集中在亚洲地区,尤其在中国部分所占的比例高达 40%。[②]

在 20 世纪 90 年代至 21 世纪初,生产机能的境外转移被视为给日本带来了

---

* 驹形哲哉　日本慶應義塾大学経済学部教授、大学院経済学研究科委员。日本中小企业学会理事、日本中小経営管理学会监事(前任常务理事、秘书长)、财团法人霞山会研究交流咨问委员、《亚洲经济》编集委员、《东亚》编辑委员、《中国研究论丛》编集委员、独立行政法人日本叙述振兴会创业构造·中小企业第 118 委员会委员等。蔡建娜　上海社会科学院经济研究所。
① 经济产业省:《第 42 次海外事业活动基本调查》。
② 中小企业厅(2012):《2012 年度中小企业白皮书》,第 76—81 页。

包括丧失就业机会等经济危机的"产业空洞化"的元凶。① 之后,又过了 10 多年,因为日本国内的经济结构的调整告一段落,由生产机能的境外转移引起的国内就业萎缩已不像过去那样成为大的问题了。目前,日本中小制造业的主要课题,就是不管留在日本国内还是"走出去",都面临着如何对待广域性的竞争,确保自己的"主导权"的局面。尤其对在华办厂的日本中小制造厂家来说,如何面对与其他外资在华据点以及中国本土企业的竞争,运营自己的据点,是一个至关紧要的问题。②

2000 年以后,中国确立了出口导向生产基地的地位,被称为"世界工厂"。除了各国的最终产品厂家,还有种种配套厂家随着组装厂家陆续来到大陆,同时中国本土厂家也取得了惊人的发展。由此,不但最终产品的生产能力集中到了中国,而且中间产品的生产能力也集中到了中国。但是,早在 21 世纪最初几年,工资等生产成本大幅度提高的问题以及招工难的现象,使作为生产基地的中国的定位受到了一定程度上的影响。为了应对生产成本和国家风险的增高,部分外资或开始把生产据点从中国大陆转移到其他亚洲地区,或在其他亚洲地区建立第二、第三据点。尽管如此,随着生产能力集中到中国以及国内市场的规模扩大和质量提高,无论在生产资料领域还是在消费品领域,"作为市场的中国"的定位愈来愈重要。③ 这是不可否认的事实。

笔者将在下面介绍两家在华日资据点的案例,并探讨一下以中国市场为对象建立在华据点的日本中小制造业所面临的机遇与挑战(以机遇为主)。④ 案例中两家并非常见的消费品厂家,一家生产自行车的车闸,另一家生产模具。虽然在近两年,日本中小企业如何打开中国市场成为一个热门话题,但是笔者认为,为了分析日本中小制造业与中国的产业发展的关联,将目光集中于生产资料行业,在一定程度上是有意义的。同时,两个案例表明,"在中国大陆市场价格竞争激烈的大批量生产领域,日本中小制造业很难与中国本土厂家进行竞争",或者

---

① 日本内阁府发布的《日本经济 2012—2013》指出:我国制造业,虽然减少就业,但在提高生产率的同时,维持生产规模水平,因此,从 20 世纪 90 年代至 21 世纪初,"空洞化"的程度愈来愈严重的见解不一定准确。但该报告书同时指出:已经出现了"空洞化"程度日趋严重化的征兆,如果这些情势进一步恶化的话,除了就业萎缩外,还会发生生产规模缩小、生产率低下的现象,所以需要继续关注看今后的趋势(第 130 页)。这表示对"产业空洞化"的担忧是还存在着的。
② 见驹形(2013)。
③ 日本贸易振兴机构上海事务所(2010)(2011)(2012)介绍日本中小企业开拓中国国内市场的案例,并进行了初步分析。
④ 笔者将在下面,根据有关两家案例公司的公开信息及调研的成果,介绍案例公司的概况。

"在新兴国家市场,需要随着该市场所要求的质量水平走(要把质量适当地降低)"等想法不一定是硬道理,而是有很大商榷的余地。另外,两个案例还表明,促使经营干部本土化对于外来企业是重要的。

一、股份公司唐泽制作所的经验

股份公司唐泽制造所[①](简称日本唐泽)是日本一家生产自行车闸的老厂家。该公司是作为自行车的批发商,1920年创立于东京御徒町。在1928年,创始人唐泽义之助先生自己开发"总冠式"抱闸,申请拿了专利,就转为专门生产自行车闸的厂家了。后于1965年从个体经营改制成股份有限公司。日本唐泽抓住日本国内关西地区的"制造批发商"猛增并迅速发展的机会,给这些制造批发商提供配套,实现了显著的发展。因为原来的场地窄小,已不能满足发展的要求,就将工厂迁移到现在的所在地草加市。

据说,从20世纪70年代后半期至1980年前后是日本唐泽国内产量的高峰期。70年代后半期,日本唐泽接到日本国内最大自行车整车厂普利司通公司的订单,并与普利司通共同开发了新产品,为该公司提供配套。该新产品的特色就是拥有从闸盘的内外两边夹闸盘的构造,由此能减少制动时所发生噪声。该新产品在市场上很受欢迎。但是,过了一段时间,普利司通公司决定自己生产该车闸,停止了对日本唐泽的订货,使日本唐泽暂时受到打击。但现任董事长的唐泽英三先生却变不利为有利,自己开发了拥有独特构造的"随动闸",并又获取了专利。"随动闸"和与普利斯通公司共同开发的自行车闸一样,制动时的噪声与抱闸相比要小得多,也非常受市场欢迎。

到了90年代,日本唐泽发现,中国江苏泰州有一家乡镇企业不但仿造日本唐泽的"随动闸",还骗称是"自己开发的产品",甚至企图推销到日本。唐泽英三先生就找到那家仿造厂表示强烈的抗议。虽然唐泽英三先生对该厂的做法非常愤怒,但同时却又令人意外地当场就决定与该厂建立合作关系。于1993年,日本唐泽与该仿造厂家建立了合资企业,开始在泰州生产自行车闸。

唐泽先生之所以马上决定与该厂合作,是因为他思路超前,早就发觉中国作为生产基地和市场的双重可行性。

因为正值日本国内自行车的生产开始向中国转移的时期,而日本唐泽又正

---

① 总公司位于日本埼玉县草加市。创立于1920年。注册资本金3 000万日元。职工总数39人。

好抓住机会,使其比其他同行业厂家更早到中国建立了生产据点。生产任务主要是给从中国出口日本的整车厂,包括日资和(中国)台资,配套提供抱闸和随动闸。1998年,因在泰州合资企业发生了财务不透明的问题,双方取消了合资关系。日本唐泽则又重新建立了独资企业。然后,为了应对扩大生产的要求,又于2002年,建立了新工厂;还为了应对中国国内生产整车的重心转向天津的格局性变化,于2010年又在天津建立了生产据点。

日本唐泽的在华最主要据点是江苏泰州车闸厂(唐泽的在华据点,包括江苏泰州车闸厂,以下统称为中国唐泽),除生产抱闸、随动闸以外,还生产钳形闸,向日资和台资整车厂提供配套,同时还开始给中国本土民营整车厂提供配套。此外,近两年,向欧洲市场出口的车闸和刹把的产量也正在猛增。

中国唐泽,已经形成了一个企业集团。除拥有江苏泰州和天津生产自行车闸的据点以外,还有一家表面处理(电镀)加工的子公司(建立于2003年)以及一家生产电动车的刹把和节流杆的控股公司(中国唐泽的泰州据点于2012年出资)。

日本唐泽已将自行车闸的生产任务基本上全部转移到中国,而在日本国内又开拓了生产面向老人和残疾人的安全用品的新领域。

中国唐泽的销售总额在从20世纪90年代末至2009年的10年里,竟增加了10倍。中国唐泽之所以取得了如此惊人发展,不仅因为唐泽抢先在中国办厂,成为给销往日本市场的整车厂配套的主要据点,同时中国在90年代末形成并急剧扩大的电动自行车市场,也起了很大的助推作用。

在中国,电动自行车是包含在非机动车之中的,电动自行车整车厂中就包括很多自行车整车厂,所以,电动自行车整车厂往往部分利用自行车行业内的配套体系。这些自行车整车厂在进入电动自行车行业时,利用以可靠安全著称的唐泽品牌的随动闸,也就是顺理成章的了。

起初,中国唐泽本身还不知道自己的产品被用于电动自行车。但得知这一新的情况后,中国唐泽就马上特意开发专门用于电动自行车的随动闸,并向电动自行车整车厂提议采用这种专用随动闸。由此,主要厂家都开始采用唐泽的专用随动闸,唐泽的经营成绩也开始急剧上升。

据推算,目前,唐泽占中国的电动自行车闸市场的比例竟达四成。日本唐泽的唐泽一之总经理透露,中日唐泽的所有产品中,创利最多的就是上述专为电动自行车的随动闸。

中国唐泽生产装配于销往日本的整车的车闸（大部分是抱闸），到 2000 年为止，占中国唐泽总产量的比例为 57%，2010 年为 16%，2012 年为 10%。在选购材料方面（关于销往日本的整车的车闸的部分），是由日本唐泽参与中国唐泽的决策的。此外，日本唐泽还特意把摩擦材料"出口"到中国唐泽。因为摩擦材料的成分及调配是日本唐泽在日本国内市场的核心竞争力。这种包含不对外公开技术信息的摩擦材料，专门装配于销往日本的整车配套的车闸中。

虽然在中国唐泽起步的一段时间内，是由日方管理人员现场进行指导及管理，但从那时起直到现在，没有派遣常驻的日本管理人员。转制为独资以后，以电动自行车闸的营销为中心，中国唐泽的经营决策基本都由中国人任总经理（现任董事长）孙浙勇先生来负责。孙总经理，曾经到过日本。先是学日语，然后在日本唐泽接受培训。正值在中国唐泽转制为独资时，他回到中国。之后，就由他全面负责中国唐泽的营销及经营管理。孙总经理的营销能力（与中国整车厂的业主们交际的能力）、捕捉需求的能力以及质量意识，在唐泽发展为中国电动自行车行业占据首位的车闸厂家的过程中，起到了关键性的作用。

中国唐泽开发的新产品，经常转眼就被中国的其他厂家仿造，并已经达到了无法应对的地步。因为唐泽负担开发费用，成本要高于仿造产品，由此就使唐泽在中国市场上的价格竞争处于不利的地位，然而唐泽则以不断地开发新产品的策略，一直保持领先的地位。

另外，唐泽虽然早就追求"经营本地化"，其程度已达到了最高的水平，但还不能完全避免中国有关政策的影响。比如，政策方针从"外资优先"转为"内资优先"，显然会给中国唐泽造成不利局面，而为了继续承担非机动车检测中心的作用，并为了继续享受地方性高科技企业的待遇，中国唐泽的泰州车闸据点就决定引进部分内资（笔者推测主要由孙总经理本人出资），从日方独资改制为中方出资比例占 70% 的合资企业了（孙先生任泰州车闸厂的董事长），以应对政策形势的变化。同时，出资比例的变化并没有影响到孙总经理与唐泽家族之间的信任关系。

关于日本中小企业如何应对与中国在市场领域的竞争局面，有很多研究成果指出，依靠自己拥有的高技术及工艺，避免与中国企业在大量生产、低价格领域进行竞争，或避开中国市场，在发达国家市场谋求生存空间，是有效的战略之一。但笔者要指出的是，同时还存在其他的途径——唐泽的案例体现日本中小企业也可以走另一条路的。

日本唐泽，在全球自行车的生产还未开始集中到中国的时候，就抢在同行业之前，到中国建立生产据点，并以优异的品质，在中国市场一跃成名。同时，正值中国的自行车产业和其他有关产业面临竞争激化，探寻出新兴产业，即电动自行车产业作为一条新出路的时候，中国唐泽的车闸就应势适时地适应新的需求，主动开发新产品，抢占了电动自行车的车闸市场，致使该企业车闸产品在中国目前市场占有率竟达 40%。

唐泽的案例表明，注重超前性及品质优势，在中国的量产市场上是可以获得成功的。

唐泽之所以能在中国专门用于电动自行车车闸的市场占据了很大的比重，还有一个重要的原因——"讲究品质"。电动自行车刚刚大量上市时，所有的整车厂都暂时使用一般的自行车车闸敷衍了事。其实，自行车车闸用于电动自行车，安全性差，耐用性不足，容易出故障，而中国唐泽则马上专门开发了注重安全性、提高制动能力的电动自行车专用随动闸。

此外，随着整车厂之间竞争的激化，配套的零部件厂的减价压力愈来愈大。因此大部分零部件厂为了应对整车厂的要求，就以降低品质来更大地压低成本。但是，唐泽即使在价格上答应不了整车厂的要求，也绝不以降低品质来压低成本。同时，唐泽认真地向整车厂说明：如果只是为了应对价格战争，而轻易地用降低品质的零部件的话，整车厂本身反倒会受到巨大损失。

唐泽在中国市场作为自行车和电动自行车车闸厂家，树立了诚信，获得了名声，并广泛流传。其结果，唐泽即使不做主动营销，也有很多扩大营业范围的机会找上门来。

唐泽以前并没有或几乎没有生产过销往欧洲市场的诸如 V 闸和刹把，以及销往中国国内市场的电动自行车的刹把和节流杆等产品。但由于其诚信度高，品质优良广为人知，上述产品的订单竟也随之而来。向中国唐泽采购电动自行车车闸的厂家不但继续订购车闸，还要求唐泽给他们配套提供唐泽未曾生产过的节流杆。此外，向中国唐泽订购 V 闸的欧洲运动休闲用品量贩店，还询问唐泽能否生产篮球和五人制足球的球门。中国唐泽都接下了这些订货。这些事实表示，唐泽在中国，由于树立了高度诚信和名声，就有可能避开风险，扩大经营项目的范围。

综上所述，唐泽在中国展开事业的成功途径之一是彻底的"经营本土化"经营方式。比如，中国唐泽开发的产品中，有特色的是带锁车闸。因为像带锁闸那样的产品,是在日本市场上是完全见不到的,而因为日本社会的现状,日本唐泽也根本不会有这类创意。但中国唐泽的中国人总经理因为了解中国社会的需求,就由他负责决定开发这种带锁车闸,并投放市场,获得好评。

在中国国内营销必须重视各类有关企业经营高层之间密切的交往。销往欧洲市场接单的机会也是由中国当地营销人员的(跨国)人际关系创造出来的。

二、共立精机股份公司的经验

共立精机股份公司[①]于1959年在大阪府堺市,由松本升先生创立,是一家专门设计、制造及维修压铸模具的厂家。松本先生仅在自己一代就创出了压铸模具专门企业的名声。

该公司于1985年将工厂搬迁到大阪府富田林市,又于1991年在三重县松阪市建设了第二工厂;再于2002年进行了工厂的整合,将生产机能集中到松阪的工厂。2004年,经营总部也搬迁到了松阪据点。

该公司经营范围较广。以专用于汽车、摩托车部件的压铸模具为主,还制造用于家电、通信机器及产业加工机器等部件的压铸模具。

共立精机对设备投资态度非常积极。比如,该公司在日本西部地区的模具行业里,最早引进加工中心的事实,就表明了这一点。

1969年,为了整理用于数控铣床的数据,共立精机引进了三维自动编程系统,又是日本最早引进这一系统的公司之一。[②]

共立精机股份公司(简称日本共立)于1995年,在中国大连建立了共立精机(大连)有限公司(简称中国共立),其经营范围与日本共立一样,从事设计、制造及维修压铸模具。

从大的框架来说,建立中国共立的主要契机是,应对原在日本大客户的生产转移,并将范围扩大到中国的动向,保持继续为大客户配套的态势。

但当时,松本先生表明有意向在中国建立生产据点的时候,松本先生周围的人,包括家属都表示强烈的反对。尽管如此,松本先生还是坚信,技术无国界,为了共立精机的未来,非在中国办厂不可。因此,他下定决心要在中国建立生产据点。

[①] 总公司在日本三重县松阪市,创立于1959年,注册资本金为4 200万日元,职工总数64人。
[②] 引自Solidworks股份公司的官方网页 http://files.solidworks.com/casestudies_jpn/pdf/No.13_共立精機シート.pdf。

松本先生先用了两年的时间,考察了中国的沿海各地,如广州、上海、青岛、威海、天津、大连和哈尔滨等,最后选择了大连。其理由是:

(1) 制作模具需要非常耐心、细致。东北人因为习惯于忍耐寒冷的气候,合适于制作模具;

(2) 大连处于东北地区的最南边,离日本较近,出差方便,同时,大连人对日本的感情相对较好;

(3) 大连有几所有关金属加工的技校,并有金属加工工业的基础。

同时,松下电器在大连有加工录像机底盘的工厂,要求日本共立为其维修模具,也是促成日本共立在大连办厂的因素之一。

实际上,中国共立的主要客户却是远在广州一带的本田公司有关厂家。虽然地理上远离主要客户,但共立还是认为,因为大连的技术教育基础坚实,有利于确保从当地学校毕业的有关人才。可以说,从结果看,选择大连建厂是正确的。

日本共立在大连办厂,建立中国共立之初,就招到了足够质量及数量的职工。其中,一半是有经验的模具技术员工,一半是应届毕业生。后来,中国共立开始与技校合作,每年接受实习生,并从中选拔优秀人才正式录用。职工队伍一直保持较为稳定,建立之初被录用的 38 人中,有 18 人已连续工作十几年了。

关于中国共立的技术培训,在建立之初的一段时间,是由日本共立把资深技术人员派到大连进行现场指导。与此同时,中国共立的技术人员也到日本共立接受培训。这一培训的项目,至今还在继续着,累计已有 35 人在日本接受了培训。培训的时间长则半年,短则一周。

中国共立的业务中,交易总额的 70% 面向中国国内市场,30% 面向出口。压铸模具的用途以汽车、摩托车部件为主。在客户中,与本田公司有关的占 60%。

如上所述,中国共立的业务范围基本上与日本共立相同,两家共立互相独立接单,分市场进行独立经营。中国共立同时也从日本国内,包括日本共立接受部分订单。

在中国大连建立工厂,对应日本客户在中国开始生产所需求的订货后,中国共立开拓了未曾有过供货关系的非日资的客户,如奥迪、大众等。这一点对于日本中小制造业来说有很大的借鉴性意义。

大连办厂之初,除了日资外,中国共立还接到中国国有企业的订单。到 21

世纪最初几年,就几乎没有再接到过国有企业的订单,目前只向一家为西门子提供配套的国有铸造厂供货。而进入2010年以后,与中国民营企业的交易逐渐增加起来。这与中国汽车行业的竞争激化有关系。整车厂家为了降低成本,对应竞争激化,就各处挖掘生产成本更低的民营配套厂家。比如,上海大众要求,挖过来的民营配套厂家,为保持部件的质量,要使用中国共立的模具加工部件,其结果是,使中国共立意想不到地接到新的订货。

中国共立的竞争力在于高技术、高品质、保证交货期以及(从性比价上的)低成本。

首先,关于交货期,中国共立在2012年一年中,没有一次交货逾期。关于价格,比如,主要客户行业的汽车产业,竞争激烈,客户对中国共立的减价压力也较强。

其次,中国共立的绝对价格水平并不比其他厂家便宜,但绝不为降低成本而降低质量。虽然对于老客户,是逐渐降低价格,给予优惠。但是,绝不盲目应诺压价的要求,而一直坚持日本的质量水平。

为了保持模具的加工质量,中国共立所拥有的加工设备,除了普通车床和摇臂钻床外,基本上都是日资制的。制造模具关键部分的内模的材料,还是从日资及瑞典公司采购的。另外,采购部件及加工的配套厂也都是日本企业。

如上所述,中国共立基本上独立经营,但也可以享受日本共立技术方面的支持。每年,中国共立派人员到日本共立接受短期培训,同时从日本共立招聘资深技术人员,接受多方面的指导。

此外,当中国共立接到设计较复杂、难度较高的订货时,可以得到日本共立的参考意见,有时日本共立还给中国共立提供参考图纸。

中国共立不设专门的营销部门。如上所述,中国共立的主要客户之一是与汽车行业有关的厂家,在该行业展开非常激烈的竞争中,在被强制降低成本的同时,也被要求维持或提高品质。正是这种激烈的竞争,会给中国共立带来机遇。汽车行业的竞争愈激烈,在降低成本的压力下,维持或提高品质的压力就愈强,中国共立接单的机会也就愈会增加。除了确保持续接单外,还由客户介绍新的客户,流传好名声,给中国共立创造新的接单机会。

中国共立的订单虽然不断增加,但公司却不一味地扩大接受订货,而是有所限制。这是因为制造模具,不仅要依靠加工设备的性能,更需要靠职工的熟练程度。培养人才需要较长的时间,因此,人才的培养制约接单量。为了保持和控制质量,中国共立有意把职工总数限制在不超过100人的范围。这样的话,就业人员规模上也形成了"短小精悍"而不可能盲目扩大接单的态势。

中国共立不追求"外延性的扩大",而追求"内涵性的发展",即在维持现有职工人数的前提下,通过更有效地开展业务,以及选择更高附加价值的业务,谋求走积极增加人均附加价值的道路。

与中国唐泽相同,中国共立也没有常驻的日本管理人员。从中国共立建立至2004年,日本共立派了日本人(现任日本共立总经理)任总经理,兼管技术。于2004年,日本人总经理到期回国,就由原任副总经理的孟强先生任总经理。孟强先生,对日本共立创始人松本先生的理念深有同感,任副总经理后,为实现松本先生的理念,奋斗至今。

1980年,孟先生作为邮电部的进修生来日本时,松本先生就认识了他。80年代末,松本先生计划与孟先生工作的一家邮电部下属公司进行合作,但因故未能实现。进入90年代,松本先生又跟孟先生联系,请他帮忙。为了日本共立在中国建立生产据点,他们两人一起到中国沿海各地进行考察。建立中国共立时,松本先生又请孟先生担任主管管理的副总经理,辅助日本人总经理,实际上全面负责该公司的管理方面的工作。这样就使中国共立得到了关键性的管理人才,成功地贯彻了"不追求外延性的扩大,而追求内涵性的发展"的经营方针在职工的心目中牢牢地扎下了根。没有常驻日本管理人员,确实使中国共立业达到了与日本共立相同的品质水平,从而抓住了中国市场的机遇。

三、总结与分析

本文从若干角度介绍了两家日本中小制造企业在华办厂,以中国国内市场为主要对象,开展经营,获取成功的一系列经验。

唐泽制造所和共立精机,各自对应日本自行车产业向中国转移、日本摩托车产业在中国扩大生产的趋势,都相对早期地在中国建立生产据点。

相对早期在中国建立生产据点,对唐泽制造所和共立精机的发展,所提到的推动作用,可分别归纳为以下几点:

第一,唐泽制造所,在中国早期建点。其结果是,在中国大规模供应日本市场的自行车生产基地的形成之前,就未雨绸缪,做好了可以大量接受订货的准备。同时,因时因地制宜地将客户范围扩大到台资和中国民营厂家,对提高唐泽的知名度,起到了很大的作用。另外,自行车厂家在竞争激化的过程中,不少整车厂为寻找竞争出路,进入新兴产业电动自行车这一领域。电动自行车产业规模戏剧性地扩大,给唐泽制造所登上该行业最有力名牌车闸厂家的地位,创造了客观的有利条件。

共立精机则是随主要客户本田公司及有关厂家进入中国,确保并扩大接单的机会。同时,打入中国市场还给共立精机带来了新的机遇,即开创了与从前没有过供货关系的,又与本田无关的汽摩产业的供货关系。

共立精机,在刚进入中国时,主要抓住汽摩产业扩大的机遇,在2000年以后,又抓住汽车产业戏剧性发展的机会,实现了在华事业大踏步地发展。尤其是在有关汽车产业的业务方面,共立精机确实可以说是抢先进入中国市场,提前做好了各种准备。

第二,两家公司在华事业获取成功,在生产领域的关键就在于其无可争议的高品质。他们与在日本本土一样,一贯坚持日本的品质理念,可以说在中国市场上与其他对手相比,这两家企业对品质的重视程度是很突出的。当然,为了尽量降低成本,在市场可以接受的范围内,采取了利用中国的原料及加工设备等措施,但他们从未忘记,最重要的还是确保品质。虽然仅限于在价格竞争方面的话,该两家公司不一定具有优势。但值得注意的是,客户面临的竞争愈激烈,两家公司在品质,或者说性比价方面的优势就愈发突出。

在电动自行车行业整车厂之间的竞争过程中,逐渐形成了小厂家被淘汰,而生产集中到拥有实力的大厂家的局面。但厂家之间的竞争还是非常激烈的。在行业里名次靠前的厂家,虽然已经在市场上获得了一定的知名度,但其低质劣质产品也肯定会给该厂的经营带来严重的后果。所以,名次靠前的厂家面临非常激烈的价格竞争,还是不得不在一定程度上注意品质,当然,对关键性的配套零部件更不能忽视品质和可靠性。其结果,他们自然而然地要选择诸如唐泽这样高质可靠的车闸了。

汽车行业的整车厂家也同样面临竞争激化。为了对应竞争,降低成本,努力开拓未曾打过交道的民营配套厂家,尤其是外资和国有整车厂,既要降低成本,又不允许降低品质。由此,整车厂也要求新开拓的民营配套厂,使用共立精机的模具。

综上所述,使我们认识到,要求保持一定水平品质的竞争愈快速地进展,对日资中小制造企业获得商机的可能性愈会提高。一般来说,提高性价比是应对竞争的关键。在要求保持一定水平品质的条件下,竞争越快速地进行,日资中小制造企业获得商机的可能性越会提高。中国同行倾向于以降价为手段,片面提高性价比的话,中方对手厂家肯定跟不上竞争环境变化所引起的品质要求的变化。

第三,两家公司与在中国同行相比,主要以高品质为基础,来提高他们的知名度。如上所述,"名声"不但对扩大客户的范围起了很大的作用,而且,实际上是"无成本"的,即不需要主动进行营销活动。同时,唐泽制造所还因高品质的声誉,接到从前未生产过的产品订单,得到了无风险地挑战新项目的机会。

第四,上述案例的两家公司在中国的事业可以说是大获成功的。并且,目前两家公司的在华据点都不设常驻日本管理人员,而成功地保持了"日本的品质观念"。这一点对人力资源受到限制的日本中小企业是很值得关注的。案例中两家公司,其经营管理人员都由中国人组成,而且与日本据点互相独立地运行。这正可以称为"最高水平的本地化"。[①]"最高水平的本地化"的关键就在于当地一把手的能力与人品。之所以中国据点的全面工作都可以包在他们身上,是因为他们在各方面都是可靠的。

根据唐泽制造所在华中国据点(中国唐泽)的案例,孙总经理既真正地理解唐泽品牌的基础在于品质的重要性,本人又同时站在营销工作的第一线,并且积极主动地自己开发适合于中国市场需求的产品。开发适用于中国社会环境的带锁车闸就是其例子之一。

据共立精机在华据点(中国共立)的案例,孟副董事长(前任总经理)深刻地理解共立精机(日本共立)生产模具的理念,不奢求经营的"外延性扩大",而着力追求"内涵性的发展"。

找到像上述两位那样真正可靠的人才,确实是很难的,其偶然性也很大。但是唐泽制造所也是,共立精机也是,并不仅靠偶然性才找到了可靠人才的。日本唐泽和日本共立的经营者分别先结交了孙先生和孟先生,而到委以重任,是经过了一段岁月的。也可以说,唐泽和日本共立的经营者都在这段时间里,进行了实际上的"选拔考试"。"考试"的合格,孙先生和孟先生才被招聘为中国据点的负责人。

致谢:本文的完成,笔者得到了有关人士的多方面的支持和帮助,在此表示由衷的感谢。

---

① 参见驹形:《日本政策金融公库综合研究所》,2012年。

参考文献

［1］ 经济产业省:《第 42 回海外事业活动基本调查》,http://www.meti.go.jp/statistics/tyo/kaigaizi/result/result_42.html.

［2］ 驹形哲哉:《在华日本中小企业的可持续性发展分析——以对 11 家企业的调查为中心》,《日本研究论集 2004》,第 182—202 页;《中小企业の海外展开——中国进出企业の事例にみる"究极の経営现地化"—》,《商工金融》2012 年第 62 卷第 2 号,第 4—20 页;《中国に据点をもつ中小企业の现状と课题—生产据点としての中国、市场としての中国—》,《商工金融》2013 年第 63 卷第 9 号,第 5—22 页。

［3］ 内阁府:《日本経済 2012—2013》,http://www5.cao.go.jp/keizai3/2012/1222nk/nk12.html.

［4］ 日本贸易振兴机构上海事务所:《中国内贩に成功している中小企业実例调査报告书》,2010 年;《中国内贩に成功している中小企业実例调査报告书Ⅱ》,2011 年;《中国内贩に成功している中小企业実例调査报告书Ⅲ》,2012 年。

［5］ 日本政策金融公库综合研究所:《中小企业の海外贩路开拓とマーケティングの実态—中国アジア新兴国市场を中心として—》,《日本公库综研レポート》,2010 年;《中小企业の海外展开と外国人人才活跃への取り组み—海外据点での取り组み事例と外国人人才へのインタビュー调查から—》,《日本公库综研レポート》,2012 年;《新兴国の生产设备市场で胜つ中小企业の海外展开—日本の强みを活かす工作机械・测定机器など资本财分野への期待—》,《日本公库综研レポート》,2012 年;《低価格竞争に卷き込まれない强い中小企业の海外战略——新兴国中间层市场で问われる日本の部品制造业の竞争力—》,《日本公库综研レポート》,2013 年。

［6］ 中小企业金融公库调查部:《中国の产业高度化と日系中小企业の経営战略》,《中小公库レポート》,2002 年。

［7］ 中小企业金融公库综合研究所:《中国との新たな连携を志向する我が国中小企业の战略と课题》,《中小公库レポート》,2004 年。

［8］ 中小企业厅(2012)《2012 年度中小企业白皮书》,http://www.chusho.meti.go.jp/pamflet/hakusyo/.

［9］ 中小企业研究センター:《わが国および中国に据点をもつ中小企业の现状と课题》,《调查研究报告》,2003 年,第 111 页。

［10］ SolidworksJapan 股份公司官方网站 http://files.solidworks.com/.

三、日本法律与社会

日本反恐融资刑事立法及其启示

尹 琳 沈姗姗*

【摘 要】国际恐怖犯罪频发且危害巨大,因而从源头上切断恐怖资金来源,进行反恐融资刑事立法显得尤为重要。日本在这方面进行了大量努力和尝试,现已形成完整的反恐融资立法体系。其主要支撑大致包括三个方面:制定并修改《惩罚提供恐怖资金等行为法》,将提供恐怖资金等行为犯罪化;制定并修改《防止犯罪收益》,要求金融从业者加强对顾客管理,制止恐怖活动资金跨国转移;制订《国际恐怖分子资产冻结法》,剥夺恐怖活动获得资金的可能性。日本的反恐融资刑事立法在切断恐怖资金来源、预防国际恐怖主义犯罪方面发挥了积极作用。针对国际恐怖主义犯罪,日本的这些立法措施以前置的形式使刑法的行为规范得以明确,也使刑法的规制功能、秩序维持功能及自由保障功能得到充分的发挥。

【关键词】反恐融资;国际恐怖主义;处罚;帮助行为;刑事立法

与普通犯罪相比,国际恐怖犯罪无论从性质上还是从规模上都容易造成极大的危害结果,因而针对国际恐怖犯罪的预防对策显得尤为重要。切断恐怖分子、恐怖组织的资金来源,采取反恐融资对策,从源头封杀恐怖分子的活动,是预防、根除国际恐怖犯罪最重要的支柱之一。在反恐融资对策上,日本主要进行了三个方面的刑事立法:一是制订并修改《处罚为胁迫公众等目的的犯罪行为提供资金等行为法》,将为恐怖活动提供资金等行为犯罪化;二是制订并修改《防止犯罪收益法》,加强顾客管理,防止恐怖活动资金的跨国转移;三是制定《国际恐怖分子资产冻结法》(简称《资产冻结法》),消除其资产作为恐怖活动资金的利用可能性。① 日本的反恐融资刑事立法,全面系统且具有操作性,具有一定的借鉴价值。

---

* 尹琳 日本国立一桥大学法学院法学博士、上海社会科学院法学研究所副研究员、日本广岛大学客座研究员;沈姗姗 上海市徐汇区人民法院法官助理,法律硕士。本文受上海社会科学院刑事法学创新学科资助,系笔者在《日本反恐融资刑事立法的现状及其理论反思》载《国外社会科学前沿》第 20 辑(2016 年)基础上补充完成的研究成果。

① 在这里,这几部法律是按立法时的名称进行表述的。但在其后的修改过程中,《处罚为胁迫公众目的犯罪提供资金行为法》,更名为《处罚为胁迫公众目的犯罪提供资金等行为法》。另外,《防止犯罪收益转移法》是以《由金融机构进行本人确认的法律》修改法的全部内容及《处罚有组织犯罪法》的部分内容为主体制定的,《本人确认法》因此于 2008 年废止。

一、日本反恐融资刑事立法的背景与经过

国际社会1989年凯旋门峰会经济宣言强调反洗钱工作国际合作的必要性,针对国际恐怖主义犯罪,应制定反恐融资对策,并为制定反洗钱的国际准则而设立政府间反洗钱金融行动特别工作组(Financial Action Task Force,FATF)。[①] FATF的建议,对于日本进行反恐融资对策立法起到至关重要的促进作用。

(一)FATF建议与日本的立法应对

1990年,为加强应对毒品犯罪洗钱对策,FATF制定并公布"40条建议",要求金融机构对顾客本人进行确认,可疑交易呈报给当局。1996年,FATF修订建议,将反洗钱对策的对象扩大到其他重大犯罪所带来的犯罪收益而不仅限于毒品犯罪。根据该修订建议,日本于2000年施行《处罚有组织犯罪法》。

2001年9月11日美国发生恐怖事件后,FATF将工作范围从构筑全球反洗钱对策网络,扩展到防止提供恐怖活动资金对策。为此,FATF追加"8条特别建议",即"有关反恐融资的FATF特别建议",提出将提供恐怖活动资金及其关联的洗钱行为犯罪化、冻结没收恐怖分子的资产、呈报被怀疑与恐怖活动相关的交易情况、制止提供恐怖活动资金等措施。2002年,日本缔结《制止向恐怖主义提供资助的国际公约》(简称《制止恐怖资助公约》),制定《处罚为胁迫公众等目的犯罪提供等行为法》(简称《处罚提供恐怖资金法》),以作为该公约的国内担保法;同时,这也是为配合前述FATF特别建议的国内反恐融资刑事立法。

2003年,FATF再次修订"40条建议",本来针对金融机构等实施的顾客本人确认及其可疑交易呈报等义务,开始适用于不动产业者、金银珠宝商等处理高额资金的非金融业者以及其他专业人士。日本随之修改《由金融机构进行本人确认的法律》(简称《本人确认法》),修改后的法律简称为《本人确认法修改法》,扩大金融机构及非金融业者确认措施的范围。2004年,FATF在反恐融资对策中,追加防止跨境转移资金的措施,有关反恐融资特别建议因此变成"9条特别建议"。2007年,设置在日本金融厅的特定金融信息室(Japan Financial

---

[①] 截至2015年年初,FATF的加盟国有冰岛、爱尔兰、美国、阿根廷、英国、意大利、印度、澳大利亚、奥地利、荷兰、加拿大、韩国、希腊、新加坡、瑞士、瑞典、西班牙、土耳其、中国、丹麦、德国、日本、新西兰、挪威、芬兰、秘鲁、法国、比利时、葡萄牙、中国香港、南非、墨西哥、卢森堡、俄罗斯、欧盟(EC)、海湾协助理事会(GCC)的34个国家、地区以及2个地区间机构。

Intelligence Office，JAFIO)，①转由日本国家公安委员会管辖。同年，日本以上述《本人确认法修改法》的全部内容与《处罚有组织犯罪法》的部分内容为母体，制定《防止犯罪收益转移法》。

(二) FATF对日评估与日本反恐融资刑事立法的完善

FATF在各国之间进行双边评估，其结果作为《双边评估报告》(Mutual Evaluation Report)公布。如果双边评估的结果显示该国存在显著不足的情况，以及属于被认为双边评估后改善状况进展缓慢，或者欠缺政治努力的情况，就会被视为洗钱、恐怖融资的高风险国家，该国将被列在"国别公布名单"。与公约不同，FATF的建议没有法律约束力，但通过这种"名单及公布"(Name & Shame)的程序，可以确保各国履行FATF的建议。

2008年，基于FATF第三次建议，对日进行的双边评估结果显示，日本在反恐融资法制上需要应对的课题主要包括"顾客管理的强化""恐怖分子的资产冻结""对恐怖犯罪进行物质支援行为的犯罪化"。如果日本政府不就这些课题完善相关立法，日本则可能作为洗钱、恐怖融资的高风险国家而被公布在"国别公布名单"中，作为FATF的创设成员国之一，那是非常不光彩的事情。

实际上，因法律不完善可能导致以下两种情况出现：第一，支付巨额制裁罚金。外国银行都在加强风险管理，如果日本银行被其他国家认定为实行不正当交易，那么就可能面临高额的制裁罚金；第二，日本银行有可能作为提供恐怖活动资金的渠道被利用。在需要国际协助的反恐怖对策上，如果没有满足FATF建议，日本就可能成为其中的漏洞、经由日本的各种交易，有可能导致犯罪组织或者恐怖集团洗钱、恐怖融资现象泛滥。为此，2012年FATF将由"40条建议"与"9条特别建议"组成的旧建议一体化，制定新"40条建议"。依照新"40条建议"尽早完善相关法律，以防止上述情况的出现，便成为2014年日本制定、修改反洗钱、反恐融资关联三法即《处罚提供恐怖资金法》《防止犯罪收益转移法》《国际恐怖分子资产冻结法》的背景。②

---

① JAFIO，是日本版FIU即FATF所要求的法律执行机构——金融信息部门(Financial Intelligence Unit，FIU)，2000年设置在日本金融监督厅(现金融厅)。2007年4月1日该业务由国家安全委员会接管，由日本警察厅刑事局有组织犯罪对策部防止犯罪收益转移管理官(Japan Financial Intelligence Center，JAFIC)负责实际业务。
② ［日］大澤裕次：《マネー・ローンダリング及びテロ資金供与対策関連法の制定・改正の背景》，《法律のひろば》第68卷第4号(2015年)，第7—8页。

二、《处罚提供恐怖资金等行为法》：提供行为犯罪化

基于上述原因，日本于 2002 年制定《处罚提供恐怖资金行为法》（以下称《旧法》），将以胁迫公众等为目的而实行的杀人及其他相关犯罪行为定义为"以胁迫公众等目的的犯罪行为"即恐怖犯罪。在《旧法》中，提供罪的客体仅限于"资金"，并且仅对以下两种行为进行处罚：一是为使恐怖犯罪容易实施而对企图实行恐怖犯罪者提供资金的行为；二是企图实行恐怖犯罪而募集资金的行为。2008 年 FATF 的对日评估指出，在反恐融资行为的犯罪化方面，《处罚提供恐怖资金行为法》的处罚范围过窄。具体来说，首先，旧法的"资金"定义过于狭隘，没有对物质支援、募集行为进行犯罪化；其次，由非恐怖分子为恐怖分子进行资金募集的行为没有被犯罪化；最后，诚如有专家指出的，关于间接提供资金、募集行为是否包含在该罪中并不明确。① 因此，2014 年 11 月，作为反恐融资刑事立法的一环，日本政府修改《处罚提供恐怖资金行为法》，将其更名为《处罚为胁迫公众目的犯罪提供资金等行为法》（简称《处罚提供恐怖资金等行为法》，以下称 2014 年修改法）。

从大的方向看，2014 年修改法的修改之处分为两点，即追加客体，扩大处罚对象的范围。

（一）追加客体

2014 年修改法，将"其他利益"追加为提供恐怖活动资金罪的客体。2014 年修改法第 2 条规定，企图实行恐怖犯罪的人，为实行犯罪目的，引诱或者要求他人提供资金或者其他利益（资金以外的土地、建筑物、物品、服务等其他利益），或者通过其他方法，促使他人提供资金及其他利益时，处 10 年以下惩役或者 1000 万日元以下罚金。② 因此，该法中犯罪的客体除"资金"以外，还包括"其他利益"。

在旧法中，犯罪的客体只限于资金，但修改法在"资金"以外还增加"其他利益"，即客体包括"资金以外的土地、建筑物、物品、服务等其他利益"。根据 FATF 的评估，旧法中"资金"的定义属于限定性的，提供物质性支援和募集行为

---

① ［日］石渡圣名雄：《テロ資金提供処罰法改正の概要》，《法律のひろば》第 68 卷第 4 号（2015），第 13—14 页；石渡圣名雄：《公衆等脅迫目的の犯罪のための資金の提供等の処罰に関する法律の一部改正について》，《警察学論集》第 68 卷第 4 号（2015 年），第 42—43 页。
② 同样的罚则内容在修改法第 3—5 条均有包含。

未被视为处罚对象。实际上，提供或者劝诱他人提供恐怖犯罪所能利用的武器等即资金以外有助于恐怖犯罪实行的其他利益，同样会助长恐怖犯罪实行的风险，与提供和募集资金的结果是同等的，因此这些也成为处罚对象。

关于"其他利益"作为客体，设有"有助于实行（恐怖犯罪）"的限定。这说明"其他利益"要成为处罚的客体，必须有助于实行恐怖犯罪行为，即"其他利益"必须对实行恐怖犯罪发挥作用。如果资金以外的物品等包括对实行恐怖犯罪没有帮助作用的内容，就应提前将那种物品从犯罪的客体中排除。物品等是否有助于恐怖犯罪的实行，主要是依据各个案件中的事实关系进行判断。但从为实行该恐怖犯罪所利用的角度看，极其少量的物品难以认定其危险性，通常情况下，可以认为是不属于有助于实行恐怖犯罪的内容。①

关于"有助于（恐怖犯罪）实行的其他利益"所表示的具体内容，可以考虑到的是，比如在恐怖犯罪发生前后，作为隐匿企图实行恐怖犯罪者的基地所能利用的土地、建筑物，为恐怖犯罪所能利用的武器（物品），进行教授武器使用的训练（服务）等。另外，不属于所列举的"土地、建筑物、物品、服务"的"其他利益"包括，像入侵机场等重要设施的线路及解除安保措施的方法等信息，同意并协助恐怖分子为隐藏身份而伪装成自己等情况。②

（二）扩大处罚对象的范围

旧法规定的处罚对象（犯罪主体），是进行资金募集行为的企图实行恐怖犯罪者（简称恐怖犯罪企图者）以及对恐怖犯罪企图者提供资金的直接支援者。2014年修改法新设第3条第2款、第4条第1款③及第5条第1、2款规定，分别将处罚对象扩大到以下几种人：(1) 为使恐怖犯罪顺利进行，向直接支援者提供资金等的准直接支援者以及接受这种提供的直接支援者（第3条第2款前段、后段）；(2) 为使直接支援者能顺利提供资金等，向直接支援者提供资金等的间接支援者（第4条第1款）；(3) 为恐怖犯罪所利用提供资金等的其他支援者（第5条第1、2款）。

---

① 前引石渡，第15—16页；石渡，第46页。
② 前引石渡，第15页；石渡，第46—47页。
③ 2014年修改法第3条第1款规定，以顺利实行胁迫公众目的犯罪行为为目的，对于企图实行该犯罪者提供资金或者有助于其实行的其他利益的人，处10年以下或者1000万日元以下罚金；第4条规定，为顺利实现第3条第1款规定的内容，对于企图实行该犯罪者提供资金等的，处5年以下惩役或者500万日元以下罚金（第1款）；处罚前款犯罪未遂的行为（第2款）。

三、《防止犯罪收益转移法》：特定从业者加强顾客管理

著名刑法学教授佐久间修指出，毒品非法交易等犯罪所获得的收益，不仅可能被用于将来的犯罪活动或者恐怖犯罪，还可能对正常的经济活动造成重大恶劣影响，并且大部分犯罪收益是从被害人手中非法掠夺的，因此有必要通过没收追缴及其他手段剥夺犯罪收益，或者用于犯罪被害人的恢复。但是，如果犯罪人在各账户间不断转移犯罪收益，或者不断改变形式将犯罪收益转变成有价证券等，这种洗钱行为就会最终导致犯罪收益的来源及其归属不明。[1] 2007年，日本制订《防止犯罪收益转移法》（2007年法第22号），规定金融机构等特定从业者在进行一定的交易时，负有如下义务：制作、保存顾客姓名、住所、出生年月日等本人特定事项与交易目的等交易确认及其确认记录，以及制作、保存与顾客的交易记录；特定从业者通过采取切实的顾客管理措施，在控制洗钱风险的同时，还可能追踪犯罪收益，并且通过履行呈报有洗钱嫌疑的"可疑交易"义务，构筑有利于揭示犯罪实际情况和检举的网络。

2008年，FATF对日审查的结果，将日本在犯罪收益转移相关事项上对顾客的管理评价为最低级别的"不履行"。2014年6月，FATF对日声明指出，日本依然存在顾客管理措施不充分的问题。在这种背景下，日本于2014年11月修改《防止犯罪收益转移法》（简称2014年转移法），[2]进一步强化金融机构等特定从业者对顾客管理的措施。基于上述FATF所指出的问题，2014年转移法主要涉及以下几个方面。

（一）国家公安委员会负有制作调查报告的职责

国家公安委员会处于收集、整理及分析犯罪收益转移事例及可疑交易的信息等地位，可以灵活利用所掌握的信息及专业观点，根据从业者进行交易的种类，制作并公布记载犯罪收益转移危险度的调查报告。在判断从业者呈报的可疑交易之际，必须考虑犯罪收益转移危险度调查报告的内容。出台这种措施的背景，是日本引进FATF建议中所推行的以风险为本的银行监管方法。FATF

---

[1] ［日］佐久间修：《組織犯罪対策（マネーロンダリング）の狙い》，《刑事法ジャーナル》第11号（2008年），第2—7页。
[2] ［日］松田照功：《FATF関連2法①マネーロンダリング対策の強化》，《時の法令》第1980号（2015年），第4—19页；［日］尾﨑亮太：《犯罪収益移転防止法改正の概要》，《法律のひろば》第68卷第4号（2015年），第21—29页。

要求"各国应该对本国的洗钱及提供恐怖活动资金的风险进行特定评价和把握",并且"根据该评价,应确保为防止或者减少洗钱及恐怖融资所采取的措施与特定风险相一致"。①

(二) 关于是否属于可疑交易的判断方法

特定从业者判断特定业务的相关交易是否属于可疑交易时,必须考虑该交易时所确认的结果、交易状态及其他情况、犯罪收益转移危险度调查报告等内容,并通过主管部门规章所规定的方法进行判断。如果认为属于可疑交易,则负有向行政部门呈报的义务。至于采用哪种方法判断,则取决于特定从业者的裁量。但是,为确保判断的准确性,特定从业者必须根据主管部门规章所规定的项目确认交易是否存在可疑之处。② 并且,依据以风险为本的监管方法,特定从业者在判断可疑交易时,必须考虑犯罪收益转移危险度调查报告的内容。

(三) 与外国金融机构缔结通汇合同时的确认义务

在跨境换汇交易中,日本的金融机构需要与外国的金融机构缔结通汇合同,利用在外国开设的结算账户进行结算。此时,日本金融机构为合同相对方即外国换汇交易业者的顾客处理跨境换汇交易,但对该顾客的身份确认等措施是由相对方即外国换汇交易从业者实施。如果该顾客是恐怖犯罪资金提供人,而该外国换汇交易从业者所采取的措施比日本的措施宽松时,利用基于通汇合同的换汇交易,恐怖犯罪资金就有可能流入日本。为避免这种危险的出现,金融机构在与外国换汇交易从业者确立业务关系的阶段,必须确认该外国换汇交易从业者是否采取有效的对策确认顾客本人的身份等情况。这是日本金融机构负有的义务规定。

(四) 特定从业者负有努力完善相关制度等义务

为切实保障交易时确认、保存交易记录等、呈报可疑交易等措施的实施,特定从业者负有努力完善相关制度的义务。对此,2014 年转移法追加如下三项内容:"制作有关实施交易时确认等措施的规程""选任为切实实施交易时确认等措

---

① 前引松田,第 9—11 页;尾崎,第 26 页。
② 前引尾崎,第 27 页。

施而统筹管理所必要的监查及其他业务人员"以及"对其他犯罪收益转移危险度调查报告的内容,应采取由主管部门所规定的措施"。

四、《资产冻结法》:剥夺恐怖资金利用可能性

1999年,联合国安理会通过第1267号决议,对支援本·拉登及其相关者的塔利班相关人员采取资产冻结等措施;2000年,联合国安理会通过第1333号决议,对本·拉登及其相关人员采取资产冻结等措施。其后,因2001年"9·11事件"的发生,加强反恐融资对策成为国际上最重要的课题之一;同年11月,联合国安理会第1373号决议,对采取资产冻结等措施的恐怖分子不再限于塔利班相关人员与基地相关人员。同时,结合联合国安理会的动向,FATF作出"8项特别建议"(即关于提供恐怖活动资金对策的特别建议)。

为对应国际社会的这种努力,日本通过《外汇汇兑及外国贸易法》(简称《外汇汇兑法》),针对G7各国已经采取资产冻结等措施的恐怖分子进行资产冻结。具体而言,根据《外汇汇兑法》,如果境外恐怖分子在日本金融机构拥有存款账户时,在不被允许的情况下,将无法提款与转账、向外国的恐怖分子汇款等。这些措施仅以对外交易为对象,并不能规制对日本境内居住者之间的交易。2008年,FATF对日审查结果认为,在《外汇汇兑法》所规制以外的范围,日本并没有及时冻结国内恐怖分子可能利用的资产,对于恐怖资产冻结措施日本仅属于部分履行的状态,需要改善。因此,2014年,日本政府根据联合国安理会决议,就《外汇汇兑法》没有规制的部分,制订《国际恐怖分子资产冻结法》(简称《资产冻结法》),限制日本国内居住者之间的资产交易等行为。

(一)公告与指定

"公告"的方式及法律效力如下:根据安理会一系列决议,该法设置塔利班制裁委员会及基地制裁委员会,这两个制裁委员会分别指定塔利班相关人员与基地相关人员。制裁委员会将这些相关人员记载于其所制作的公开名簿时,日本国家公安委员会必须迅速将这些人的姓名等情况通过官方形式加以"公告"。根据本条规定,被公告的国际恐怖分子负有一定的义务,但这些义务并非由国家公安委员会的公告所致,本条中的被公告行为不能成为行政诉讼的对象。[①]

---

① 前引松田,第31页。

另外，明确规定"指定"的要件。根据安理会决议第 1373 号，《资产冻结法》第 4 条第 1 款规定日本"指定"国际恐怖分子的要件。"指定"必须同时满足该款第 1 项及第 2 项规定的要件。第 1 项的要件为根据《外汇汇兑法》被规制的对外交易者。第 1373 号安理会决议规定，不论国际恐怖分子进行的交易属于对外交易还是国内交易，只要其是满足一定条件的国际恐怖分子，就一概对其资产采取冻结等措施，因此第 4 条并没有假设本法所应规制的国际恐怖分子的范围超越外汇汇兑法所规制的范围，而是对两法所规制对象范围进行整合。第 2 项的要件由 a、b、c 三个要件构成，只要满足其中的一个要件者即可。a 是对应安理会决议第 1373 号规定要件的内容。a 规定的"胁迫公众等目的的犯罪行为"即恐怖主义犯罪，是指上述《处罚提供恐怖资金等行为法》定义的内容，可以列举为以胁迫国家或者地方政府等目的而实行杀伤他人的行为、致使航行中飞机坠毁的行为、通过引爆炸弹等方法破坏公共物的行为等。此时实行恐怖行为的要件，不需要是刑事案件且被视为有罪的行为，只需是国家公安委员会认定的行为即可。并且，既遂、未遂及帮助行为都同等对待。对于明显存在将来发生恐怖行为客观盖然性的情况，则要求具有高度的内心确证。b 是符合 a 要件或者本项 b 要件的人通过出资、融资、交易及其他关系对恐怖活动拥有支配性影响力的人。c 是指根据安理会决议第 1373 号，作为国际恐怖分子，满足美国、英国等国家规定的一定要件而被采取冻结财产等措施的人。各国已经采取资产冻结等措施时，日本必须迅速与各国的措施协调步伐，避免成为其中的漏洞。

"指定"期间不超过 3 年，但对期满时继续符合要件的情况，可以延长期间，延长次数没有限定（第 6 条）。"指定"属于行政程序法上的不利处分，必须经过该法规定的意见陈述程序，根据情况给予处分对象辩解的机会，为更好地保护他们的权益而应进行听证。但是，经过这些事前程序，账户中的大额金钱可能被提取，难以采取冻结资产等措施，所以可以在事前程序之前进行 15 天的"临时指定"，然后，举行事后意见的听取程序，如果"临时指定"不存在不当就转换成通常的"指定"。

（二）冻结措施

第一，限制"公告"国际恐怖分子的行为。根据《资产冻结法》第 3 条、4 条被"公告"、被"指定"的国际恐怖分子在进行以下行为时，必须接受各都道府县公安委员会的许可：一是接受规制对象财产（金钱、有价证券、贵金属等、土地、建筑物、汽车等财产)的赠与;二是接受规制对象财产的借贷;三是接受销售规制对象财产等产生的对价;四是接受存款储蓄等金钱债务的履行等(第9条)。判断行为是否符合相关行为,不问交易的名义与方式,只取决于实质上这些行为的实施者是否属于被"公告"的国际恐怖分子。没有接受许可就进行这些行为或者通过虚假手段及其他不法手段接受许可,则成为处罚的对象(第29条1、2项)。

第二,限制"公告"国际恐怖分子作为相对方的行为。《资产冻结法》在限制"公告"国际恐怖分子的行为的同时,也限制其作为相对方的行为(第15条)。违反"公告"国际恐怖分子作为相对方行为的限制规定时,违反者如果不知道相对方是"公告"国际恐怖分子而实行这样的行为,公安委员会可以向违反者提供必要的信息并进行指导与建议(第21条)。违反者接受信息提供后却再次违反,或者存在反复违反的可能性,那么公安委员会可以下达命令,令其不得再度违反(第22条第1款)。另一方面,对于知道相对方是"公告"国际恐怖分子却依然违反者,作为"尤其必要",公安委员会无需提供信息等,可以从最初直接下达命令(第22条第2款)。如果违反命令实行违反上述第15条规定的行为,则成为处罚的对象(第30条3项)。

第三,临时扣留。根据许可制,冻结公告国际恐怖分子的存款储蓄账户,限制"公告"国际恐怖分子提供资产行为。但是,如果"公告"国际恐怖分子持有高额现金等且这些现金存在用于恐怖行为的可能性,公安委员会可以命令"公告"国际恐怖分子提交其所持有的现金等,对这些现金等进行临时扣留(第17条第1款)。"持有",是指可以认定某人事实上支配物品的状态,但现实中没有必要将该物拿在手上,只要该物事实上处于某人的支配下即可,而且不管该人是否拥有持有该物的正当权益。作为提交命令对象的财产,是指可以携带的金钱、有价证券、贵金属等。保管临时扣留财产时的注意义务程度,应与基于刑事诉讼法保管收押品时的注意义务程度相同。①

五、刑法的理论基础更新

在反恐融资方面,日本采取包括处罚恐怖资金提供等行为、防止犯罪收益转移、冻结资产等立法措施。这些立法措施形成一个完整的体系,对于日本预防国际恐怖主义犯罪发挥了很大的作用。相比之下,我国的反恐刑事立法则显得比

---

① 前引松田,第36页。

较滞后。2015年制订的《反恐怖主义法》看似更像行政法规,内容抽象,缺乏可操作性。2015年《刑法修正案(九)》新增条款,处罚宣扬恐怖主义等行为,将恐怖主义犯罪的预备行为正犯化,说明针对恐怖主义犯罪我国刑法功能开始转型。但是,从根本上切断其资金来源的反恐融资刑事立法来看,我国还存在严重的不足。我国至今尚未就反恐融资进行刑事立法。关于反恐融资,最新的规定是《金融机构大额交易和可疑交易报告管理办法》(简称《管理办法》)(中国人民银行令〔2016〕第3号),其在规章层面明确了金融机构切实履行可疑交易报告义务的新要求,有助于金融机构提高可疑交易报告工作有效性,有助于预防、遏制洗钱、恐怖融资等犯罪活动,有助于维护我国金融体系的安全稳健,有助于进一步与国际标准接轨。但是,《管理办法》本身只是单纯的部门规章,其中也没有设置罚则。对于违反行为,《管理办法》规定,按照《反恐怖主义法》第31、32条规定予以惩罚。但是,《反恐怖主义法》的相关规定根本没有明确什么样的行为属于涉嫌犯罪的行为。因此,从这一点上说,中国的反恐融资刑事立法任重而道远。

从刑法功能的角度看,日本前置式的反恐刑事立法措施也使刑法的理论基础得以更新。与此同时,提供恐怖资金的帮助行为等正犯化,刑法功能提前,符合风险社会需求。这些内容是日本反恐刑事立法措施值得借鉴之处。刑法具有作为行为规范与制裁规范的两方面属性。由于制裁规范不以其所对应的行为规范为前提,因此制裁不能定义为作为事先存在的违反规范的反作用,制裁可能只是被理解为回避感觉不快的行为的单纯法律效果。但是,并不是所有的法规范都让国民感觉不快的内容,这点是不言而喻的。并且,并不是因为制裁的存在,才使我们的行动受到控制,控制我们行动的是行为规范。① 因此,"刑法的主要功能并不是刑事追诉,它首先在于为市民的行为定向。在犯罪完成这个首要功能无法发挥时,确定违反规则的事实并科处制裁是公务员的任务"。② 日本的反恐融资刑事立法措施充分体现了刑法的这种功能。

反恐融资立法通过前置措施,为市民的行为定向。2014年修改的《处罚提供恐怖资金等行为法》,将向恐怖主义分子直接或者间接提供资金及其他利益的行为犯罪化,同时还将帮助行为的帮助行为也正犯化,以此标准规制市民的行为。另外,该法增加资金以外的"其他利益"(比如土地、建筑物、物品、服务等内

---

① [日]高橋貞夫:《規範論と刑法解釈論》,成文堂2007年版,第2页。
② 前引高橋,第7页。

容）为提供恐怖活动资金罪的客体，并对其设有"有助于实行'恐怖犯罪'"限定。这些立法措施一方面规制市民的行为，另一方面也体现刑法保障自由的功能。2014年修改的《防止转移犯罪收益法》，为防止洗钱或者恐怖融资，进一步强化特定从业者在交易过程中对顾客管理的措施。其中，金融机构等特定从业者被负有报告可疑交易等义务，在跨境换汇交易中必须核实交易相对方是否采取有效的顾客本人身份确认等措施。这种前置措施，将最大限度地防止恐怖犯罪资金流入日本。2014年制订的《资产冻结法》，旨在排除针对包含日本在内的国际社会和平及安全的威胁，断绝向国际恐怖主义分子提供资金及其他财产。其中，作为前置措施，必须"公告"和"指定"塔利班相关人员及基地相关人员。被"公告"国际恐怖主义分子负有一定的义务，但这种义务并非因国家公安委员会的公告导致产生，所以不符合日本行政诉讼法规定的"处分"要件，不能成为控诉的对象。"指定"国际恐怖主义分子的要件包括实行恐怖行为的人，或者通过出资、融资、交易及其他关系对恐怖主义活动拥有支配性影响力的人，或者是满足美国、英国等国家规定的要件作为国际恐怖分子被采取冻结财产等措施的人。其中，实行恐怖行为的要件，不需要是刑事案件且被视为有罪的行为，只需经过国家公安委员会认定的行为即可。而冻结被"公告"国际恐怖主义分子的资产等措施包括三方面的内容：一是限制被"公告"国际恐怖主义分子的行为。比如，接受规制对象财产（金钱、有价证券、贵金属等、土地、建筑物、汽车等）的赠与、或者接受规制对象财产的借贷、或者接受销售规制对象财产等的对价、或者接受存款储蓄等金钱债务履行时，必须经过日本各地方公安委员会的许可。是否符合上述行为，不问交易的名义与方式，只依据交易是否实质上由被"公告"国际恐怖主义分子进行这一点来判断。没有许可就进行这些行为以及通过虚假手段及其他不法手段接受许可时，则成为处罚的对象；二是限制被"公告"国际恐怖主义分子作为相对方的行为。对于明知相对方是被"公告"国际恐怖主义却恶意违反有关的行为限制规定的，则成为处罚的对象；三是对被"公告"国际恐怖主义分子持有的现金等进行临时扣留。保管临时扣留财产时的注意义务程度，应等同于依据刑事诉讼法保管收押品时的注意义务程度。

前述各种反恐融资的刑事立法措施，既体现刑法作为行为规范的功能，又显示刑法的自由保障功能。伊东教授认为，在现代社会中，刑法作为控制手段，不应当通过事后处罚来发挥利益保护功能，而应当通过不处罚来促进社会成员进行自律性再犯预测或者开展预防、回避对策。换言之，这是强调通过不处罚形成刑法的规范功能。这样的刑事立法才合理且具有实效性。① 在现代社会中,形成没有犯罪的社会乃至犯罪少的社会的刑法努力功能已经丧失。极端地说,以保护客体或者作为保护利益的法益遭受侵害或者处于危险状态为依据所进行的处罚,作为为现代社会的成员形成行为规范的手法并未得到有效运转。对于社会成员而言可能带来"刑罚"这一峻严效果的刑法,应当为实现现代社会成员的共生而发挥作用。②

参考文献

[1] 大澤裕次:《マネー・ローンダリング及びテロ資金供与対策関連法の制定・改正の背景》,《法律のひろば》第 68 卷第 4 号,2015 年。

[2] 高橋貞夫:《規範論と刑法解釈論》,成文堂,2007 年。

[3] 石渡聖名雄:《テロ資金提供処罰法改正の概要》,《法律のひろば》第 68 卷第 4 号,2015。

[4] 石渡聖名雄:《公衆等脅迫目的の犯罪のための資金の提供等の処罰に関する法律の一部改正について》,《警察学論集》第 68 卷第 4 号(2015 年)

[5] 松田照功:《FATF 関連 2 法①マネーロンダリング対策の強化》,《時の法令》第 1980 号,2015 年。

[6] 尾嵜亮太:《犯罪収益移転防止法改正の概要》,《法律のひろば》第 68 卷第 4 号,2015 年。

[7] 伊東研祐:《刑法の社会的機能—再訪:現代社会の統制手段としての刑法の適正と位置付け》,《新世代法政策研究》第 10 卷,2011 年。

[8] 佐久間修:《組織犯罪対策(マネーロンダリング)の狙い》,《刑事法ジャーナル》第 11 号,2008 年。

---

① [日]伊東研祐:《刑法の社会的機能—再訪:現代社会の統制手段としての刑法の適正と位置付け》,新世代法政策研究第 10 卷(2011 年),第 4 页。
② 前引伊東,第 14 页。

日本中小企业基本法改革背景及过程

吴明玺*

【摘　要】日本中小企业政策研究会和中小企业政策审议会都在国会上进行了激烈的讨论,同时针对其他专家的意见,也有两种不同的意见:一种是支持对中小企业基本法进行修订;另一种是反对对中小企业基本法进行修订。为此,本文总结了中小企业政策转变经历的过程、具有的特点和存在的问题。

【关键词】中小企业基本法;改革;修订

一、日本中小企业基本法修定过程

从图 1 可以清晰地看到从中小企业政策研究会设置到中小企业基本法修改的整个过程。

中小企业政策研究会:1998 年 7 月—1999 年 5 月召开两次(最终报告及讨论经过参照"中小企业厅 1999")

中小企业政策审议会:1999 年 6 月 1 日—9 月 22 日,召开 3 次审议会(第 51—53 次)和 7 次基本政策小委员会(其中 3 次为审议会的联席会议)
● 中期报告的公众意见听取:
征募时间:1999 年 8 月 20 日—9 月 12 日
通告方法:通商产业省、中小企业厅网站、通商产业省公报
意见数:106 条(按内容分共计 175 件)
● 举行地方听证会:1999 年 9 月在仙台市、东京都、大阪市、高松市举行

国会审议:1999 年 10 月 29 日内阁决定《修订部分中小企业基本法的草案》并提交国民议会
11 月 5 日—11 月 16 日众议院审议(11 月 16 日表决)
11 月 17 日—1 月 25 日参议院审议(11 月 25 日表决并审议完毕)
12 月 3 日公布

图 1　中小企业基本法修定流程图

资料来源:根据日本中小企业学会《中小企業政策の「大転換」》,同友会,2001 年,第 23 页整理。

---

* 吴明玺　女,上海社会科学院经济研究所助理研究员。

(一) 在中小企业政策研究会上的讨论

日本中小企业政策研究会对中小企业厅设置后中小企业政策的变迁、中小企业政策的国际比较、中小企业所处的经济社会环境、各种政策的变迁和今后的发展方向等问题进行了深入的研究。[①]

前两次研究会对中小企业政策体系的变迁、中小企业政策的理念、中小企业的范围、中小企业数量及开业率和歇业率以及中小企业与大企业之间的各种差距、中小企业对经济的影响、中小企业的经营状况等进行了验证。为了客观真实地反映中小企业发展现状,研究会还从理论和实证的角度出发,对中小企业政策的理论依据进行了重新划分。此外,《中小企业白皮书(2000)》[②]中还详细记录了中小企业政策研究会关于对中小企业的理论分析和统计分析,并将其作为中小企业基本法修订的理论依据。

在第一次研究会上,首先对中小企业政策的变迁进行了评价,对围绕中小企业的环境变化因素进行了阐述,并使用了如 GDP 增长率、第一产业、第二产业和第三产业的变化率、按企业规模分类的进出口额、中小企业海外投资数、就业人数结构变化数、整体失业率变化数、非全日制工作者的比例、按金融机构分类的贷款余额的变化数、按企业规模分类的研发费用的变化数、中小型转包(承包)企业变化数、开业率和歇业率的变化数、按行业和规模分类的企业数、员工人数等多项指标。此外,作为对政策实施意见讨论的整理,第一次研究会还以行政、中央省厅改革为重点,提出了放宽和促进监管 3 年计划、地方分权推进中小企业发展的政策建议,并进行了审议。

在第二次研究会上,是对美国、欧盟、英国和德国的中小企业的政策理念、中小企业定义、中小企业的定位等进行了描述。基于中小企业政策的理论基础,以尊重市场规律为原则,从配置资源的角度出发,对政策干预的合理程度进行探讨和研究;同时,还对中小企业的定位和作用,以及近年来取得的成效进行了验证。

通过第一次和第二次的讨论,对中小企业作用和中小企业政策未来发展方向进行了总结。主要观点如下:

[①] 中小企业政策研究会:《中小企业政策研究会最終報告》(1999);中小企业厅:《中小企业政策の新たな展開》,同友館,1999 年。
[②] 中小企业厅:《2000 年版中小企业白書》,ぎょうせい,2000 年。

1. 关于中小企业的环境变化

中小企业政策研究会指出,中小企业的环境变化主要包括以下因素:经济增长率降低、产业结构中第三产业的比重增大、长期失业率上升、中小企业分包比例降低及新协作的增加、流通结构的变化、开业率长期走低、由"独自型"创业到"商誉分享型"和"分社型"创业。

围绕近期政策的讨论:在行政改革会议或中央省厅等改革等面,一个重要的前提就是政府对民间的管制的分工放宽。此外,作为编制方针的经济产业省,应该把产业政策定位为"从制定个别产业振兴政策转移到尊重市场规律的施策上"。在地方分权上,主张重新划分中央和地方的职责,应该充分尊重地方政府的自主性。

由于环境的变化,有必要对此前以双重结构论[①]为主的中小企业政策进行重新调整,并需要对研究开发活动、经营规模和企业的组织网络等"软"的企业活动予以支持。此外,还要从创造就业机会的角度出发,来制定应对就业率长期低迷的政策。

2. 关于中小企业相关政策的理论依据

在尊重市场规律前提下,在市场规律起作用时,无需政府干预,但是当市场无法合理地进行资源配置(也就是在市场失灵[②]状态下)时,政府就应该对市场进行合理的干预。

在实际的政策执行中,还需注意政策工具的有效性,并重视相关的成本和收益。中小企业基本法制定的基础就是双重结构论,也就是由于企业之间在生产率和工资上都存在差距,并试图缩小差距。而双重结构论的前提就是经济环境(例如:人口从农村流入城市(存在大量低工资的劳动力)和单一的消费结构)的变化。然而,由于目前存在低工资的工人数量减少、消费的多元化、多品种小批量的生产和亚洲各国之间的激烈竞争等环境因素的变化,使双重结构论基础发生了变化。研究会对环境变化和政策的整体状况进行了深入研究,从中总结出中小企业政策的理论依据。

综上所述,由于近年来产业结构和经济环境的变化,因此要求中小企业的经

---

① ここでの二重構造論とは,日本産性本部:《日本の経済構造と雇用問題》,有沢広巳:《日本における雇用問題の基本的考え方》,1957の指摘に基づく内容を指す。
② 中小企业政策的市场失灵是指:规模经济、投资亏损等、金融/资本市场的不完善、劳动力市场的不完善、经营资源相关市场的不完善、产品和服务市场的不完善和存在外在性、协调失败等。

营活动也要多元化。之前最有效途径的是追求规模经济,而目前,最有效的途径是专注于在擅长领域的管理,以及和其他公司组成的灵活的网络组织;同时,由于服务业比重的增大,也反映了不仅"硬"的管理水平需要提升,而且研究开发、专业技术、技术信息等"软"的管理水平也需要提升;还要求中小企业的政策必须尊重市场规律,放松管制,实行地方分权,以此来应对外部环境的剧烈变化。

以下三点是对第二次研究会的总结:

(1) 关于中小企业应该发挥的作用。有观点指出:既然是执行政策,就应该承认中小企业存在的积极意义。也就是说,要承认中小企业是市场竞争的中坚力量、是新商业机会的提供者和创造者、是充满活力产业分工的承担者、是创造就业机会和区域经济发展的承载者。

(2) 政府对中小企业政策的新理念。随着信息技术的发展,以制造业为中心的双重结构论政策已经不适应环境的变化,加上中小企业的多元化发展和创新的要求,为此需要加大培育"自立型、专业型的中小企业"的力度,多元化有活力的中小企业将成为中小企业新模式。

(3) 政府的干预是对市场的补充,竞争条件的完善将成为政策的支柱。此外,政府干预要考虑是否需要建立一种在允许失败的企业文化背景下的激励机制等。

(二) 在中小企业政策审议会中的讨论

中小企业政策研究会在最终报告的基础上,将中小企业基本法修订列入了正式审议论坛的日程,并召开了中小企业政策审议会。1999年6月1日,审议会接受了当时的小渊总理关于"21世纪中小企业政策应有的状态"的问询。

在审议会和基本政策研讨委员会上,主要是对中小企业政策研究会最终报告中的"中小企业政策方向"和"中小企业范围"进行讨论并听取了相关人员的意见。此外,还对中期报告进行了总结,并举行当地听证会,听取公众意见,包括审议会等在内的讨论,都反映在报告中。

在看待中小企业的问题上,不能一概而论,一律将其作为弱者看待。应该认识到存在多样性,即既存在技术能力和利润都超过大企业的中小企业(所谓的风险投资公司),同时也存在着没有受政策保护就会被市场竞争淘汰的"弱者"。此外,还需要将想创业的人作为中小企业政策的对象来考量。

从中小企业多样性来进行考量时,也就是要多方位地把握中小企业在经济中发挥的作用。从统计数据可以看出,在一些领域,中小企业发挥着比大企业更重要的作用,如在创造就业机会方面(如图2所示)。从近期的行业发展趋势来看,企业在管理上要具有灵活性和创造性,而且消费者需求也具有多元性,因此也有专家认为:"从单个市场来看是很小的,但是从长期来看,中小企业生存和发展的舞台正在逐步扩大。"①而实际上,产业结构也在随着服务产业化的发展而在发生变化;从事业所数量来看,服务业已经是制造业的大约2倍。

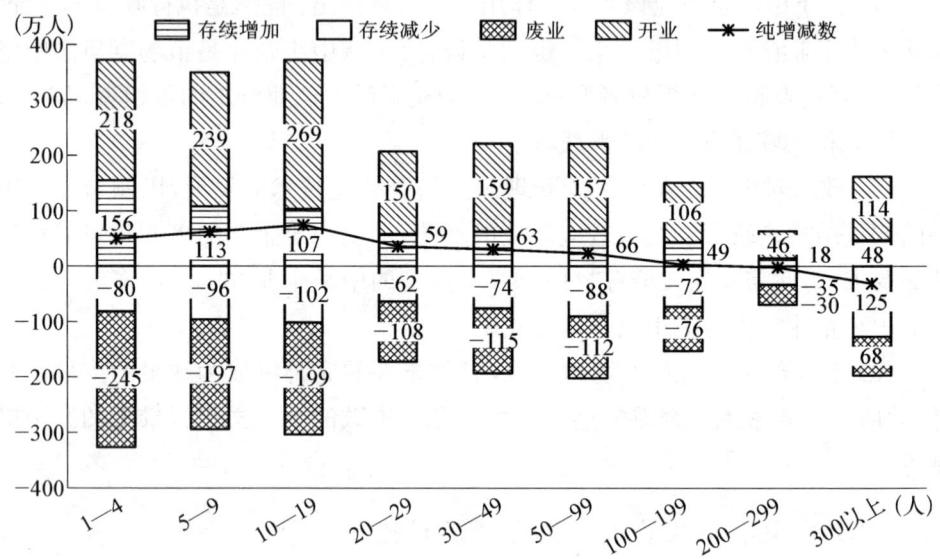

图2 就业因素的变化(按规模分)

注:将1991年调查时存在、1996年已不存在的事务所作为歇业事务所;将1991年调查时不存在、1996年后开业的事务所作为开业事务所。
资料来源:日本中小企業学会:《中小企業政策の「大転換」》,同友会,2001年;総務庁:《事業所・企業統計調査》。

有专家提出:从中小企业身上,或在其环境变化中,出现了"基本法和现实相背离的情况";还有专家提出:"基本法的思想(即所谓的双重结构思想),既过低又过高,没有取得平衡。有人曾经说过由于过度竞争,需要减少数量。1963年,法律是以制造业为重点来考虑的,并随着服务业的不断发展,将这一观点放在八九十年代来看,就会觉得有些不谐调,因此,90年代,就有不少人提出有必

---

① 中小企業政策審議会:《中小企業政策審議会中間答申》(1999);中小企業政策審議会:《中小企業政策審議会答申——21世紀に向けた新たな中小企業政策のあり方~》(1999)。

要要修改基本法的意见。"正如这个发言所说,大多数意见都认为:有必要从政策理念方面重新认识旧的基本法。也有一种看法认为:作为政策的一个导向,就是要在重视市场竞争的同时,仍要保护市场竞争中的弱者。

应该说,提出"竞争条件的同等地位"这一理念得到了广大委员的支持。大企业和中小企业均在相同竞争条件下竞争,并以此为前提,假设因为规模小、筹集所需要的经营资源有困难,就需要对其进行支持。也有来自中小企业经营者的委员提出"对于大企业将加强竞争力已经讨论过,但我认为中小企业应该采取措施以提升产业竞争力"。

当然,也有意见提出中小企业是弱者,仍然需要得到照顾;也有专家担心由于中小企业范围的扩大,会对小规模企业的扶持力度减小;此外,也有意见提出,为了应对会计标准的变更,应该将大企业的子公司排除在中小企业政策的对象之外,将"独立标准"加进定义中。此外,针对企业政策中新增加的"创业支援"和"自助支援",也有专家担心"现有的中小企业会被抛弃"。这种观点不仅在审议会的讨论中出现,而且在当地听证会的意见陈述和公众意见中也可以经常听到。

对此,有人认为,"中期报告指出不应该将(中小企业)一律作为弱者看待,中小企业是多元化的存在,但当然并不能否定弱者的存在","需要重新审视对弱者采取一刀切的措施"。但也同时提出,"可能会招致对现行施策全盘否定的这么一种误解","在地方上,没有人反对新的政策导向,因而可将现有政策中有用的部分作为基本保留下来,同时,加入对创业和风险企业的支持"。

经过这样的审议后,于 1999 年 9 月 22 日发布了《中小企业政策审议会报告——面向 21 世纪的新中小企业政策应有的状态》。在该报告中承认了中小企业自身的变化和中小企业的环境变化,从中揭示了中小企业今后令人期待的作用——是市场竞争的中坚力量、是新商业机会的提供者和创造者、是充满活力产业分工的承担者、是创造就业机会和区域经济发展的承载者。为了让中小企业发挥这种作用,面向 21 世纪的中小企业政策的新理念是:中小企业作为独立的经济主体,可通过发挥专业知识的多元化活动来促进成长和发展,即谋求"培育和发展多元且充满活力的独立的中小企业"。

虽然在中期报告和最终报告之间的间隔期间内听取了公众意见并举行了地方听证会(仙台、东京、大阪、高松),但几乎没有反映中小企业的真实意见,只是对某些字句做了简单的修改就完成了最终报告。

二、在日本国会上审议中小企业基本法的若干争议

时任通商产业部长深谷隆司就修正中小企业基本法的原因进行了说明：现行的中小企业基本法诞生于1963年，是以缩小与大企业之间的差距为目的，并根据当时的经济社会状况，通过运用扩大中小企业的规模等手段，全面系统地推进中小企业现代化而制定法律规范。但是，基本法从制定到现在已经经历了36年，在这个过程中，经济发展已由快速增长向成熟增长转变，经济的全球化也使得日本经济社会发生了巨大变化，同时中小企业的自身也发生了巨大变化（如开业率和歇业率的逆转等），由此带来了消费者价值观的多元化。在此背景下，经过相关人员的努力，现行基本法所规定的政策体系也取得了一定的成效，同时它也已经无法解决当今中小企业所面临的各种问题和促进创业的提出新的要求。基于这些原因，在中小企业政策审议会的报告中，提出要在21世纪要重建政策体系，明确今后中长期政策发展方向，同时要根据经济的发展形势，重新在法律中定义中小企业的范围。笔者认为，在日本国会上审议中小企业基本法的要点，主要表现在以下方面。

（一）关于修正案的要点

1. 中小企业具有积极的作用

在新的基本法中，把中小企业定位是日本经济活力的源泉，并且对经济的发展具有积极的作用。为了使小规模企业顺利地发展成为风险企业，并克服中小企业发展过程中存在的弱点，要将中小企业的多元化作为发展的基本理念。作为政策的基本方针，重点强调以下三点：在新政策理念的基础上，加强中小企业的管理，以确保中小企业资金和人才等资源的统筹协调；充分发挥中小企业的优势，支持和鼓励面向原创性和独创性的措施，谋求管理革新和促进创业；针对快速变化的经济环境，要对比较弱小的中小企业采取措施，以促进它顺利地适应环境变化。

2. 中小企业基本法涉及的对象和范围

中小企业基本法和相关法律所涉及对象是中小企业。可以把中小企业的范围定义为以下标准：一是对于从事制造业和其他制造业的企业，资本金标准由现行的1亿日元以下提高到3亿日元以下；二是对于批发业，资本金标准由现行的3 000万日元以下提高到1亿日元以下；三是对于服务业，资本金标准由现行

的1 000万日元以下提高到5 000万日元以下,同时将从业员标准由现行的50人以下增加到100人以下;四是对于零售业,资本金标准由现行的1 000万日元以下提高到5 000万日元以下(如表1所示)。

表1 中小企业基本法对中小企业的范围定义界定

企业种类	注册资金	职工人数
制造业和其他业种	3亿日元	300人
批发业	1亿日元	100人
零售业	5 000万日元	50人
服务业	5 000万日元	100人

(二)关于各党派的质疑

针对政府对中小企业基本法修改的要点说明,各党派提出了不同的看法。

1. 关于中小企业政策的基本理念

民主党提出:"本次政府提出的修正案想要转变以往的保护主义政策,今后支持自我发展的中小企业,但是这种基本认识本身就是一种错误。也就是说,中小企业的心声是:我们并没有得到政府的什么保护,一直以来都是靠艰苦打拼和自身的努力才走到现在的。"

公民党提出:"1963年制定中小企业基本法(即现行的中小企业基本法)是以缩小与大企业之间的差距为目标,但本次提出的修正案却将中小企业的多元化作为新的政策理念,并试图改变中小企业的政策方向。但是,大企业和中小企业之间的生产率和工资等差距依然存在。此外,在目前严峻的经济环境下,分包企业处于比以往任何时候都严峻的形势中。政府为何要将中小企业基本法的理念由缩小差距转变为促进中小企业的多元化发展?"

共产党提出:"中小企业占企业整体的99%,有78%的工人在中小企业工作,中小企业已经成为地方经济发展的重要力量。中小企业是日本经济的主角。但是目前的状况是,如此重要的中小企业却面临着严重的生存危机,有2/3的中小企业是亏损企业,而且破产率和歇业率居高不下。大企业的重组也导致分包的中小企业陷入严重的困难,制造业的优势基础正在逐渐消失。本次提出的法案删除了中小企业基本法的全部序言,力图达到政策理念的全部改变。尤其重要的一点是,删除了第1条的条文,即'纠正经济和社会制约对中小企业造成的不利'。"

经济企划厅官员针对上述各党派的质疑,作了以下回答:小渊内阁在过去的15个月中采取的政策,如为中小企业的借款保证制度设定了20兆日元无担保无抵押的特殊框架等,这表明该内阁并没有采取任何抛弃弱者的政策。首先,日本中小企业目前的状况已经和制定法律的1963年不同,现在也已经出现了规模小但是同样也是在全世界活跃的中小企业,并且将中小企业一律定位为弱者已经不合时宜;其次,日本经济实现了巨大的腾飞,现有的中小企业和新兴企业家拥有的活力得到了充分的发挥,当今这个时代的中小企业有望成为日本经济的支柱,到目前为止,基本法依然是努力缩小生产率之间的差距。即使在目前,大企业和中小企业之间的差距依然存在。因此就需要通过培育多元化和充满活力的中小企业来缩小差距。外经贸部长则提出:在本次的基本法中,我们应该采取加强管理等措施,从正面对中小企业的多样性进行定位。

2. 关于中小企业的定义变化

本次修正案对中小企业的定义进行了修订,制造业资本金由1亿日元以下扩大为3亿日元以下;批发业资本金由3 000万日元以下扩大为1亿日元以下;零售业和服务业资本金由1 000万日元以下扩大至5 000万日元以下。

公民党提出:"扩大了对象范围,原有政策就变得不是很充分了。也就是说,目标企业的数量由99.4%扩大到99.7%,可以说几乎所有的企业都适用,范围变得非常广泛。因此,说这项法律对真正需要扶持和帮助的中小企业还适合吗?"

民主党提出:"国家应该重点扶持那些在本行业既具有很高的技术标准,又能服务于百姓的那些小规模企业。本次修定案却很少提及如何去照顾这些小规模的企业,因此那些对国会充满期待的中小企业相关人员当然会表达自己的不满。而将目标扩大到接近大企业的水平,不也就是等于放弃了小企业吗?另外,对员工人数的规定没有改变,只有服务业由50人以下扩大到了100人以下。而对于零售业,同样也应该扩大到100人以下。"

针对民主党提出的将服务业的人数由50人增加至100人以下这一点,外经贸部长解释道:"在目前的情况下,我们认为在100人以下更为合适。对于扩大中小企业的范围,尽管有人质疑会不会因此就放弃了小企业,但我认为最根本的问题应该是通过增加中等规模的中小企业以激发更多的活力来带动经济的复苏。同时,也应该尽全力帮助小规模企业,同时也要给予那些作出努力的小规模企业给予更多的关注。"

社会民主党和市民组织针对范围和定义提出:"需要为每个行业制定一套详细的标准,在个别的政策上需要对定义进行灵活的解释。特别是那些创业和就业的重点行业和产业,比如小规模企业和零售业就是要突破这个框架建立综合性的支持政策体系。"因此,外经贸部长提出:"对于这个基本法,明确地对小规模企业的范围进行了划分,考虑对策时要对小规模企业给予必要的照顾,因此才提出了'多元化企业的集合'这样的概念,目前没有更明确的细分。"

3. 关于风险企业培育

关于支持和培育风险企业,民主党提出:"政治一个最重要的任务就是建立一个能够给予国民充分创业的社会,让民众可以更容易地开始自己的新事业。应该明确地分为对现有的中小企业的政策、对新事业和风险企业的政策。不应该把什么都写入中小企业基本法,对于新事业和风险企业,应该另外制定法律。"对此,外经贸部长提出:"(中小企业基本法修正案)在扩大新产业领域上具有重要的意义。日本的歇业率比创业率高,也有意见认为这些都阻碍了经济的振兴。要全力地支持包括风险企业、小规模企业在内的创业新动向。因此,必须要从资金、人才、技术等方面给予全力的支持。"

日本共产党提出:"(修正案)强调了对风险企业和创业者的支持。但是,成长型的风险企业和创业者只占日本中小企业的1%,只不过是极少数的企业而已。如果国家将这部分企业作为政府扶持的重点,那么,没有被扶持而在困境中苦苦挣扎的其他中小企业将会如何?因此说,政府的立场就是舍弃了大部分的中小企业?而现在必须要做的就是要将日本的中小企业从危机中整体解救出来,以此来保护脆弱的地方经济。这也是所有中小企业业主的愿望,也是大多数国民的愿望。为什么不朝这个方向努力呢?"

对此,经济企划厅的官员长官作了如下解释:"基于以上情况,本次法律(修正案)对进行新事业的企业给予支持,同时,也要采取各种扶持的政策,以确保中小企业依靠市场力量来顺利获得企业发展所需的人才、资金、信息和技术等各种资源。那些依靠各种扶持政策而经营效果仍然很差的企业,这些企业不管是对消费者还是对纳税人都是很大的负担。此外,保护这些企业也可能会使其他经营者和从业员们失去获得更好的收入和工作岗位的机会。因此说,不能违背经济规律而无限制地去保护没有效率的企业。"

4. 其他意见

其一,激进派。对于中小企业问题,激进派的看法如下:

桥本寿朗提出：1963年制定的中小企业基本法极大限制了小企业的发展和行动。企业的出生率从20世纪80年代的后期开始明显下降，在60年代初期中小企业基本法制定时，企业数量过多这一现象目前已经基本消失，反而陷入了没有新事业诞生的状态中。

浦田秀次郎提出：小企业增多的意义，首先就是创造了就业机会；其次就是产生了新的技术。这一结论是要通过实证来检验和证明的，但是从最近的发展趋势来看，中小企业产生新技术的比例很高。如果确实如此，对中小企业的技术研发活动进行支持是非常必要的。对于新的商业模式，可通过使用如互联网等通信服务，来摆脱传统经济模式的束缚。如果小企业的数量增加了，这种商业模式的数量也会稳步增加，因此，可以带动整个社会的发展。

坂本光司提出："中小企业根本的问题，不是什么政策问题或者是'软'的管理问题以及'硬'的管理问题，而是中小企业经营者自身存在的问题。他们的愿望、管理能力和实用技能都不是根本性的问题。"他还指出："从国家和都道府县层面来看，已经实行了相当长时间的中小企业政策，显然已经完成一个时代的使命，需求环境的变化产生了供不应求和生产能力不足，供给环境已经由于中小企业的支持政策而得到了充实和强化。因此，将中小企业支持政策不足当成一个问题，我有不同看法。"

上野保提出："对小规模的工商企业进行保护和培育是非常必要的，当然也需要进行适当的经营指导，但是在全球化竞争的今天，缺乏进取心的企业是难以发展和壮大的。"

堀场雅夫提出："社会上的一般想法都认为，中小企业是社会的弱者，需要给予某种支持，而企业也认为接受支持是理所当然的。实际上，中小企业一直都被视为是对大企业的补充，或者是低层次人的工作岗位，因此，进入21世纪这种观念必须要加以改变。中小企业的经营者必须要持有一种坚定信念：就是要担负起为国家经济和工业振兴的责任。因此，在讨论中小企业的未来发展时，也应该对中小企业进行的重新划分，并针对每个行业制定不同的发展对策。"

其二，批判派。在政策理念的转变上，田中利夫认为双重结构没有消除。他提出："双重结构已经消除"这种认识，实际上指的是那些极其接近大企业的中等规模企业，而真实情况的是90％以上企业是小规模企业。对基本法修正案和关联法案的修订时间过短，包括对修订影响进行调查，也是需要花费几年的时间才能完成的。田中利夫认为：关于对风险企业的支持，由于风险企业的风险极大，这就如同把中小企业丢进波涛汹涌的大海。市场规律、经济优先等观念，也在威胁着弱势的中小企业。

福田胜亮提出："中小企业基本法的修订，前提就是：中小企业不是'弱者'。但是，目前中小企业破产的主要原因是由于双重结构的存在。由于受到法规放宽的影响而倒闭的中小企业，因为没有了积极性，自然就会被淘汰了。这个现象也说明仅仅依靠市场作用也是会影响到社会正常的生活。而对风险企业支持，就是保护强者，而弱者则会被自然淘汰。"

工业协会董事提出：仅以拥有高技术的中小企业为例，大多数中小企业都是大企业的分包商、再分包商等，这些企业难于达到降低成本的要求。同时，由于大企业要到海外拓展市场而导致的空洞化，使这些企业面临着失去业务的严峻形势。因此，大多数中小企业还是"弱者"，为此需要必要的支持。另外，对风险企业和对基于互联网的 SOHO（即 Small Office Home Office，家居办公，是指那些专门的自由职业者）的支持，不仅风险企业是中小企业，而且 SOHO 也属于中小企业。特别是如果对地区经济发挥巨大作用的中小企业没有得到振兴，那么整个地区的经济也会衰退，因此制定中小企业发展政策就必须要与该地区的经济和产业政策一起来考虑。

伊藤公一指出：关于扩大中小企业的规模，只有资本金和企业职工人数两个标准，不是很准确。可以尝试按照行业分类来确定中小企业的规模，也可以根据地区的人口规模来确定中小企业的规模。

关于中小企业独立性的问题，如果是独立的中小企业，那是名副其实的，但大企业的子公司或分公司类的企业，这样的企业按照现行的法律也被列入中小企业的范围，可以从政策中受益。美国和英国对中小企业的政策规定比日本的详细，更加重视企业的独立性。资本和人力的归属问题也应该归入标准。通过扩大中小企业的规模，将会使独立的中小企业的受益减少，这也将是一个存在的问题。

关于对风险企业和创业支持的问题，由于日本的开业率一直在持续走低，而歇业率却在不断升高。不应该反对支持创业这一政策，但是，支持创业原本是属于国家产业政策的范畴。尽管最初使新创业作为中小企业，但是创业支持成了中小企业扶持政策的重点，而对原有的中小企业置之不理，这也是一个问题。

关满博指出：对中小企业的支持也是国家的政策，国家支持风险企业也是没有错误的。同时，也必须要照顾到一些小规模的企业。在这一点上，从中小企业政策审议会的报告中是看不出对小规模的企业将提供何种的支持。作为今后必须关注的问题,例如零售商店和街边商店的问题。目前在郊外不断出现的大型商店,而原本一直在我们身边的街边商店却陷入了惨淡的经营状态。街边商店如果消失了,该地区的经济将会如何发展?那些只需要走5—10分钟即可到达的商店会使本地区的居民生活便利和平稳。如果仅仅依靠市场规律而放任不管,街边的商店将会全部消失。从长期来看,街边商店的存在是有益的。

三、小结

尽管在20世纪80年代对修改中小企业定义的内容进行了讨论,但是由于相关的人力都被投入到了中小企业振兴事业团和中小企业共济事业团中,因此对基本法的修订被搁置。1993年整理并编写了《中小企业政策今后发展的方向》作为中小企业政策审议委员会的中期报告,指出了基本法修订的方向,但是由于各个团体都强烈反对拓宽中小企业定义,因此修订没有继续进行。该报告指出:如中小企业基本法制定时指出的那样,虽然大企业和中小企业各种差距正在缩小,但是也存在不可忽视的差距,"中小企业在激烈的竞争中,通过提供生产技术和信息技术,为提高劳动生产率和提高产品的品质作出了极大的贡献"。在这个阶段,不仅进行了中小企业的定义修改,也重新审视了中小企业政策体系,并提出将"强化基础管理措施""支持政策""小规模企业政策"作为新政策的支柱。从表2中可以看出现行《中小企业基本法》和新《中小企业基本法(草案)》在基本理念、政策体系和关于对中小企业定义的相关变化。

综上所述,围绕中小企业基本法修订举行了各种讨论。然而,原本打算对时隔36年的中小企业基本法进行修订,但事实上,包括征求公众意见在内,也存在不少的问题,例如:在制定政策上的要达到全民的共识、在贯彻民主的基础上听取意见的方式以及相关手续方面的问题等。

表2 现行《中小企业基本法》和新《中小企业基本法(草案)》比较

现行中小企业基本法	新中小企业基本法(草案)
基本理念	基本理念
调整各企业在生产等方面的差距	促进独立的中小企业具有活力地成长和多样化发展,期待中小企业所能够发挥的作用,培育新型产业,促进市场竞争,增加就业机会激活地域经济

续　表

现行中小企业基本法	新中小企业基本法（草案）
政策体系	政策体系
1. 改善中小企业构造（改善生产性）：设备现代化、组建企业联合组织、技术革新商业和服务业、经营管理合理化、企业转换、企业规模标准化、劳动政策	1. 促进创业和经营改革（支援积极谋求发展的企业）：促进经营改革（从技术、设备和软件等方面给予支持），促进创业（提供情报和进修机会，消除资金供给的障碍等），扶持风险企业（从研究开发、人才调配和股份、债券等融资渠道给予支持）
2. 纠正不利于企业的各种行为（改善经营环境）：防止过度竞争、确保参与国家等机构招标时的中标机会、转承包交易的标准化、振兴出口、确保事业活动的机会、调整同进口商品的关系	2. 强化经营基础（充实经营资源）：确保经营资源（设备、技术、人才、情报和建立中心据点等）、推进联合和合作、搞活产业集聚和商业集聚、劳动政策、交易规范化、确保国家等机构发标时的中标机会
	3. 灵活对应突变环境（建立安全保障网络）：消除妨碍安定经营和事业转换等方面的因素，建立共同救济制度和倒产法规
3. 金融和税制（共同施政手段）：规范、保证资金融通，充实企业注册资金，规范租税负担	4. 金融和税制（共同施政手段）：保障资金供给（建立包括直接金融在内的多样化的资金供给渠道）

中小企业定义			中小企业定义		
企业种类	注册资金	职工人数	企业种类	注册资金	职工人数
制造业和其他业种	1亿日元	300人	制造业和其他业种	3亿日元	300人
批发业①	3 000万日元	100人	批发业	1亿日元	100人
零售业和服务业②	1 000万日元	50人	零售业	5 000万日元	50人
			服务业	5 000万日元	100人

①　在中小企业信用保险法等中，批发业为7 000万日元；②　在中小企业信用保险法等中，零售业和服务业为5 000万日元。

四、对我国的借鉴意义

日本政府为促进经济发展制定并不断地修订《中小企业基本法》，使其进一步适应客观经济环境，对中小企业起指导和促进作用，尽管也存在不少缺陷，但总体上对日本经济发展起到推进作用。日本虽然和我国的政治体制不同，但是随着经济全球化和我国市场经济体制逐步建立和完善，借鉴日本政府支持中小企业的做法，建立和完善各种扶植中小企业的法律和政策，有着非常重要的意义。

（一）建立政府管理机构

以市场经济为导向的体制改革，促进了企业转换经营机制，政府开始转变职能，但这并不意味着政府对企业可以撒手不管。恰恰相反，政府对中小企业的经营管理要制定系列的政策并开展监督、指导、服务等工作。这样，对于政府来说，就要建立相应的管理机构，无此，也就无从谈起将各种成型的政策系统化、规范化、法律化。目前，我国政府中小企业管理机构不健全，部门分割、地区分割，造成"政出多门"，不利于中小企业参与市场竞争；再加上中小企业的所有制构成比较复杂，以及现有的政策不能使中小企业在市场竞争中处于同一起跑线上，不利于中小企业更快发展。中小企业管理机构的职能应当包括协助中小企业获得贷款，为中小企业提供财政支持，提供管理咨询和人员培训，提供信息服务技术支持，等等，适应客观经济环境，提出能促进中小企业发展的各项政策，并在实践中加以完善，使其系统化、法制化。

（二）健全法律体系

在建立政府管理机构的同时，应当健全法律体系。中国目前尚无一部完整意义上的中小企业法律。政府各部门对中小企业的管理，尚无法可依。虽然我国有具体的国情，在中小企业立法保护上我们不能盲目照抄照搬日本等发达国家的做法，但有很多值得借鉴的地方。

1. 保障中小企业的稳定发展是我国中小企业保护立法的重点

我国是劳动力资源丰富的国家，巨大的就业压力一直是影响我国社会和经济发展的一个客观问题。尤其是在城镇失业增多和农村剩余劳动力在向城镇加速移动的形势下，中小企业的劳动力吸纳作用显得更加重要。而同日本相比，我国企业普遍存在技术水平落后、管理水平低下等问题，中小企业在该问题上尤甚。而从我国现行的企业法来看，企业法过于注重对企业的管理，轻视对企业的保护，因此加快中小企业的现代化进程和保障中小企业的稳定发展应是我国中小企业保护立法的重点之所在。

2. 用法律手段来解决中小企业弱势地位

在传统计划经济体制背景下，政府管理企业的一切大小事务，擅长于运用行政权力来解决企业问题。在社会主义市场经济体制下，企业应成为自主经营、自负盈亏的市场主体，政府不应直接介入企业的经营管理，而是要为其创造一个有利的市场秩序。仅仅依赖行政手段来解决中小企业弱者问题是行不通的。所以在中小企业保护问题上，应转变法律调整方式，减少行政手段的运用，重点采用经济手段来保护中小企业，通过政府的金融政策、财政政策、产业政策等经济手段来解决中小企业问题。

3. 制定符合我国国情的中小企业保护法律规范

在中小企业立法保护上，现行立法存在如下缺陷：(1) 国家立法按所有制形式分别立法，无专门的中小企业立法；(2) 立法仅仅侧重于对企业的生产经营管理，而对中小企业弱者地位保护力度明显不够；(3) 许多法律规范为国务院或国务院各直属部委制定，法律效力较低且不系统。应借鉴日本的经验，制定专门的中小企业保护法律法规，从而明确中小企业在国民经济中所具有的地位，明确政府对中小企业基本保护政策和扶持政策，保证中小企业的健康发展。

4. 中小企业保护法要具有可操作性

从我国的立法实践来看，抽象性的规定使法律难以贯彻执行或贯彻执行的预期效果较差。因此，所制订的《中小企业保护法》应明确、具体，具有较强的可操作性，以确保法律中对中小企业保护措施得到实施并取得实效。制订《中小企业保护法》，在运行中应适应不断变化着的形势出台相关政策或修订法律使其日趋完善。日本政府制订《中小企业基本法》后，为适应急速变化的经济环境，几乎每年都充实新的内容，经实施验证后加以系统化、法律化；而充实和修订又紧紧围绕《中小企业基本法》这一"母法"，使整个中小企业的法律体系具有纵向的连贯性。

参考文献

[1] 陈乃醒：《中小企业经营与发展》，经济管理出版社1999年版。

[2] 李玉刚：《激活中小企业——中小企业面临的问题与对策》，民主与建设出版社1999年版。

[3] 李玉潭：《日美欧中小企业理论与政策》，吉林大学出版社1992年版。

[4] 李俊江等：《从封闭走向开放——日本中小企业创新模式的转变》，《东北亚论坛》2010年第9期。

[5] 秦言：《中国中小企业分析、策划、运作、创新》，中国计划出版社1998年版。

［6］ 陶哲:《日本经济日本企业是如何运作的》,人民日报出版社1996年版。

［7］ 杨红等:《中日韩三国服务贸易技术结构及其演进研究——基于出口复杂度的实证》,对外经贸大学学报,2014年第2期。

［8］ 龙泽菊太郎:《现代中小企业论》,放送大学教育振兴会1992年版。

［9］ 清成忠男:《中小企业读本》,中央经济新报社1997年版。

［10］ 日本中小企业厅:《日本中小企业白皮书》,2009—2016年。

［11］ 中小企業庁:《2000年版中小企業白書》ぎょうせい,2000年。

［12］ 中小企業政策研究会:《中小企業政策研究会最終報告》(1999);中小企業庁:《中小企業政策の新たな展開》,同友館,1999年。

［13］ 中村秀一郎:《21世纪型中小企业》,岩波书店1992年版。

［14］ Okamuro, H.. "Determinants of Successful R & D Cooperation in Japanese Small Businesses: The Impact of Organizational and Contractual Characteristics"［J］. Research Policy, Volume 36, Issue 10, December, 2007: 1529 - 1544.

少子化背景下日本育儿政策的发展与借鉴

裘晓兰*

【摘　要】传统观念中,生育以及对孩子的抚养是一个家庭内部的"私人"问题;然而,在育儿成本越来越高的今天,由家庭独自承担所有育儿职责的传统模式已呈现明显的不足,并引发诸多的社会问题和经济矛盾。从日本的情况看,面对日趋严峻的现代育儿压力,众多家庭或主动或被动地选择不生或少生孩子,由此造成的少子化倾向成了影响日本发展的严重社会问题。为抑制不断下降的生育率,日本政府进行了多方面的努力,积极减轻家庭的育儿负担、制定就业与育儿兼顾政策、创造一个有利于生育和育儿的社会环境等一系列育儿政策相继出台。其所体现的从"家庭育儿"到"社会育儿"的观念转变以及社会共同育儿的实践摸索,对于我国探讨社会转型期育儿政策体系的构建具有借鉴意义:要改变传统观念,在政府的引导和统筹协调下,建立专业的家庭社会工作体系、开拓广泛的社会资源、构建积极有效的家社一体化育儿支援体制。

【关键词】日本;少子化;育儿政策

现代社会转型过程中出现的家庭结构和功能的变化,对养育下一代提出了新的挑战和要求。在传统观念中,生育以及对孩子的抚养是一个家庭内部的"私人"问题;然而,在育儿成本越来越高的今天,由家庭独自承担所有育儿职责的传统模式已呈现明显的不足,并引发了诸多的社会问题和经济矛盾。养育下一代不再仅仅是局限于家庭范畴的个人行为,政府有必要通过政策制定和推行为家庭育儿提供系统的支持和援助,即为儿童创造一个安全、健康的生长环境,为家庭构建一个安心、愉快的生育、养育环境,而这也正是育儿政策在各国家庭政策体系中的重要性日益突显的原因所在。从日本的情况看,面对日趋严峻的现代育儿压力,众多家庭或主动或被动地选择不生或是少生孩子,由此造成的少子化倾向成了影响日本发展的严重社会问题。为抑制不断下降的生育率,政府和社会进行了多方面的努力,积极减轻家庭的育儿负担、制定就业与育儿兼顾政策、

---

* 裘晓兰　日本早稻田大学教育学博士,上海社会科学院社会学研究所助理研究员。

创造一个有利于生育和育儿的社会环境等一系列育儿政策相继出台，构成了日本家庭政策的重要组成。其所体现的从"家庭育儿"到"社会育儿"的观念转变以及社会共同育儿的实践摸索，对于我国探讨社会转型期家庭政策体系的构建具有借鉴和参考意义。

一、家庭育儿环境的改变及对日本社会的影响

（一）家庭结构变化对传统育儿模式的冲击

核心家庭化和小家庭化、家庭与社区关系的淡薄化、女性受教育程度和社会参与度的提高、双职工家庭的普及等现代社会所呈现的家庭变化，对传统以家庭为主的养育模式产生了巨大的冲击，最直接的体现就是育儿压力的增大。

从20世纪60年代开始，日本劳动力的流动和地区间的人口流动的加速，改变了传统家长制的家庭结构和模式，取而代之的是家庭结构的简单化和家庭规模的小型化。根据日本统计局的数据，"二战"以后，日本核心家庭的占比不断上升，至1985年达到了76.1%；之后呈现下降倾向，1995年的占比是58.5%，2010年的占比是56.4%。然而具体分析家庭构成数据发现，90年代以后虽然核心家庭的占比有下降趋势，但增加的主要是单身家庭的比例（1985年单身家庭的比例为20.8%，2010年增加至32.4%），而并非是三代直系家庭或是多代家庭。可以说，核心家庭依然是现今日本家庭的主要形态。同时，根据统计局的数据，1955年时日本每户家庭的平均人口为4.9人，到1975年锐减到3.4人，1995年又进一步减少至2.8人，而2010年则为2.6人。① 美国的家庭平均人口从1890年的4.9人下降至1950年的3.5人共经历了60年的时间，相比之下，足见日本家庭小型化的速度之快。

伴随着家庭结构的简单化和家庭规模的小型化，三代同堂的直系家庭呈现明显的减少趋势。特别是在日本中心城市，与祖父母同居的情况已成为少数。一项针对亚洲各大城市3—6岁儿童家庭的调查发现，东京有81%的家庭没有与祖辈老人同住，远远高于北京的51.5%和上海的52.1%，也比首尔的71.1%高出了10个百分点。② 一般而言，核心家庭和小家庭的特点是对亲属网络的依赖性小，独立性、灵活性大，同时简单的人际关系有助于减少家庭生活中的矛盾

---

① 日本总务省统计局：《日本国情调查统计》，http：//www.stat.go.jp/data. 2016年8月15日访问。
② Benesse教育研究中心：《幼児の生活アンケート報告書》，ベネッセコーポレーション，2006年。

和纠纷，这些都有利于培养孩子的独立性；但如此家庭的特征也为抚育孩子带来了实际性问题，即它明显削弱了与祖辈的关系，特别是对于正处于育儿期的年轻父母来说，即使在育儿方面遇到问题和困难时，也无法或很难从长辈那里得到直接的指导和帮助。同时，现代社会邻里关系的简约和"自顾自"的生活方式，在最大程度保持了家庭生活自由的同时也为育儿带来了新的问题，即社区无法维系和传承传统地域共同体的育儿互助功能。

20世纪50年代以后，日本的家庭与社区之间的关系发生了根本性转变。一个主要的特征是，个体对于社区的归属感逐渐降低，社区中家庭与家庭之间的关系趋于淡漠。日本内阁府在2007年《国民生活白皮书》中明确指出了这一社会问题的存在："近年，近邻关系变得疏远，居民对社区活动的参与度低迷，个人与社区的关系正变得越来越淡薄。"日本内阁府的调查显示：1975年时有52.8%的人表示与近邻有着密切的往来，相互之间保持着良好的互助关系；至1997年，此数据降至42.3%；至2007年，更是下跌为10.7%。与此同时，被调查者中表示与近邻几乎没有往来，也没有任何的互助关系的人从1975年的11.8%上升到1997年的16.7%，2007年更是攀升到了30.9%。[1] 由于邻里关系变得疏远和淡薄，生成了众多距离上近在咫尺，但却互为独立甚至是孤立的现代家庭的出现。对于抚养孩子的家庭而言，这也意味着在养育孩子的过程中请邻居代为照看孩子，或是向有育儿经验的近邻寻求育儿指导和帮助等的育儿互助都成了过去。

在家庭内没有长辈的帮助，周围又没有邻居或朋友可以商量、讨论的情况下，年轻的父母必须独立负担起养育孩子的重任，日本称之为现代家庭的"孤独育儿"。孤军奋战的育儿现实带来的不仅仅是时间上的制约，更为父母增添了沉重的生理和心理负担。一项针对幼儿家庭的调查显示，有42.8%的家长表示在育儿中"很多时候感到非常烦躁"，而感到育儿"有很大压力"的比例占到了63.3%；与此同时，21.1%的家长表示育儿过程中"身边没有任何可以帮忙或是商量的人"。[2] 如此育儿过程中"单打独斗"的家长，在遇到问题时如果得不到及时的、正确的育儿指导，极易产生情绪不安、焦躁等心理问题。20世纪末开始在日本出现的"怪物家长"社会现象以及对孩子的过保护、过干涉倾向甚至虐待儿

---

[1] 日本内阁府：《平成19年版国民生活白书》，社团法人时事画报社2007年版。
[2] 原田正文：《子育ての变貌と次世代育成支援》，名古屋大学出版社2006年版。

童以及育儿放弃问题的深刻化与育儿负担的过重有着直接的联系。① 这种生理和心理压力超载的情况若长期持续,不仅会影响父母的身心健康,也会对孩子的健康成长以及家庭的和谐发展产生负面影响。

(二)家庭育儿负担加重对日本社会的影响

1. 青少年问题的显现

日益增加的育儿负担,孤独无助的育儿过程,在给家庭带来了无数问题的同时,也引发了严重的青少年问题。从20世纪后半期开始,日本社会各种有关青少年的问题不断显现:学龄儿童厌学、暴力、不良行为甚至自杀等的发生比例持续上升;与此同时,青少年的心理问题也呈现蔓延趋势,而这些都与现代育儿环境的变化有着不可分的关系。

达尔文说过:"人是社会性的动物。"社会中发生的政治、经济、文化等一切活动皆影响着个体的身心发展,都具有教育的功能。但其前提条件是,个体与社会之间保持着积极有效的交流和互动的关系。对于青少年来说,如何与社会的交流和互动正是构成其社会化的基干。然而,现代社会孤独的育儿环境以及个人与社区的关系疏离,使得作为个体之一的青少年与其他个体乃至区域社会的距离拉大。一方面,青少年被圈划在家庭与学校的狭小空间内,另一方面又缺乏与社会中多元化的他人、他文化的接触和交流,社会教育功能的缺损自然会对青少年成长产生极大的影响。日本著名教育社会学家门胁厚司在1999年提出了青少年的"自闭症化"观点,即普通的孩子呈现自闭症儿童的特征倾向。根据门胁厚司的分析,出现这种倾向的主要原因是青少年从婴幼儿期开始就与周围大人的关系疏离和不和谐。② 冷漠、自私、易怒、焦躁、不善与人交流、缺乏爱心、沉迷于网络等等加诸于现代青少年身上的标签,其实都与他们生活和成长的如此社会环境紧密相关。

2. 少子化倾向

育儿环境的变化为日本社会带来的最为严重的问题就是少子化。总和生育率(TFR),亦称总生育率,指一个人口群体的各年龄别妇女生育率的总和,是衡量生育水平最常用的指标之一。从日本的情况看,育龄妇女的总和生育率在第

---

① 裘晓兰:《日本怪物家长多维成因分析及其启示》,《中国青年研究》2011年第10期。
② 门胁厚司:《児童の社会能力》,岩波书店1999年版。

二次世界大战后呈现下降趋势，特别是1975年跌破2以后一路下滑，1985年为1.76,1995年为1.42,到2005年下降到历史最低的1.26。近年虽然有所回升,2014年为1.41,2015年为1.46,但总体上仍处于低迷水平,离安倍政府提出的"理想总和生育率达到1.8"的目标相距甚远。造成少子化的原因多种多样,其中,现代社会的晚育倾向,以及女性由于社会参与导致生活方式发生改变而造成的平均生育数减少是日本少子化的直接因素,而这些,与育儿环境的变化有着密切的联系。

在日本当前的社会形势下,育儿的成本和压力越来越大,尤其是对于女性而言,生儿育女所要付出的代价尤大。一般而言,接受了高等教育的现代女性,更加希望能够从所受的教育中获取最大的利益,也期待在工作中实现自我。然而,根据OECD的统计数据显示,日本拥有高等教育学历女性的就业率为69%,远低于男性的92%,与OECD同类女性的就业率平均值80%相比也有着明显的差距。[1] 从女性就业情况的整体看,日本25—54岁女性的就业率为71.8%,在国际上属于较低水平,其原因被归结为"众多年轻女性因生育而退职"。[2] 阻碍日本女性就业之路的正是家庭负担,特别是繁重的育儿负担。

虽然,现代日本女性接受高等教育、拥有工作的比例明显提高,但由于传统的观念习惯和现代育儿环境所造成的实际需求,女性依旧是抚养孩子和承担家务劳动的主力军。调查显示,日本未满6岁儿童家庭中父亲每周参与家务的时间为1小时,其中,分配给育儿的时间仅33分钟,比美国的1.02小时、英国的1小时少了近一半。[3] 可见,包括育儿在内的绝大部分家务都由母亲承担,这也自然会对其工作产生影响。从日本《国民生活基础调查》的数据看,参与工作的母亲中,全勤的正式职工只占17.7%,而临时工、短期合同工占了31.6%,自主创业等其他为13%。[4] 可见,因为要保证孩子的教育和照护等方面的问题,多数母亲只能选择工作时间短、工资待遇差的临时工或是短期合同工等工作形式。这些工作大多上升空间小、发展前景差,很难实现个人的职业发展目标。工作还是育儿,成为摆在现代女性面前的两难问题。

日本一项针对10 000名20—40岁的青年男女的生育调查显示,有14.2%

---

[1] 《高等教育受けた日本女性の3割は未就業》,《朝日新聞》2012年9月9日。
[2] 《女性就業率、日本は34カ国中24位 OECDまとめ》,《日本経済新聞》2017年11月3日。
[3] Benesse教育研究中心:《幼児の生活アンケート報告書》,ベネッセコーポレーション,2006年。
[4] 日本厚生労働省:《平成22年国民生活基礎調査》,http://www.mhlw.go.jp/toukei. 2016年8月10访问。

的女性和13%的男性表示"不想要孩子"。究其首要理由,女性有54.4%的人表示是因为"照顾孩子的压力太大",而男性则是"经济压力大"。① 一方面,很多年轻人特别是女性为了职业发展,不愿意过早结婚、生育,选择推迟结婚,甚至不结婚的比例上升;另一方面,由于过重的育儿负担,即便结了婚,许多家庭也对生育望而却步,选择不生或少生,这些直接造成了生育率的低迷。如此,育儿过程中的经济压力、体力、精神压力成了日本少子化的主要推手。②

少子化带来的问题是显而易见的。伴随着少子化而来的不仅仅是人口数量的下降,一方面,其所引发的社会老龄化而附带的年金、医疗保障、养老照护等问题极大地困扰着财政窘迫的日本政府;另一方面,少子化导致人口结构严重不合理,青壮年人口的减少使得社会活力低下的同时,其所引发的劳动力不足问题造成经济活动停滞,成为日本深刻的国家问题。如果这种情况得不到有效改善,势必会削弱日本在国际社会竞争中的实力和优势,影响和阻碍社会的持续发展。也因此,有观点指出,从人口学角度看,日本正在开始逐渐消失。受人口因素制约,日本极有可能进入经济低增长、无增长或者负增长时期。生存还是毁灭?发展还是停滞?在相当程度上取决于日本政府对少子化问题作出的回应。

二、日本育儿政策的发展

(一)少子化对策背景下的育儿政策发展

在日本传统观念中,生育以及对孩子的养育是作为一个家庭内部的"私人"问题来看待的。但是,伴随着现代社会的转型发展,家庭的结构和功能也发生了根本性改变,支撑传统家庭育儿的家庭内育儿援助体制和地域共同体的育儿互助体制基本解体,其结果是导致家庭的育儿功能低下,由家庭,特别是年轻父母独立承担所有育儿职责的传统模式已呈现明显的不足,并引发诸多社会问题。鉴此,生育以及养育已不再仅仅是一个家庭内部的问题,需要从一个更为宽阔的视角来看待和探讨育儿问题,社会有必要积极和主动参与育儿并为家庭提供必要的支持和援助。

进入20世纪90年代,面对日趋深刻的少子化倾向和日益严峻的家庭育儿环境,如何改善养育环境,通过政策的鼓励和支持,积极推动生育率的上升,成为

---

① 伊藤阳一:《男女共同参画2012 日本の女性と男性》,ぎょうせい2012年版。
② 柏女灵峰:《子ども家庭福祉論》,诚信书房2011年版。

日本政府亟须解决的社会课题。由此,有效解决少子化问题成为日本的基本国策之一。具体来看,政府的少子化对策推行主要通过减轻家庭和个人育儿负担以及构筑社会支援体制加以落实。

1. 减轻家庭和个人育儿负担

首先,政府制定落实了育儿假制度。1991年,政府颁布了《育儿、照护休假法》,首次以法律形式对育儿休假作了明确规定。此后2005年和2009年,政府遵循"就业与育儿兼顾"原则对《育儿、照护休假法》进行了大幅修改,内容包括延长育儿假(最长可至一年半)、提高休假期间的工资标准(从40%增至50%)、实施弹性工作时间制、促进企业完善育儿休假制度等。其次,政府积极推行了减轻家庭育儿负担的系列措施。1994年,政府制定了《关于今后育儿支援政策的基本方向》,俗称"天使计划",1999年又在此基础上推行了"新天使计划",具体措施包括:增加保育所数量、构筑多元化托儿服务体系、实施放学后儿童托管事业、扩充育儿咨询、援助体制、健全母子保健医疗体制、促进用人单位完善雇用环境等。此外,为减轻育儿家庭经济负担,2000年政府将儿童津贴享受年限由3岁延长至6岁;2008年,政府又推行了覆盖所有新生儿家庭的访问计划,为育儿家庭提供科学的指导和支援。

2. 构筑社会支援体制

1997年政府修改了《儿童福利法》,规划在各儿童福利设施开设"儿童家庭支援中心",其主要职责是为育儿家庭提供育儿指导和支援,并根据需要提供幼儿的短期保育服务。2003年,政府颁布了《下一代养成支援对策推进法》,明确对所有儿童及其家庭进行育儿支援的国家育儿政策基本视点。2004年,政府在《育儿援助计划》中提出了在全国建立6 000个育儿支援基地(中心)的目标,其主要任务是向区域内的育儿家庭提供育儿咨询,发布育儿相关情报、信息,举办育儿讲座,组织家长交流等,对育儿家庭实施多方位、近距离支援。2008年,政府再次修改《儿童福利法》,首次对社会育儿支援事业进行了法律定位,为今后进一步推进社会育儿支援体系的建设提供了法律保障。

(二)社会共同育儿体系建构背景下的育儿政策发展

面对严峻的少子化问题,20世纪90年代以后日本政府推行落实了一系列的相关政策。这些政策基本是在少子化对策的名目之下,以鼓励生育和为家庭育儿提供帮助为主要途径,目的是为了改善日益严重的少子化问题,但实际效果并不明显。从图1生育率的推移情况看,进入21世纪以后,日本的总和生育率依然徘徊于世界最低水平。面对如此现状,日本社会和政府都在寻求一种政策的突破和理念的提升,2010《育儿理念》正是在如此背景下提出的。

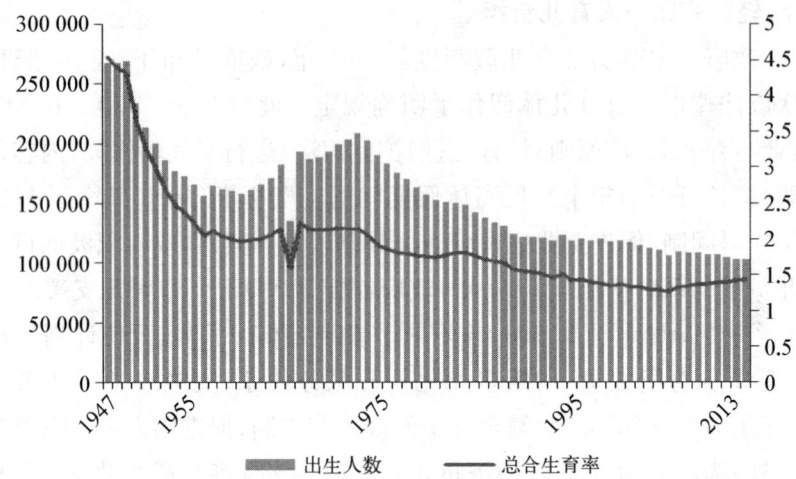

图1　日本总和生育率(右)和出生人数(左)变化(1947—2013年)

1. 2010《育儿理念》的基本方针

2010年1月,日本政府发布了今后育儿政策的指导性文件《育儿理念》,其最大的特征就是完成了"家庭育儿""家长育儿"向"社会育儿"的理念转变。

在传统社会,家庭基本是个自给自足的封闭团体,诸如生育、经济、教育、养老、娱乐、宗教等功能都可以在家庭内部得以完成。但在现代社会,家庭所承担的诸如生育功能、赡养功能、教育功能等都呈现变迁趋向,家庭功能逐渐由家庭向社会外移。① 特别是日本社会转型中家庭所受到的冲击,使家庭所担负的对下一代的养育功能表现出极大的局限性和缺陷性,构建以全体社会支持为基本途径的新型育儿体系已成为必需和必然。正是基于上述认知,2010《育儿理念》彻底改变了把育儿的所有职责都堆砌在个人、家庭身上的传统观念,明确提出育儿并非单纯是夫妻间或是家庭内部的问题,而是国家、地方、单位和社区要共同承担和参与的事业,其基本方针是:通过构筑覆盖整个人生周期和生活范围的社会支援体制,建立一个社会整体参与的育儿支援体系,变"孤独育儿"为"社会共同育儿",最终达到促进孩子和家长健康成长的目的。

---

① 孙正娟:《专业家庭社会工作:未来家庭的需求》,《湖北社会科学》2003年第4期。

2. 2010《育儿理念》的政策支柱

2010《育儿理念》的具体政策支柱包括以下四大部分 12 个重点。

(1) 构建一个有着完善育儿支援、青少年能够安心成长的社会。第一，树立社会共同支持青少年成长的观念，确保青少年的受教育机会，具体措施包括创设儿童津贴、推行高中教育无偿化、充实奖学金制度、完善学校的教育环境等；第二，帮助青少年树立就业和自立生活的积极志向，具体措施包括促进非正规雇佣、建立青年就业支援机制等；第三，为青少年提供参与社会生活所需要的各类知识、能力的学习机会，具体措施包括丰富学校、家庭和社会三个层面的学习机会，着重加强以社区为单位的青少年培养的环境建设等。

(2) 构建一个能够实现妊娠、生育、养育愿望的社会。第一，让每一个家庭都能安心完成妊娠和生育，具体措施包括鼓励和促进妊娠的早期登记、全面推行免费孕检、建立和完善生育咨询体制、减轻不孕治疗的经济负担等。第二，让每一个婴幼儿都能享有幼儿教育和保育服务，具体措施包括：充分认识社会对于保育的潜在需求，灵活运用学校的空余教室等各项资源，努力消除等待入园儿童的数量；积极探讨和构建新的下一代养育综合性制度；构筑幼托一体化体系；充实放学后的儿童照护机制等。第三，保障每一个青少年的健康和安全，让每一个人都能安心地享用医疗服务，具体措施包括构建幼儿的医疗保障体制等。第四，让每一个单亲家庭的孩子都不再感到生活困难，具体措施包括儿童抚养补助从原先的母子家庭扩大至母子、父子家庭，提高母子家庭的生活补助等。第五，让每一个需要特别支援的儿童都能够健康成长，具体措施包括：建构针对身心有障碍儿童的连贯性支援体制；防止儿童虐待，促进对身心障碍儿童的家庭养护等。

(3) 构建一个拥有多元化育儿网络的社会。第一，加强育儿支援基地、区域育儿网络的构建，具体措施包括推行覆盖所有婴儿家庭的访问事业、促进社区育儿支援基地的建设、推行和普及家庭支援中心、灵活使用空余店铺等社会性资源构建区域的育儿网络、加大对 NPO 等民间公益性组织实施的育儿支援活动的支持等。第二，让每一个儿童都能够在家庭和社区安全、安心地生活，具体措施包括：推进针对儿童家庭的优良房源的出租；推进"无障碍"育儿，如在公共场所消除台阶、扩充可供婴幼儿使用的厕所、增加哺乳室等；加强交通安全教育等。

(4) 构建一个男女都能够实现工作和生活平衡发展的社会。第一，重新调整工作的观念和方式,具体措施包括:积极贯彻《工作和生活平衡发展宪章》以及《行动指南》的理念;改善长时间劳动情况,鼓励带薪年假的切实执行;鼓励育儿期的父母利用各类现代通信技术在家工作;进一步推进父亲育儿假的普及等。第二,努力建构能够实现工作和生活平衡发展的职业环境,具体措施包括:切实推行生育假、育儿假的执行;鼓励并促进一般企事业单位制定、公布育儿支援对策,对符合一定标准的企事业单位给予国家认定资格;探讨在公共项目的公开招标中引入育儿支援对策考核项目等。

(三) 2010《育儿理念》的时代意义

从《育儿理念》的意义来看,并不仅仅在于其根据现代社会的发展,提出了"社会共同育儿"这一崭新的育儿理念,更在于其对迄今为止已经具体实施的各类育儿政策和措施进行了归纳和整理,并在此基础上对今后的家庭、社会政策的发展方向,以及达成目标、长远规划等作了具体的阐述和指导。因此,2010《育儿理念》可以说是指导日本今后社会发展的一个纲领性的文件,它对于政府制定育儿政策,构建新的育儿体系具有重要引领价值的现实意义。

为了切实有效地推行《育儿理念》的基本理念和各项措施的落实,政府以每5年为单位制定了具体的实施达成目标。例如,根据第一个5年期计划(2010—2014年),在提供安心孕育环境方面的目标是:新生儿集中治疗管理室(NICU)从每万人21.2床增至每万人25—30床,在全国所有都道府县的中心城市开设专业的不孕咨询中心;在充实托儿保育机能方面的目标是:未满3岁婴幼儿的保育名额从215万名增至241万名,国家认定的儿童园(集托儿所和幼儿园为一体的新型幼儿设施)由358所增至2 000所,参加课后儿童托管俱乐部的学生数从81万人增至111万人;在提升社区育儿机能方面的目标是:社区育儿支援基地由7 100个扩充至10 000个,家庭援助中心的覆盖率从570个市町村增至950个市町村,社区提供幼儿临时托管时间从348万天增至3 952万天等;在促进企业推进有利于育儿的工作方式方面的目标是:生育第1子后女性的继续就业率从38%提升至55%(至2019年年底),授予育儿支援国家认定资格的企事业从652个增至2 000个;在促进父亲的育儿参与度方面的目标是:父亲休育儿假的比例从1.23%增至10%(至2019年年底);6岁未满儿童家庭父亲的家务(包括育儿)参与时间从60分钟提升至2小时30分钟(至2019年年底);周劳动时间60小时以上的比例从10%降至5%(至2019年年底)。

三、日本育儿政策发展经验对中国的借鉴

日本育儿政策的发展背景和实践经验,对于转型期中国社会的育儿政策构建具有积极的借鉴意义。当前,我国正处于激烈的社会转型时期,传统的家庭模式和生活方式等都发生了巨大的变化。上述日本社会的社会转型所带来的家庭变化的特征在中国社会也都已经有了不同程度的表露。比如,家庭结构呈现核心化和小型化倾向。2010 年第六次全国人口普查结果显示,中国内地每户家庭的平均人口为 3.10 人,比 2000 年普查减少了 0.34 人,而核心家庭的比例也显现出不断上升的趋势;与此同时,家庭的育儿负担则呈现加重的倾向。一方面,各大城市中由于核心家庭的比例上升以及社区育儿支援的缺位,小家庭的育儿负担不断加重。根据上海社会科学院青少年研究所 2011 年针对上海市 12 岁以下儿童家庭的调查显示,有 28.7% 的家长对于孩子的日常照顾感到压力大和非常大;有 35% 的家长同意"养育孩子,对父母来说是一个沉重的负担"的观点;同时,有 55.1% 的家长表示需要和非常需要儿童公益性临时托幼服务帮助,有 58% 的家长表示需要和非常需要社区内有提供孩子下课后的照顾服务,有 53.1% 的家长表示需要和非常需要公益性的日间托幼服务。另一方面,大量年轻父母进城打工也导致了农村家庭育儿功能的停滞化。根据全国妇联发布的数据,2009 年农村留守儿童数量约为 5 800 万人,其中,79.7% 由爷爷奶奶或外公外婆抚养,13% 被托付给亲戚朋友,7.3% 处于不确定或无人监护状态。由于留守儿童的父母长期在外打工,祖父母或是文化程度低、观念陈旧难以沟通,或是工作繁忙无暇顾及,致使农村留守儿童普遍缺乏监管,由此而造成的失学、误入歧途等问题已经引起了社会的广泛关注。

可见,伴随着家庭育儿功能的弱化,中国社会对于育儿过程中社会职能的加强的需求已经十分明显,亟须构建积极有效的家社一体化育儿支援体制,以弥补和完善目前家庭育儿所呈现的不足。通过分析和参考日本的相关经验,本文针对转型期中国社会的育儿发展前景提出以下对策和建议。

(一)树立社会共同育儿的基本理念

培养孩子,不仅仅是每一个家庭的职责,同时也是国家和社会的基本职责。对于我国而言,确立和完成如此育儿理念的根本性转换,是构建新型育儿政策体系的前提条件。我国正处于社会转型时期,传统的家庭模式和生活方式等都发

生了巨大的变化,伴随着家庭育儿功能的弱化,上述日本的社会转型所带来的家庭育儿压力增大等趋势在中国社会已经有了一定的表露,同时对于育儿过程中社会职能的加强的需求业已十分明显。在此背景下,立足于社会共同育儿的基本理念,积极构建家社一体化育儿支援体制,为儿童创造一个安全、健康的生长环境,为家庭提供一个安心、愉快的生育、养育环境,既是各个家庭的实际需求,也是时代发展的必然趋势。

(二)建立以家庭支援为主轴的家庭社会工作体系

家庭社会工作是指以家庭为本的社会工作介入,即动员社会及家庭资源,促进家庭正常运转及发展的社会福利与服务。[1] 家庭问题不仅对于家庭内部成员有着直接的影响,还关系到婚姻的稳定、家庭的和谐、子女的成长及家庭成员的行为和心理的健康,同时也对社会秩序的稳定、社会行为的导向、社会价值观的认定等社会整体有着重大的影响。因此,需要建立专业的家庭社会工作体系来满足现代家庭的多元化需求。尽管当前中国针对婚姻家庭的专业社会工作的市场需求已经日益迫切,但满足这一市场需求的能力却极其低下。[2] 随着中国社会发展进程的推进、家庭育儿功能的转移,建立一个以青少年的健康成长为根本出发点、以家庭为主要对象的家庭社会工作体系是今后发展社会政策的一个重要内容,也是构建新型育儿体系的必不可少的步骤。

(三)构筑全方位的育儿支援网络

作为家庭主要功能之一的对于下一代的教育和照护,在人类的很长一段历史中都被视为是家庭内部的事宜,隶属于私人领域,也正因此,社会和公共权力的介入很是谨慎和缓慢。但是,伴随着社会的发展,家庭功能的转变,社会对于育儿过程中政府职能的加强的需求日趋强烈。为了更好地抚养下一代,政府在尊重家庭拥有的独立自主的教育功能的同时,根据现代社会的实际需求,有必要和有责任主动承担起相应的职责,进一步强化引导和统筹协调、规划组织的机能,联动教育、福利、劳动、经济等各相关职能部门,通过制定政策、理念引导、资源整合等途径,构筑一个能够满足社会需求和家庭育儿愿望的育儿支援网络。

---

[1] 袁光亮:《美国家庭社会工作及其对我国的启示》,《理论月刊》2012年第4期。
[2] 孙正娟:《专业家庭社会工作:未来家庭的需求》,《湖北社会科学》2003年第4期。

（四）构建多层次育儿支援机制

育儿支援是一个系统的工程,单纯依靠政府的力量,不仅支持力度有限,而且援助的范围也有很大的限定。为此,需要广泛开拓社会的多元化资源。可以借鉴日本的经验,动员全社会共同参与构建一个多层次的育儿支援机制。比如,参考依托社区资源,构建区域育儿支援基地(中心)的做法,以各街道和乡村为基地建立社区育儿支援中心,通过向社区内的育儿家庭提供临时托管服务,举办育儿讲座,发布育儿的相关情报、信息,组织家长进行经验交流等提供多元化育儿支援。此外,积极推动企业参与育儿支援也是值得借鉴的方法。政府可以通过政策倾斜、资格认定、公开表彰、物质奖励等方式吸引企业主动制定和实施育儿支援对策,督促企业落实生育假、育儿假的执行,建立弹性工作制,推动女性雇用等,真正实现"工作和生活平衡发展""社会共同育儿"的社会目标。

日本全国性及地方性报纸转型发展的个案分析

尹良富*

【摘　要】本文主要借助相关数据，描述了网络时代以来日本的一家全国性报纸及一家地方性报纸是如何进行转型的问题，并分析了其经营现状、转型发展策略。

【关键词】日本报纸；转型；个案分析

一、日经新闻集团近16年来业绩分析与转型发展

（一）《日经新闻》发行量为何能逆势增长

1. 近25年来《日经新闻》发行量的推移

图1揭示的是自1991年以来25年间《日经新闻》的平均日发行量的推移，基本上呈现出缓慢增长趋势。该报在1991年达到300万份后，随后的6年间一直徘徊在290万份左右，到了1998年又一次站上了300万份，此后基本稳定在300万份上方，而到2005—2009年更是上了一个台阶，超过了310万份，但到2010年、2011年又开始略有下滑，到2012年印刷版则开始下台阶，2013—2016年稳定在273万份左右。与印刷版下滑相对应的是，该报2012年开始的收费电子版发行量已开始发力，逐年上台阶，已弥补印刷版发行量下滑的份额，使该报发行量呈现逐年增长的态势。

2.《日经新闻》与全日本报纸的发行量动态变化之比较

进入网络时代以后，包括报纸书刊杂志在内的平面媒体无一例外地受到冲击。《日经新闻》（简称《日经》）发行量相较于《朝日新闻》《读卖新闻》等动辄拥有七八百万份、上千万份等发行份额的全国性大报来说，并不算多，但却是这一波

---

* 尹良富　上海社会科学院经济研究所副研究员，日本国立一桥大学博士。本文改自尹良富：《全球发行量第一财经报纸的生存策略——日经新闻集团近年来业绩分析与转型发展》(《新闻记者》2017年12月)及王洋、尹良富：《"本地化"：日本地方性报纸的生存之道及其个案分》(《新闻记者》2014年11月)。

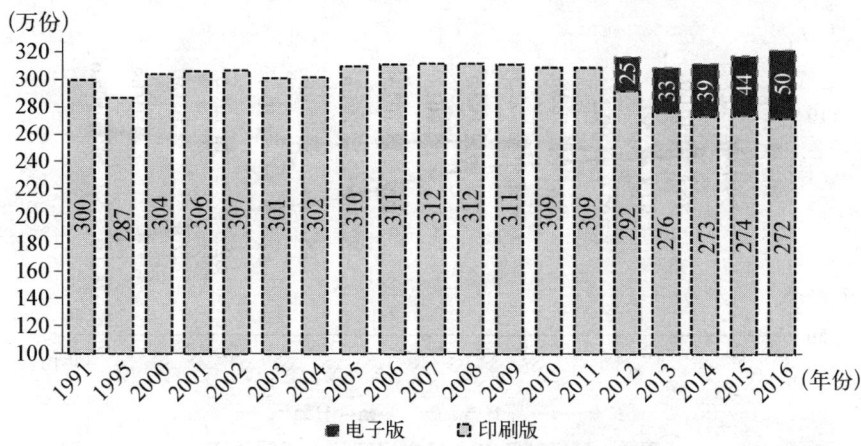

图1　《日经新闻》1990—2016 发行量推移

注：1991—2000 年为间隔 5 年的数据。
资料来源：根据《日本经济新闻媒体资料》1991 年、1995 年、2000—2016 年版本整理。

网络冲击下能够保住原有发行量且有所增长的唯一一家日本全国性大报。我们可以借助该报与全日本报纸近 15 年来发行量动态数据的增减状况，来直观了解其中的变化。由于两者数据差异较大，比如，2000 年《日经新闻》发行量仅有 304 万份，而全日本报纸发行量则达 7 189 万份。为了增强两者的可比性，我们以两者 2000 年的发行量＝100 作为基数，将此后每年的数据与 2000 年数据进行比较，换算出百分比数据，由此得到了如图 2 所示的 2000—2016 年 17 年间两者发行量动态变化数据。从图 2 可以看出，两者在 2001—2004 年 4 年间的数据差别不大，但从以 2004 年为起点开始分叉，13 年间形似一个开口的"剪刀"，《日经》的增长率始终保持或超过 101％，而"全日本"则由 2005 年的 97.2％、2006 年的 96.4％、2007 年的 95.5％……近乎直线式逐年下台阶，以致到 2016 年下降至 74.7％，造成两者的差距高达 30.9％。

3. 出版《教人读日经》读物是一门不错的"生意"

在收集《日经新闻》相关资料时，发现一个有趣的现象，就是日本出版了不少"教人读日经用日经"的指南性质的图书。表1是笔者借助日本亚马逊网站收集到的"教人读日经用日经"的指南读物汇总。除了日经新闻报社出版的 8 本自我推介的图书外，还有一批来自金融评论家、投资顾问、证券分析师、金融学教授、经济学家、经济评论家等专业人士的拥趸，其数目众多具有指南性质的"文库版"小册子。这些 6A 尺寸的廉价读物的侧重点各有不同，有全面讲解政经大势，把

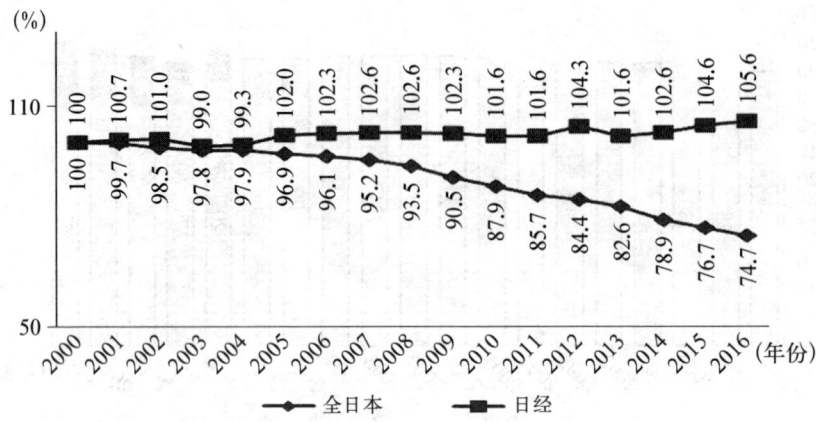

图 2　日经新闻与全日本报纸的发行量推移

说明：(1) 以 2000 年日经和全日本报纸的发行量＝100 作为基数来换算两者发行量的百分比；(2) 日经数据来自电通总研：媒介信息白皮书及日经新闻有价证券报告书相关年号；(3) 全日本的数据来自日本新闻协会网站。

握经济动向和企业动向的；有教人投资股票的，亦有教人利用《日经》报道寻找投资机会的；还有专门教授职场新人培养财经感觉的，共有 45 本之多。"教人读日经"对于这些专家来说，似乎是一项收入颇丰的"生意"。比如，金融评论家角川总一共出版了 16 本小册子，1994 年 2 本，2006 年推出《彻底读懂金融证券数据的"日本经济新闻漫游"》系列，此后一年更新一次，11 年出了 11 本；另一位经营顾问小宫一庆也出版了 8 本小册子，其中，《小宫一庆的 1 分钟读〈日经新闻〉最大活用术》系列，2013 年出第 1 本，此后更新又出了 2 本；也许是这类读物太好卖的缘故，就连在财经图书杂志市场上的竞争对手、东洋经济新报社也来凑热闹，帮证券投资专家町田显出版了 4 本《菜鸟读日经》读物，2000 年推出第 1 本后，随着《日经新闻》的改版，在 2002 年、2004 年、2007 年又更新出版了 3 本。

表 1　日本亚马逊网站在售"教人读日经新闻用日经新闻"指南读物汇总

作　者	身　份	作品(出版年份)	数量(本)
日经新闻	报社	日经新闻汇率报道的读法(1998)/职业女性的日经新闻阅读方法(2000)/日经经济指标的读法(2004)/读日经提升金融汇率投资技能(2005)/读日经投资股票(2008)/日本经济新闻的阅读方法(2008)/日经新闻的读法(2010)	7

续表

作者	身份	作品（出版年份）	数量（本）
角川总一	金融评论家	日经新闻30分钟要点阅读(1994)/早晨5分钟读日经新闻金融版——从基本数字与关键词把握经济动向(1994)/彻底读懂金融证券数据的《日本经济新闻漫步》系列(2006—2016)/边读边用日经新闻(2011)/每天5分钟的《日经新闻》道场(2012)/日本经济新闻的阅读方法(2015)	16
小宫一庆	经营顾问	明白日经新闻上的数字的书(2009)/通晓日经新闻真正的阅读方法的书(2010)/蜂窝式日经新闻工作手册(2012)/蜂窝式日经新闻工作手册超实践篇(2012)/1分钟阅读日经新闻最大的活用术(2013、2014、2015)/小宫一庆的日经新闻深读讲座2017版(2016)	8
町田显	证券投资专家	菜鸟读日经系列(2000、2002、2004、2007)	4
田中慎一	M&A、财务专家	能成为董事的人阅读日经新闻的做法(2016)	1
藤本诚之	证券分析师	股票投资用日经新闻的阅读方法(2016)	1
山本博幸	金融学教授	新社会人头一年要读懂的日经新闻(2016)	1
海江田万里	经济评论家	读日经新闻，玩转经济(1992)	1
泷川好夫	经济学家	能够提升金融水平的日经新闻阅读法(2001)	1
石井胜利	经济评论家	短时间读懂"背面信息"日经新闻的读法(2003)	1
岛野清志	经济评论家	想炒股赚钱者的日经新闻阅读法(2000)	1
詹姆斯·松本	投资顾问	阅读日经新闻的"背面"——"资金"与"信息"的快读技巧(2002)	1
田泽拓也	财经报告文学作家	日经新闻彻底应用技巧(1993)	1
森英树	经营顾问、创业导师	用日经锻炼商业发想力，一段不起眼的新闻生出3 000万日元的"3·4·4法则"(2011)	1

资料来源：根据日本亚马逊网站图书销售信息整理。

表1罗列的只是亚马逊网站在售的图书状况，现实中还有不少这类小册子。比如，财经评论家日下公人的《日本经济新闻的阅读方法》1983年6月5日初版，7月5日就已第6次印刷；评论家宫崎正弘出版了上下册的《the 日经》

(1984)、《聪明的日经新闻彻底利用术》(1985)、《日本经济新闻的重要报道》(1986)、《读日经新闻的这里》(1986)、《日经新闻读者的新数据信息利用术》等，其中，《读日经新闻的这里》1986年11月25日初版，到1987年4月15日就出了第5版，市场需求之高可见一斑。

4. 高端专业需求带来稳定的读者群

《日经新闻》的发行量之所以能稳中有升，很大程度上得益于该报以财经报道为主兼顾综合报道的专业性特征，吸引到相对高端读者，得益于这些读者高度的附着性与忠诚度所带来的稳定性。

据2014年8—11月益普索媒介研究(Ipsos MediaCT)与Adams Communication(东京)共同实施的针对拥有250名以上员工的大企业董事长、总经理及其他高管为对象的日本商业精英媒体接触调查(The media survey of Japan's business elite)数据表明，这些高管接触《日经新闻》的比率要超过第二位的《朝日新闻》和第三位的《读卖新闻》50%以上，更是超过《每日新闻》70%以上。这说明《日经新闻》在企业高管中的到达率具有压倒性优势（见表2）。注重阅读《日经》在于该报的专业价值，可以帮助他们掌握日本国内外经济状况与行业、企业的动向。①

表2 企业高管接触日本四大全国性报纸状况　　　　　　　　　　单位：%

分　类	日经	朝日	读卖	每日	样本量
董事长、总经理级	92.2	35.6	34	12.7	n=430
IT软硬件采购决策者	88.4	33.1	32.1	13.5	n=289
设备资材采购决策者	91.5	36.1	28.4	12.3	n=192
一年内完成合计5亿日元项目的决策者	94.6	40.1	31.5	12.4	n=195

资料来源：据BE：JAPAN (The media survey of Japan's business elite)，转引自《日本经济新闻媒体资料2015》。

据日本视听率调查机构"Video Research ltd."2014年10月实施日本第14次全国报纸综合调查(J-READ)（有效问卷28 819份）表明，超过六成的《日经新闻》读者为30—50岁的在职商务人士，71.2%的读者为家庭订阅。②

表3揭示的是日本四大全国性报纸读者经济能力及专业需求的主要特征。

---

① ［日］J-READ2014（日本全国报纸综合调查），转引自《日本经济新闻 媒体资料2015》，第5页。
② ［日］J-READ2014（日本全国报纸综合调查），转引自《日本经济新闻 媒体资料2015》，第5—9页。

从此表可以看出，无论是在户主读者平均年收，还是家庭平均年收抑或是家庭平均金融资产拥有量等指标，《日经》读者都要超出其他三家报纸"一大截"，家庭金融资产超过1 000万日元以上的比率，《日经》读者超出其他三家报纸9%—13%以上；《日经》读者在"专业性需求"上，关注"企业经营动向"超出其他三家报纸读者20%以上，关注"企业财务信息"要超过其他三家报纸读者27%—29%以上；在"投资意愿"上，《日经》读者"关心资产投资"的比率要超出其他三家报纸读者26%—28%以上；在"消费倾向"上，《日经》读者在"关心住宅及汽车等耐用消费品"的比率要超出其他三家报纸读者5%—7%；在舍得花钱"追求高品质生活"上的比率要超出其他三家报纸读者5%—9%。

表3　日本四大全国性报纸读者经济能力及专业需求特征

	分　类	日经	朝日	读卖	每日	样本量
收入及金融资产拥有量	户主读者平均年收（万日元）	664	467	443	423	日经 n＝959，朝日 n＝1 778，读卖 n＝2 224，每日 n＝718
	家庭平均年收（万日元）	924	703	653	640	
	家庭平均金融资产（万日元）	2 474	1 764	1 547	1 716	日经 n＝1 739，朝日 n＝4 228，读卖 n＝5 195，每日 n＝1 516
	家庭金融资产1 000万日元以上(%)	49.5	40.1	36.2	38.5	
专业性需求	关注企业经营动向(%)	83.7	63.5	60.6	61.9	
	关注企业财务信息(%)	58.7	31.4	28.9	29.2	
投资意愿	关心资产投资(%)	55.1	28.8	27.8	28	
消费倾向	关心住宅及汽车等耐用消费品(%)	31.7	24.8	26.1	26.7	
	追求高品质生活(%)	79.1	73.5	69.4	72.5	

资料来源：据J－READ2014(日本全国报纸综合调查)，转引自《日本经济新闻 媒体资料2015》。

上述这些数据传递的信息是：《日经新闻》的发行量之所以能够在逆势中增长的原因在于其"财经为主，兼顾政治、社会等信息"的办报特色，吸引到企业高管及商务人士等富有的读者阶层。这类人群具有很强的经济实力和高度专业性需求，又因日本有着严格的知识产权保护制度，网络财经媒体不会出现剽窃现象。这也就决定这些网络媒体无论在数量和质量上,都无法提供出超越《日经新闻》这样的专业性信息服务的"替代品",也自然无法打动对信息价格敏感度低的读者。而对于"看报只是一种消遣"的普通读者而言,因为"投资等专业性需求"指向较弱,对信息的价格敏感性相对较高,如果出现免费的"替代品","抛弃"原有的对纸质媒体(如其他大报)的订阅,"换乘"到这些免费网络媒体上去,亦是人之常情的选择行为。

(二)《日经新闻》近16年来的业绩分析

1. 日经新闻集团的销售收入与销售利润

图3表示的是日经新闻集团2001—2016年16年间销售收入和销售利润及销售利润率的推移状况。这三个指标作为衡量企业收益水平的重要指标,揭示这家企业的盈利能力。

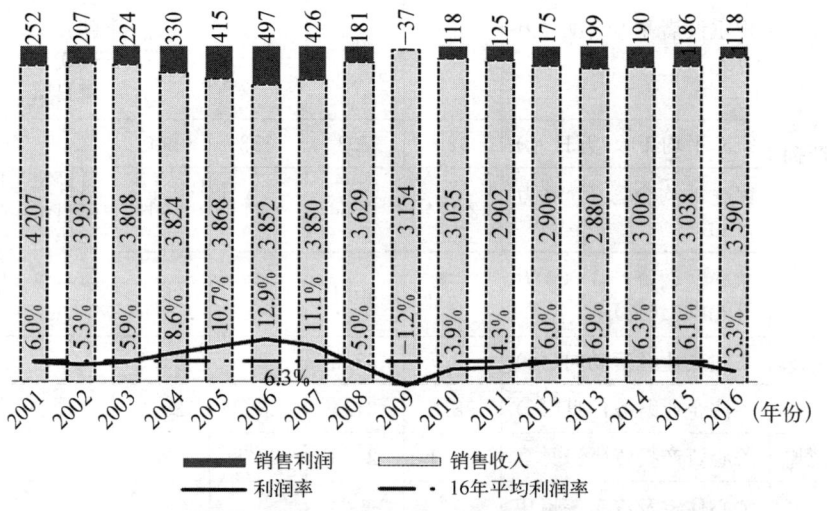

图3 日经新闻集团销售收入与销售利润推移

资料来源:根据2005—2016年《日经新闻有价证券报告书》整理。

从数据上看,最重要的特征是美国次贷危机带给该集团业绩的影响。2008年美国次贷危机的爆发造成世界性经济减速,能源、原材料价格的高腾直接压迫企业收益和工资增长,造成设备投资和个人消费活动钝化,加之日元急速升值,企业大幅度缩减广告支出,导致所有传统媒体的广告收入锐减,该集团也没能幸免,使其业绩在2009年出现一个分界点。去除次贷危机爆发当年2008年所带来的业绩下滑外,2009年前的其他年份销售收入都保持在3 850亿日元(目前比价：1亿日元≈600万RMB,下同)以上的水平,销售利润也保持在200亿日元以上,且相对平稳;但当2009年销售收入跌至3 154亿日元后,销售利润则出现37亿日元的亏损;2010—2015年销售收入几乎下了一个800亿日元左右的台阶,始终徘徊在3 000亿日元水平上,利润亦低于200亿日元;2016年虽然销售收入由于《金融时报》并表增加至3 590亿日元,但销售利润却只有118亿日元。

从销售利润率看,2001年为6%,此后略有下降,然后攀升至2006年的12.9%,接着开始急速下滑至2009年的-1.2%,然后又逐渐恢复到6%以上的"新常态"水平上,接近16年来6.3%平均利润率水平,但2016年又下滑至3.3%。整体上看,好于日本上市公司不足5%的平均水平。

2. 日经新闻集团的资产增减状况

图4揭示的是日经新闻集团自2001—2016年16年间资产增减状况。从总资产来看,该集团在2001—20014年增长比较缓慢,但基本上处于增长趋势中,到了2015年因为并购英国《金融时报》,其规模陡然增加,2016年又有所回落;从净资产来看,以2009年次贷危机为界,2001—2008年增长幅度较大,2009年以后增长幅度平缓,但基本上处于增值趋势中,收购英国《金融时报》后,净资产额有所减少;而从负债规模及负债率(图5)的数据看,其规模从2001年的2 883亿日元(负债率62.7%)降至2014年的1 303亿日元(负债率27.9%),处于逐级递减趋势中,2015年又因为收购英国《金融时报》而陡然增加至3 304亿日元(负债率52.2%)的水平上。

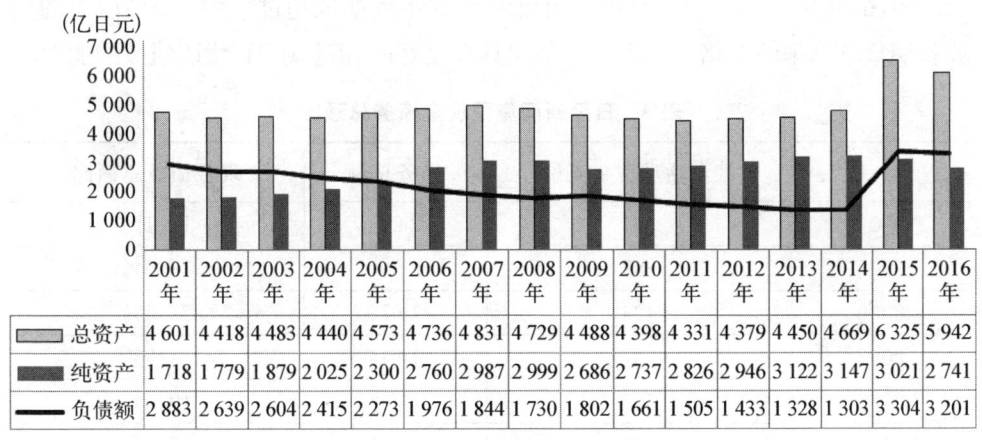

图4 日经新闻集团资产增减状况

资料来源：同图3。

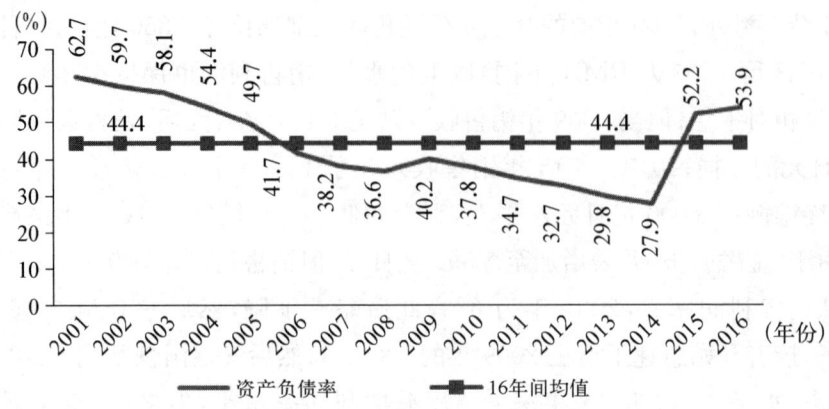

图 5　日经新闻集团负债率推移

资料来源：同图 3。

3. 日经新闻集团承担债务的能力

一般来说，判断一家企业能否能够生存与发展的主要指标，主要看该企业的"现金流量"，特别是"经营活动现金流量"，亦即该企业通过日常生产或经营活动所获得的利润，因为它是企业现金流的主要来源。为了评价日经新闻集团承担债务能力，这里引入了"现金债务总额比"指标。所谓"现金债务总额比"，是指企业经营活动现金流量占企业债务总额的比率，它既是评估企业中长期偿债能力的重要指标，也是预测企业是否可能破产的可靠指标，其比率越高，说明该企业承担债务的能力越强。按照表 4 显示的 2004—2016 年该集团现金债务总额比数据，最高为 21.5%，最低为 7.5%，也就是说，最低的 2009 年数据也超过平均 2.5% 以下的企业长期贷款利率的 3 倍。这说明该集团具有良好的"借新还旧"偿还债务的能力。

表 4　日经新闻集团现金债务总额比

年　份	经营活动现金流量	债务总额	现金债务总额比
2004	391	2 244	17.4%
2005	389	2 096	18.6%
2006	424	1 976	21.5%
2007	287	1 844	15.6%
2008	336	1 730	19.4%
2009	135	1 802	7.5%
2010	333	1 661	20.0%

续 表

年 份	经营活动现金流量	债务总额	现金债务总额比
2011	256	1 505	17.0%
2012	270	1 433	18.8%
2013	238	1 328	17.9%
2014	292	1 522	19.2%
2015	267	3 304	8.1%
2016	253	3 202	7.9%

资料来源：同图3。

4. 日经新闻集团主营业务构成分析

表5是根据2005—2016年日经新闻集团有价证券报告相关数据整理出来的业务收入构成。其中，2005—2010年，该集团主营业务构成为报纸、图书杂志、数据库、电视节目制作4个板块。这6年中，报纸占比从59%逐渐下滑至56%—57%，图书杂志占比也从19%逐渐下滑至16%，数据库则从18.3%逐步增长到22%左右，电视节目制作从4.66%缓慢增长了1个百分点。由于该集团自2011年开始调整了统计口径，自2011年起，其主营业务构成变成了媒体、数据库、物业租赁3个板块。从2011—2016年数据看，媒体、数据库的占比在96%—98%，变动较小，剩下的物业租赁，占比很小。该集团之所以将主营业务构成合并为"媒体、数据库"进行统计的原因，估计与不想让人知道其日益下滑的报纸特别是图书杂志板块业绩有关；同时，将物业租赁单独列出，有着借助这一板块获取收益的倾向性。

表5 日经新闻集团主营业务构成　　　　单位：亿日元

年份	报纸	占比(%)	图书杂志	占比(%)	数据库	占比(%)	电视节目制作	占比(%)	物业租赁	占比(%)	合计	占比(%)
2005	2 362	59	747	19	740	18.3	188	4.66	—	—	4 037	100
2006	2 337	58	741	18	759	18.8	192	4.77	—	—	4 029	100
2007	2 291	57	717	18	836	20.7	192	4.76	—	—	4 036	100
2008	2 136	56	667	17	836	21.9	187	4.89	—	—	3 826	100
2009	1 877	56	538	16	741	22.2	176	5.28	—	—	3 332	100
2010	1 853	57	506	16	683	21.2	182	5.65	—	—	3 224	100

续表

年份	媒体、数据库	占比(%)	物业租赁	占比(%)	合计	占比(%)
2011	2 853	96.3	111	3.74	2 964	100
2012	2 867	97.4	78	2.65	2 945	100
2013	2 828	96.7	95	3.25	2 923	100
2014	2 953	96.9	96	3.15	3 049	100
2015	2 982	96.9	96	3.12	3 078	100
2016	3 536	98.5	58	1.50	3 590	100

说明：同图 3。

（三）日经新闻集团转型发展的三大动作

1. 推出日经新闻电子版

正如前面所分析的那样，随着互联网及移动互联网的迅猛发展，日本的新闻出版业也难逃广告市场份额被蚕食的命运，虽然日经新闻集团因为有电子版报纸的加持，在发行规模上超出原有的印刷版市场份额，但在广告收益上却大不如从前，这从其财务报表的数据上可以清晰地看到。而在适应市场变化的转型问题上，整个日本报界充当的是借鉴和汲取美欧同行"试错"经验与教训的"学习者"的角色。相较于美国《华尔街日报》1996 年正式推出网络版，英国《金融时报》2007 年确立计量式付费墙，实施数字收费，日经新闻集团直到 2010 年才推出电子版，2012 年才转为正式收费模式。

日经新闻集团把 2010 年定为"复合媒体元年"，并于 3 月 23 日创刊"日本经济新闻电子版"，探索网络时代的言论报道与报纸经营的发展方向。12 月，收费会员突破 10 万人，为这一新事业进入成长轨道打下了基础。电子版的创刊与功能的完善，几乎每次与印刷版早版版面改革联动进行。当年，该报就大幅度增加深入挖掘经济动向、政策、企业新闻等分析解说的报道。

次年，电子版全面刷新资金信息配置，设置了"市场"与"金融"两个板块，扩充内容，以方便智能手机读者阅读，12 月份登记会员突破 120 万人（含有免费会员，下同），收费会员增至 17 万人。

2012 年，该报对印刷版早版第一版、二版、三版进行大幅度版面改革，放大版面图片、图表等构成,以便于阅读,同时增加"深层真相""逼真"等与第一版联动的新闻分析,还新设大学版,致力于新读者的开拓,进一步提高印刷版与电子版独家报道与策划的联动性。

同年,电子版在6个专门信息板块上,刷新和扩充"商业精英""技术""体育"等板块内容。为满足快速普及的便携式信息终端用户需求,电子版在版式设置上增加读者在iPad阅读功能。由于内容与版式功能上的改善,截至12月,电子版的登记会员超过165万人,收费会员突破25万人。

2013年,该报进行印刷版早版的版面改革,增加面向职业女性的"女性版"和报道亚洲商业新闻的"亚洲Biz版"。

电子版除了在功能上完善适应读者在智能手机与平板电脑上阅读习惯外,还在内容上将早晚版、《日经产业新闻》、《日经流通新闻》等报纸的内容导入电子版中,并大幅度增加电子独有的内容,从功能与内容上拓展读者。截至12月,登记会员的会员数达210万人,收费会员超过33万人。

2014年,该报继续进行早版版面改革,将原来的每周2次出版的"亚洲Biz版",改为每周5次,新设"全球Biz版"和"消费Biz版",强化以亚洲为中心的商业报道。作为电子版强化服务的一环,3月份新增"My新闻"功能,只要点击一个按钮,就可将想要阅读的新闻"一网打尽";4月份统合日经ID与日经BP出版社注册会员信息,构筑600万以上的用户数据库,夯实日经新闻集团复合媒体战略的基础。截至12月,电子版登记会员超过250万人,收费会员达39万人。

2015年,作为强化电子版服务的一环,该报开设便于读者使用的人事异动的"人事便览"服务保存功能,并与印刷版改革联动,刷新头版设计。截至12月,会员增至297万人,收费会员44万人。

2016年,进一步更新电子版完善版面查阅应用及检索功能,并于年末开始提供网罗包括未上市企业在内的企业及业界的财务信息及新闻的"日经企业信息数字服务",以对应读者的需求。截至12月,登记会员突破335万人,收费会员首次突破50万人大关。

更为重要的是,电子版引入了新的广告发布系统,通过分析使用日经ID等600万读者数据库,开始向会员发送精准广告,用来开拓广告收益渠道。

2. 收购英国《金融时报》

日经新闻集团除了创刊电子版,还于2011年12月创刊了使用iPad阅读的报道亚洲信息的经济英文电子杂志"The Nikkei Asian Review";次年,创建"日经中文网",并与日本 TBS 电视台共同制作视频节目"Channel JAPAN",面向整个亚洲播报。

2013 年,为强化全球化事业,整合了已有的英文媒体,创刊深度报道亚洲经济信息的英文电子杂志"NIKKEI ASIAN REVIEW",并扩大与英国《金融时报》合作,提供"Global English 日经版"网络版英语课程,以求扩大在海外的知名度。

虽然该集团为扩大海外知名度,打造亚洲最强的财经媒体品牌而进行了种种尝试和努力,但成效始终不能令人满意。

2015 年,该集团提出"Global & Growth"(全球化与成长,G&G),出资 2 000 万美元,投资总部位于硅谷的数字笔记服务印象笔记(Evernote),达成资本和业务合作关系,使日经电子版与 Evernote 双方的收费会员可以在 Evernote 上笔记上使用《日经新闻》的最新新闻,一部分新闻可以拷贝到笔记上。日经电子版的收费读者可以将其在 Evernote 内制作和保存的笔记自动转入电子版界面上。

同年 7 月,以 1 600 亿日元高溢价收购总资产为 598 亿日元、净资产为 157 亿日元、销售收入有 603 亿日元、利润为 50 亿日元的英国《金融时报》(简称 FT),将这家世界首屈一指的老牌财经报纸的品牌和 22.5 万印刷版读者及 50.4 万电子版读者收入囊中。借此,《日经》和 FT 的电子版读者合计人数,超过《纽约时报》的 91 万人。该集团从小打小闹的亚洲地区扩张战略,进入进攻性全球性发展战略,开启了向全球数字媒体品牌转型之路。

由于 FT 的收入只占希望专注教育产业的培生集团销售额的百分之几,无法从母公司那里获得进军和开拓美国读者市场,使其印刷版和电子版的合计发行量在 2018 年扩大到 100 万份的目标。而《日经新闻》则是一个主要面向企业经营管理者和股票等投资者的财经媒体,主要读者群在日本国内。迄今为止,在欧洲一提到"日经",人们一般联想到的是日经平均指数"Nikkei225",知名度偏低,而《金融时报》的发行规模虽然较小,但却在海外拥有 70 万英语圈精英读者群,这对试图转型成为全球数字财经媒体的《日经新闻》来说,通过 FT 的品牌,就可以间接影响到世界的精英阶层。①

通过收购 FT,在内容生产与商业模式上,《日经新闻》可以获取经历严峻的媒体环境洗礼的 FT 的办报经验与智慧,利用两者各自的人才资源优势,为打造世界上前所未有的强势财经媒体集团创造条件。

---

① http://www.newsjs.com/url.php? p=http://toyokeizai.net/articles/-/101811.

比如，该报与 FT 的记者编辑人员平时就有交流合作，大型活动时组建联合报道团队。2016 年 G7 伊势志摩峰会期间，《日经新闻》和 FT 联合报道团队，共同编辑 G7 峰会版面，尝试进行面向全球读者的财经新闻采访报道业务。《日经新闻》认真学习 FT 的"高速报、深入分析"的报道方法，按照 FT 主要关注点"金融政策的界限"这一全球关心的问题组织报道议程，而其他日本媒体则把关注中心放在消费税再延期问题及作为峰会议长安倍晋三的机动财政政策能否得到 G7 其他首脑的同意等问题上。①

3. 基于云平台技术构建的最优化日经"NEO"平台

日经新闻集团借助云计算网络技术，通过应用程序终端及控制系统的标准化，将服务器与网络等基础设施整合成共享基础平台，自 2012 年 1 月启动编辑系统与业务管理系统整合工作，到 2014 年 6 月完成整合，构建了 NEO（Nikkei Evolution optimization）平台。除了实现编辑素材一元化管理外，还实现了报纸与电子媒体的一元化编辑工作，还开发出可以从社外同步确认编辑状况的功能，提高采访活动的机动性。通过实现管理各项业务的各系统的标准化，使整个系统达到最优最适化，在短时间内实现大规模系统更新的同时，削减费用，构建适应时代发展的系统。

在 NEO 平台上，生成的对应多媒体需求的编辑素材一元化管理的"主文件"（Master file）系统，使报纸与数字版一体编辑成为可能。在此之前，一份原稿先由报纸部主任进行修改，然后数字媒体部主任需要再度进行修改，需要经过两次甚至三次的修改，才能交给报纸、数字媒体使用。但有了 NEO 平台后，发稿部主任在"主文件"上修改过的原稿，实时自动发送到报纸编辑部、速报部和电子版部，实现瞬间共享。这样做，不仅减轻修改时间，而且还避免因为分散修改所产生的"漏改"问题，防止发生"事故"。发稿部主任及记者也可以快速确认稿件在报纸、复数的专业媒体、数字媒体上的"行踪"；不仅如此，照片、图表等相关素材、组版、速报、电子版等后期工程的编辑状况，稿件在哪一种媒体上的使用状况、标题、小样、版面图像等编辑作业的进展状况等，都可以通过一个画面一目了然地完成确认。该报还为全体社员配备内置与简易版 NEO 终端配套使用的智能手机（内线手机）。记者写稿和改稿一般在作为 NEO 终端的电脑上进行，部主任将修改后的稿件发送给"主文件"系统的同时，也以 PDF 形式自动发送给记

---

① [日]《新闻研究》2016 年 8 月，第 12—17 页。

者,使在夜间采访中无法使用 NEO 终端的情况下,也可以使用内线手机快速阅读,缩短确认时间,减少差错,而且记者在没有 NEO 终端的情况下,也可以利用内线智能手机进行"紧急发稿"。

4. 全面采用云计算技术,抑制平台构建费用

日经新闻集团没有采用常规的做法将整个系统开发委托给一家企业,而是将应用系统与基础设施分别发包给不同的企业,由负责应用系统的开发企业以使用共享基础设施作为前提条件进行开发,推进应用系统、运营控制系统的标准化与共享化,以削减运营成本。用他们的说法就是,在信息系统的开发和运营架构上,一改原有的"独栋别墅型"思维管理模式,转向面向多数住户的"公寓型"服务的思维管理模式,以实现管理与维护的标准化,减低成本。此前的监控装置都是根据各个厂商所提供的系统、操作方法来配置运营维护人员,造成人员庞杂而低效。

在 NEO 平台下,由于实现监控装置的通用化、操作方法的简洁化,使得管理负荷大为减轻。"公寓型"系统平台架构,全面采用了云计算技术。首先,废弃了报社编辑系统必须全部在自己基础平台上开发的这一旧有常识,而是通过应用系统与基础设施分离达到标准和云计算技术的全面采用等一系列措施,以实现投入成本产生效果最大化。基于虚拟技术的服务器的集约化、基于应用系统的标准化以及预备设备的通用化,使服务器的数量由 650 台减少至 360 台;使得应用系统无论硬件系统更新与否,都可以长期使用,同时实现服务器计量付费;控制系统也因通用化、标准化而变得简单。由于实现业务的标准化,使应用系统的开发费用得到大幅度抑制,系统平台架构费用只用原来的 1/3,运营成本也减少了 1/3。

在 NEO 平台下,即使个别服务器发生故障,也可以借助虚拟化、云计算网络功能切换至备用服务器上,瞬间得以恢复。当发生大规模自然灾害,东京的编辑系统无法使用时,可以瞬间启动设置在西日本的备用系统网络(BCP 系统)。其也采用基础设施与应用系统分离方式及云计算技术的应用,只要将应用系统导入到共通系统平台上,实现操作大幅省力化。平时不使用的备用系统,只需在使用期间支付费用,维护成本也大为减轻。

基于报道机关的安全对策上的考虑,日经新闻集团采用了单独为其构架的私有云(Private Clouds)模式,拥有基础设施,可以控制在此基础设施上部署应用程序,使其能够最有效地控制数据、安全性和服务质量,不仅可以确保高安全性,而且还可以在发生大规模灾害等"有事"时刻掌握系统运用的主导权,在发生故障时可以自由控制系统,确保报纸的持续发行。在"云"上不仅可以实现应用程序的共通使用,而且在使用者、机器的认证、使用权限控制、病毒对策等基础设施的架构上,最大限度保障安全。

NEO平台不仅完成了基础设施与应用系统的分离,也实现在兼具柔性与扩张性的编辑系统与业务管理系统上的应用。①

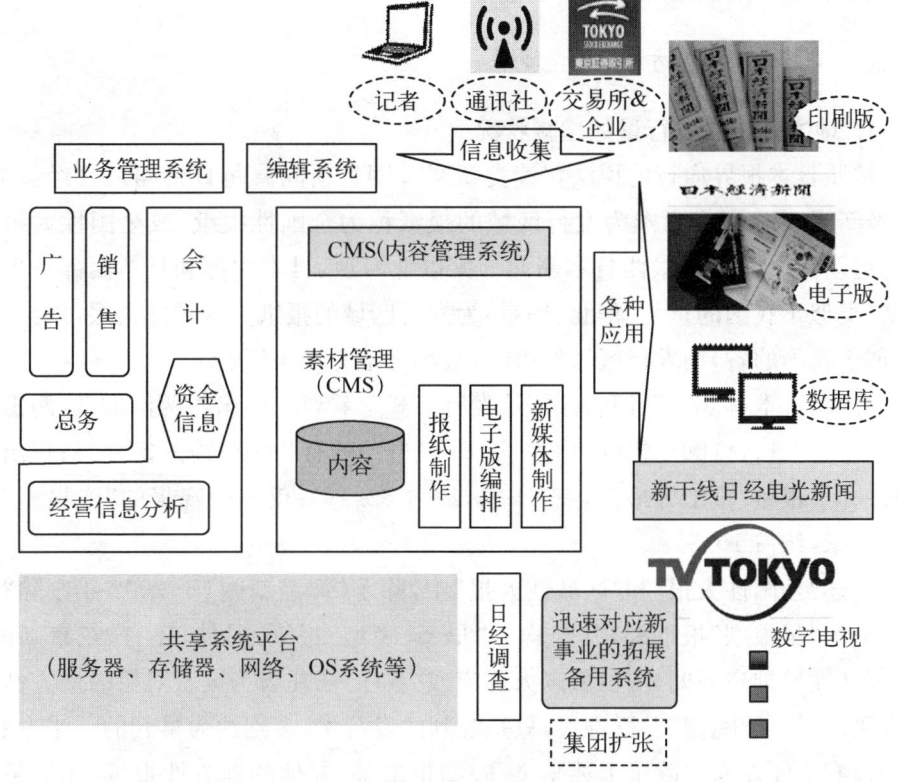

图6 NEO(Nikkei Evolution Optimization)概略图

资料来源:根据[日]《新闻研究》2014年10月,第31页制作。

(四)借鉴启示

从上述分析中,有三点借鉴与启示:一是专业性,它使日经新闻集团在日本报业市场上立于不败之地,是吸引长期的稳固读者的关键因素;二是要有网络思

---

① [日]《新闻研究》2014年10月,第30—33页。

维方式,它在传统媒体转型发展中发挥出巨大的威力;三是要具备适应和预见时代科技发展的远见和行动力。

二、日本地方性报纸的生存手段及个案分析

坚守"本地化报道",既是日本地方性报纸与全国性报纸展开竞争的生存手段,也是它们应对网络冲击的重要法宝。

(一)日本的地方性报纸现象

1. 地方性报纸发行量的增减状况

按照日本报界通行的说法,《读卖新闻》《朝日新闻》《每日新闻》《日经新闻》《产经新闻》5 家以全日本为发行区域的报纸称为全国性报纸(或全国性大报),北海道新闻、中日新闻、西日本新闻 3 家以北海道、日本中部和日本西部三个大区域(类似于我国的东北、华北、华东)为发行区域的报纸为区域性大报,以县、府(类似于我国的省)为发行区域的报纸,被称为地方性报纸。

目前,日本有 87 家日刊报纸,从发行方式上看,早、晚出版两份报纸,两份报纸以"一套"进行订阅销售(简称为"早 & 晚型")的有 24 家,约占 27.6%;仅出版早报的"早报型"报纸为最多,有 54 家,约占 62.1%;仅出版晚报的"晚报型"报纸有 9 家,约占 10.3%。

上述"全国性大报"和"区域性大报"中,除了《产经新闻》于 2002 年废除"晚刊",成为"早报型"报纸外,其余均为"早 & 晚型"报纸,另外,还有《东京新闻》《京都新闻》《神户新闻》等少量以大都市或"县厅"居住者为读者对象的地方性报纸亦采用"早 & 晚型"发行方式,只是晚刊的发行量,多则约为早刊的一半左右,少则仅有 1/4 左右。除了上述早 & 晚型报纸外,其他的地方性报纸,无论是早报型报纸,还是晚报型报纸,都属于地方性报纸。

图 7 显示的是 2001—2012 年 12 年间,在这三种发行方式下,三类报纸各年度发行量同比增减状况(上一年度发行量基数为 100)。从图中可以看出,"晚报型"地方性报纸下降幅度最大,"早 & 晚报型"次之,这两种发行方式的报纸发行量每年都在递减;最为稳定的是"早报型"地方性报纸,虽然也出现 5 个年份下降情形,但最大下降幅度仅有 0.8%(2011 年),其余年份都是维持现状或略有少量增加。这说明在全球报业刮起凛冽寒风之时,"早报型"的日本地方性报纸至少在发行规模上,仍然维持住自己原有的市场份额。

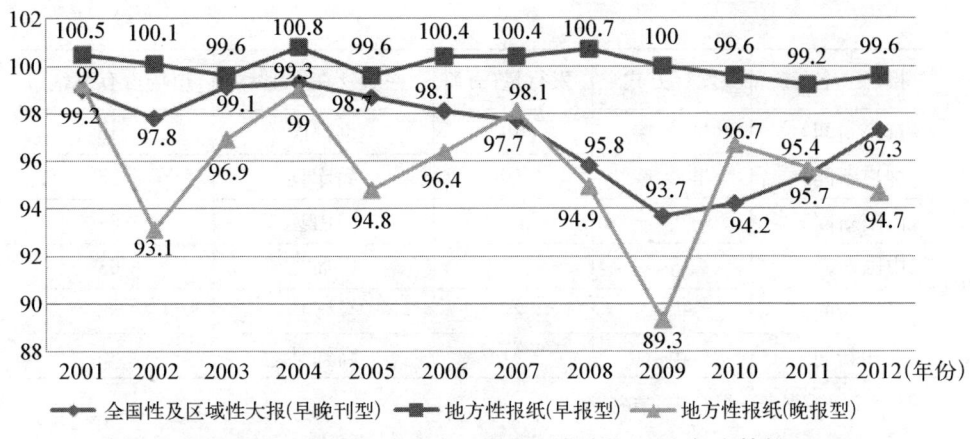

图 7　日本报纸三种发行方式发行量同比增减状况（上年度基数＝100）

资料来源：据［日］电通综合研究所《信息媒介白皮书》2009—2014 年相关数据整理。

2. 14 家地方性报纸在当地市场占有率与收入水平

表 6 显示的是日本新闻协会持续跟踪的 14 家地方性报纸发行规模和在当地的市场上占有率情况。在这 14 家地方性报纸中，居于大都市的《神户新闻》、《京都新闻》虽在发行规模上靠前，但市场占有率并不高，仅有 26％、46％，[①]其他 12 家报纸的市场占有率均超过 50％，最多的《高知新闻》高达 86％。这说明地方性报纸牢牢把持着当地的报业市场。

表 6　日本 14 家早报型地方性报纸在当地市场占有率

报　名	发行方式	发行量（万）	所　在　地	市场占有率（％）
《Daily 东北新闻》	早	10.5	青森县八户市	75
《岩手日报》	早	21	岩手县	65
《河北新报》	早	48	宫城县	68
《秋田魁新报》	早	25	秋田县	60
《山形新闻》	早	20	山形县	55
《北日本新闻》	早	25	富山县	64
《信浓每日新闻》	早 *	48	长野县	54
《新泻日报》	早	47	新泻县	65

---

① 因为《读卖》和《朝日》两家全国性报纸在这两个地区占有较大市场份额。

续表

报　名	发行方式	发行量(万)	所在地	市场占有率(%)
《京都新闻》	早&晚	49	京都府	46
《神户新闻》	早&晚	55	兵库县	26
《山阳新闻》	早	41	冈山县	64
《中国新闻》	早	58	广岛县	63
《爱媛新闻》	早*	27	爱媛县	58
《高知新闻》	早*	21	高知县	86

资料来源：数据来自相关报纸官网等。

从图8显示的14家地方性报纸的销售收入看，2008—2013年的6年间，12家报纸的销售收入呈现持续萎缩的趋势，只有《河北新报》和《神户新闻》两家报纸的收入由下滑转向上升。《河北新报》收入增加的原因是因为自2012年起《朝

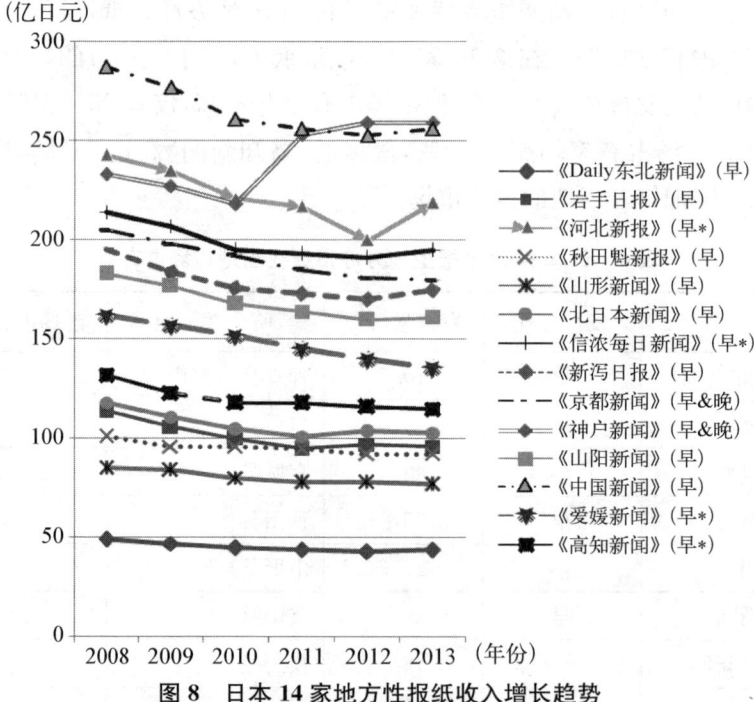

图8　日本14家地方性报纸收入增长趋势

说明：带(*)标志的以早报为主，另有出版少量晚报型报纸。

资料来源：据日本电通综合研究所：《信息媒介白皮书》2009—2014年版整理，以及日本新闻协会的跟踪调查。

日新闻》和《读卖新闻》委托其在当地印刷报纸，神户新闻则因为合并了拥有68万份发行量的《关联体育报》Daily sports 造成收入增加，如果排除这两个特殊因素的话，这些地方性报纸收入也基本上存在低水平持续萎缩趋势。

从表7可知，发行量在20万份以下至80万份以下的地方性报纸在收入上高度依赖报费收入，占其总收入，少则在55％以上，多则高达62％以上，41家报纸平均数为59.6％；广告收入在22％—30％，41家报纸平均只有23.4％；其他收入则有10％—16％多，41家平均为15.5％，说明这些地方性报纸除了办报外，还兼营其他业务。

表7　41家日本报纸发行规模与收入构成比较(总收入＝100)

发行规模	报费收入	广告收入	其他收入	销售外收入
80万份以上	59.9	22.2	16.7	1.1
40万份以上	62.5	25	10.2	2.3
20万份以上	55.8	29.8	12.2	2.2
20万份以下	56.9	25.5	16.2	1.3
平均	59.6	23.4	15.5	1.5

资料来源：据日本新闻协会：2012年度《报业经营定向调查》。

（二）日本读者的阅读习惯及对地方性报纸的影响

1. 日本人有由最后页往前读的读报习惯

日本著名受众调查机构Video Research Ltd. 自2002年开始对住在日本各地28 800名15—69岁的男女进行从阅读状况到生活行动的报纸读者调查。表8是基于该机构2006—2012年发布的《全国报纸综合调查》相关数据，整理出来的有关日本人读报习惯特征。

从这7年数据可以看出，日本人关注报纸上的内容，从前3年的"饮食生活"变成后4年的"国内经济"外，其他各年基本上局限在"电视节目表""国内社会新闻""本地社会新闻""天气预报""内政（中央）新闻""职业棒球""健康医疗""国际新闻""本地政治新闻"9类内容上，只是前后次序有所变化。从日本报纸版面结构上可以看出，日本读者是"倒着看报"的，因为日本报纸最后页外侧是刊登"电视节目"的，里面是刊登"社会新闻"的。

读者对"电视节目""天气预报""健康医疗"感兴趣，主要缘于这些内容的实用价值；在日本，除了政治、经济、文化以外的其他新闻都称为"社会新闻"，日本人对发生在本国或本地的灾害、事故、事件、案件、感情纠葛、官司纠纷、奇闻异事等的"国内社会新闻""本地社会新闻"充满好奇心；关注"内政（中央）新闻"和"本地政治"是因为这些内容揭示的是诸如政府预算、税收、社会福利、教育等国家和本地政府的政策取向，与读者的切身利益息息相关；关注"国际新闻"，主要缘于其趣味性较高；从关注"饮食生活"转向关注"国内经济"，则说明日本读者从关注"料理方法"与"饮食健康"等"身边小事"转向关注影响自己生活的"身边大事"。而这10类内容中，"本地政治新闻""本地社会新闻"就占两项，足以说明日本读者对于"本地化新闻"的重视程度。

表8 2006—2012日本人优先阅读报纸前10类内容排序状况

排序	年份 内容	2006	2007	2008	排序	年份 内容	2009	2010	2011	2012
1	电视节目	81.5	80	78.2	1	电视节目	76.4	74.2	70.1	69.3
2	国内社会新闻	71.7	71.1	62.6	2	国内社会新闻	57.4	55.9	54.1	54
3	本地社会新闻	62	61.5	57.3	3	内政（中央）新闻	56.2	51.6	49.9	49
4	天气预报	52	51.8	50.4	4	本地社会新闻	52.5	51.5	49	47.2
5	内政（中央）新闻	51	51.8	50.7	5	天气预报	54.5	43.3	43.3	40.1
6	职业棒球	48.8	47.1	46.4	6	本地政治新闻	42.6	38.9	39.1	34.8(9)
7	健康医疗	48.5	44.4	43.2	7	职业棒球	41.4	38.2	37.3(8)	36.5(7)
8	国际新闻	46.6	41.1	42	8	健康医疗	40	40.5(6)	36.9(9)	36.9(6)
9	本地政治新闻	42.7	41.1	40.5	9	国际新闻	35.9	39.4(7)	38.9(7)	36.1(8)
10	饮食生活	38.7	37.5	39.8	10	国内经济	35.6	34.1	33.8	31.6

说明：（1）日本全国15—69岁男女读者，数据为多项选择排序结果；（2）表中2010年、2011年、2012年上标()数字为该项内容在此年的排次。

资料来源：据日本 Video Research Ltd.：《全国报纸综合调查》2006—2012年相关数据。转引自［日］电通综合研究所：《信息媒介白皮书》2008—2014年版。

2. 日本读者对全国性报纸与地方性报纸的印象

图9显示了全国性报纸与地方性报纸在日本读者心目中的印象。地方性报纸虽然在"影响力""消息来得快""可信赖性"3项上不及全国性报纸，在"有用

性"上也略胜于全国性报纸,但在"亲切感""对当地的贡献度"两项上,却将全国性报纸远远地甩在了后面。这说明地方性报纸在报道内容的"亲近性"和"实用性"上,在读者心目中占有特别明显的优势,这也就不难解释日本地方性报纸为何能在当地报业市场上占有很大份额的原因了。

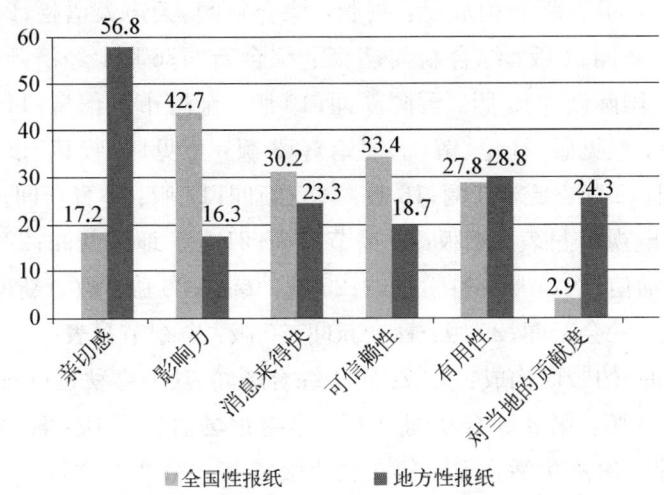

图 9　日本读者关于全国性报纸和地方性报纸的印象

资料来源:据[日]《庆应私塾大学媒介传播研究纪要》,No.50 2000,第 67 页制作。

无论是上述的读者阅读习惯,还是读者对地方性报纸的印象,都十分有利于以本地新闻为主要报道侧重点的地方性报纸的生存与发展。从另一个角度说,地方性报纸长期以来实施的本地化新闻报道取向,也培育了读者的这种阅读习惯,使报纸报道模式与读者阅读习惯形成了良性的、持久的因果关系。

(三)日本地方性报纸的版面构成与采编体制及报道模式
——茨城新闻个案分析

那么,日本地方性报纸是如何实施"本地化报道"战略的呢?在此,借助地处东京圈最北端的茨城县的《茨城新闻》为例加以说明。茨城县面积 6 094 平方公里(略小于上海),有人口 292 万,报纸发行量 111 万份,该县集中了日本全国 1/3 的研究机构。《茨城新闻》作为一家早报,诞生于 1891 年,是该县地方性报纸中规模较大的一家(另有一家规模较小的《常阳新闻》),目前有正式员工 204 名,主要从事报纸出版发行业务,兼营与图书出版及文体活动、美术展等业务,另外为《读卖新闻》等报纸提供代印服务,近10多年来发行量稳定在11万份左右。

1. 茨城新闻报纸的版面构成

在此,借助《朝日新闻》和《茨城新闻》来说明日本全国性报纸与地方性报纸在版面构成上的区别。

《朝日新闻》早版版面构成是:头版:综合新闻、天声人语栏;2版:综合新闻;3版:综合新闻;4版:综合新闻;5版:综合新闻;6版:经济新闻;7版:经济新闻;8版:国际新闻;9版:国际新闻;10版:金融市场信息;11版:金融市场信息;12版:意见版(社论、解说、评论);13版:意见版(投稿、读者来信);14版:体育新闻;15版:足球新闻;16版:体育新闻;17版:体育新闻;18版:体育新闻;19版:电视节目表;20版:广播节目表;21版:地区新闻;22版:地区新闻;23版:生活信息;24版:科学报道;25版:专题;26版:教育新闻;27版:社会新闻;28版:社会新闻;29版:社会新闻;30版:电视节目表。

《茨城新闻》的版面构成:头版:第1综合新闻、茨城春秋栏目;2版:第2综合新闻、社论;3版:第3综合新闻;4版:金融市场信息;5版:经济新闻;6版:体育新闻;7版:家庭生活;8版:第1文化版;9版:第2文化版;10版:广播节目表;11版:第4地区版(县北地区新闻);12版:第3地区版(县南县西新闻);13版:第2地区版(县央地区新闻);14版:第1地区版(地区综合新闻);15版:第2社会新闻版;16版:第1社会新闻版;17版:电视节目表。

从这两份报纸的版面构成,就能看出全国性报纸在综合新闻、国际新闻、经济新闻、体育新闻、社会新闻等版面的内容量明显强于《茨城新闻》,但在地区新闻的内容量上,明显弱于《茨城新闻》。《茨城新闻》不仅头版基本上优先刊登茨城本地新闻,而且还有4个地区专版,而《朝日新闻》只有2个地区版,《茨城新闻》的本地新闻的充实程度可见一斑。

2.《茨城新闻》的采编体制

该报有1名总编、3名副总编,管辖报道部、体育部、学艺(文化部)部、摄影及摄像部、整理部5个部,部长类似于我国报社的部主任。其中,报道部有1名部长、7名副部长,根据县内主要消息来源渠道,将报道部分成5个俱乐部或团队:县政俱乐部(负责采写发自县官厅的时政新闻)、财经团队(负责采写来自经济团体等机构的财经新闻)、司法俱乐部(负责采写司法类新闻,主要收集来自警方的消息)、市政俱乐部(负责县都水户市的时政新闻),还有一个专门负责采写报社所在地水户市周边新闻的县央团队,每个记者俱乐部(或团队)配有2—4名记者。

另外,该部还设有负责网站内容的数字编辑室。体育部和学艺部皆为1名部长、6名记者的人员配置;摄影与视频部人数不详;整理校对部(版面编辑部)人数较多,达28名,主要负责编辑稿件、定稿、制作标题和版面编排及校对业务。

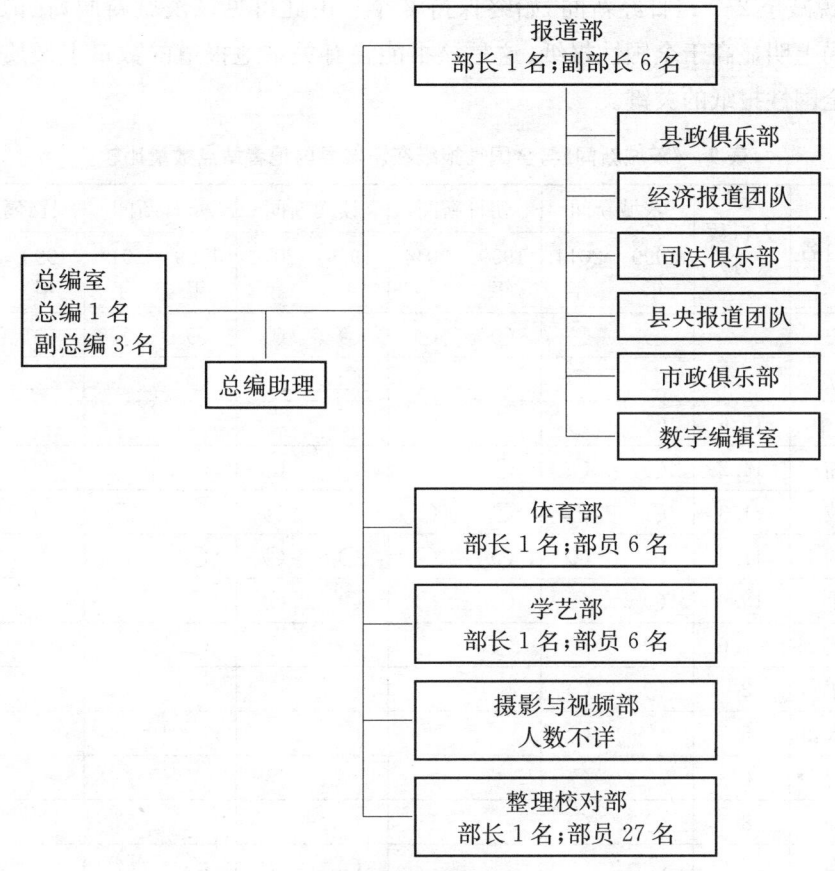

图10　茨城新闻编辑部门组织架构图

资料来源:据大石、岩田、藤田:《地方报纸的新闻制作过程——以茨城新闻为例》(《庆应义塾大学媒介传播研究所纪要》)及茨城新闻网站等相关资料制作。

除上述编辑部门采编人员配置外,该报还在东京和大阪设立分社。东京分社的8名记者负责采访报道和广告营业活动,大阪分社的2名记者主要负责广告营业活动,在茨城县境内设有众多记者站点,以获取本地新闻。

表9揭示的《茨城新闻》《朝日》《读卖》《每日》《日经》4家全国性报纸在1999年和2014年两个时间点上,在茨城县内设置记者站点的变化状况。《茨城新闻》在人口数量较多的市(町,类似于我国的镇或街道)站点配置3—5名记者,人口

少的市(町)站点配置1名记者。就记者站点数量而言,《茨城新闻》从1999年的15个增至2014年的18个,《朝日新闻》从1999年的8个减至2014年的7个;《读卖新闻》从1999年的12个减至2014年的9个;《每日新闻》则从1999年的10个锐减至2个;《日经新闻》始终保持2个。由此可见,《茨城新闻》在记者站点布局上明显高于全国性报纸,这是该报能在有关本地报道的数量上及质量上超越全国性报纸的关键。

表9 《茨城新闻》与全国性报纸在茨城县内记者站点数量比较

市(町)名	人口数(万)	茨城新闻		朝日新闻		读卖新闻		每日新闻		日经新闻	
		1999年	2014年	1999年	2014年	1999年	2014年	1999年	2014年	1999年	2014年
水户	27	○	○	○	○	○	○	○	○	○	○
日立	16.6	○	○	○	○	○	○	○	○		
日立中	15.6	○	○								
土浦	14.2	○	○	○	○	○	○	○	○		
筑波	21.3	○	○	○	○	○	○			○	○
筑西	11.5	○	○	○	○						
取手	10.9	○	○								
鹿嶋	6.6	○	○								
大子	2	○	○								
常陆太田	5.7	○	○			○					
常总	6.3		○								
笠间	8	○	○								
石冈	7.9	○	○			○		○			
鉾田	5	○	○								
龙崎	7.9	○	○			○	○				
古河	14.4	○	○			○	○				
下妻	4.6		○								
牛久	8.1			○							
水海道	6.5					○					
行方	3.6		○								

说明:城市人口数据来源于相关市政府网站资料。
资料来源:同图10。

3. 茨城新闻的本地化报道特征

《茨城新闻》版面的新闻报道主要有四方面内容：由本报记者采写的事件、事故的"突发新闻"；改写行政、企业、市民活动等"送上门来"的"宣传稿"（以上统称为即时新闻）；报社举全社之力，用比较长的时间深入挖掘采写的"连载报道"及"策划报道"（深度报道）；共同通讯社提供的新闻稿及少量的时事通讯社提供的策划报道（深度报道），这些新闻都是报社无法自力采写到的全国性新闻和国际新闻。

（1）通讯社来稿的处理方式。该报每天编辑作业中，最早处理的是来自共同通讯社配送的原稿，负责这项工作是早班副总编和整理校对部（版面编辑部）。该报第2版刊登的就是共同通讯社的稿件，上午11时编辑人员就开始这些新闻稿的选稿组版作业。这些原稿能否上版，需要与其他新闻加以比较分析，最终决定权在决定版面构成的下午4时编前定稿会议上。在选择共同通讯社来稿的重要依据是原稿中附加的7—8行的说明，选择合适与否，要看第二天竞争对手的全国性报纸是否也刊登了相关报道，如果刊登了相关报道，该报相关人员要将其与本报报道内容相对照，进行讨论和反省。来自共同通讯社的稿件信息会随时用声音在编辑部内播放，编辑部内任何人都可以对这些新闻素材发表意见。所以，该报在这些原稿的选择上，不是依靠某个特定个人的主观判断，而是通过值班总编、版面主编、编辑部成员之间自由交换意见，在确认新闻价值基础上完成的"组织行为"。

编前定稿会议上决定的稿件交由整理校对部（版面编辑部）制作标题和确定版面位置后，再交给版面主编和值班总编，得到确认后，再返回整理校对部（版面编辑部），如此反复，最终定稿制版排印。

（2）事件、事故等突发新闻的处理方式。事件或事故报道等突发新闻，很大程度上依赖于对警方的采访及警方的信息发布。对于警方发布的信息，记者需要通过补充采访加以印证，以检验警方在信息发布上是否存有恣意性。

识别官方发布的"通报的信息"的重要性，有利于调整报社采访体制。通常统括记者采访活动的是记者所属部门的部长，对于某起突发事件或事故，掌控组建整个报社采访体制指挥权的是报道部长。前方记者通常会将突发事件或事故的"第一报"传给各自所属部门的部长，当意识到出现通常采访体制难以应对的"大事件"时，记者可以直接向报道部长汇报。

判断突发事件是否具有"新闻价值"的标准，是看其是否具有"异常性"。比如,1997年3月11日茨城县东海村"动燃"核电站燃料再处理工厂发生爆炸事故,前线记者将"第一报"先是传给所属部门部长,但当预测到事故有进一步扩大之势时,报道部长马上组建了全社对应的采访体制。当时,除"动燃"官方通报的信息外,还有该报记者在过去采访过程中长期积累下来的诸如该设施存有高放射性物质"核钚"等背景信息,借助这些信息,该报相关编采人员马上判读出"动燃"官方在信息通报中"有所保留"内容背后隐含的"含义",确信这是一起具有高度"异常性"的"大事件",必须以全社力量加以应对。

当然,对于突发事件或事故进行新闻价值判断并非易事,而且将"新闻价值"判断的结果毫无保留地搬上版面的情形也是不多见的。通常情况下,都是采取"抑制性报道"方式,对相关事实关系进行最小范围的记述,回避有关社会评价的言论和相关当事人身份信息等内容,细心避免当事人因新闻报道而遭受人权伤害。当通过补充采访获得足以判断"突发事件或事故"具有"异常性"等新闻价值的信息后,后续报道才有可能大篇幅地加以报道。

(3) 政治、行政、经济新闻的处理方式。有关政治(主要指议会)、行政、经济的一手信息源来自于采访记者日常接触到的"人",来自于记者在议会事务局、议员、行政及当地社会建立起来的人脉网络,在与这些人进行看似"漫无边际"的交流中有意识地捕捉"有故事"的新闻素材,以确定报道选题;然后,再重新对这些新闻来源的相关部门机构及人员进行采访。

报社经常会收到各类团体机构为提高"知晓度"而主动提供的"送上门来"的新闻素材。这些素材有可能成为特定企业宣传,但仍具有一定价值,它可以使记者通过实际采访获得意想外的新闻线索;有关当地"政治争议"的信息,虽无法登上版面,但可能成为选举报道等的背景信息,成为获取重要信息源的手段。

"扎根"于当地社会,积极主动报道当地新闻,是日本地方性报纸的特色之一。《茨城新闻》在新闻报道上与全国性报纸展开竞争,所采取的"差异化"战略的主要手段,就是有意识地站在当地居民的视角来进行新闻报道,与当地社会共有对时代的认识。

除了采写突发事件或事故的新闻外,该报记者站点日常性的采访对象就是当地的行政机构、议会和当地居民。与当地居民之间的人脉关系即使记者调离后,也必须被继承下来。与当地居民的日常性交流是该报站在当地居民立场上从事办报活动的"营养源"。

日本各地普遍存在吸引国家项目落户当地的"项目依赖症"。这些国家项目带给当地居民就业机会,推动当地经济发展,也为当政者的"政绩"加分。标榜"不偏不党"的日本报纸大多以"政治的批判者"面目出现,十分忌讳被批判为"与政治走得太近",充当"政治的传声筒"。作为地方性报纸的《茨城新闻》则少些此类顾忌,站在"做当地社会利益的拥护者"的立场,凡是当地居民认为"有利"的事情,不管是否被批判为"当政者歌功颂德",该报都要采取尊重的态度,不遗余力地优先予以报道,只是在肯定引进国家项目的同时,指出这些项目可能会带来的负面影响。

(四)借鉴与启示

日本地方性报纸在报业"转型"上似乎走得并不快,它们"扎根"于乡土,精耕细作,坚守报道内容"本地化"战略,对于饱受"转型"之苦的我国报纸来说,具有一定的借鉴价值。

日本地方性报纸应对网络冲击的重要策略就是将"本地化"报道做到"极致"。这一"极致"达到怎样的程度,可以借助曾在日本传媒界卷起巨大波澜的日本活力门网站原总裁堀江贵文的评论来说明。他转述日本某地方性报纸经营者的话,指出"地方性报纸的强项在于其具有社会媒体功能,可以让读者在其出生时、上学时和去世时,一生中至少有三次登上版面的机会"[①],而且这些"本地化"报道几乎不"上网",读者只有通过本报或在本报网站上注册为会员,才有可能读到本地新闻,这些报纸在网络时代仍然具有较强的优势性。

参考文献

[1] 日本新闻协会:《2011年全国媒体接触、评价调查报告》,2011年。
[2] 大石、岩田、藤田:《地方报纸的新闻制作过程——以茨城新闻为例》,《庆应义塾大学媒介传播研究所纪要》,2000年。
[3] 《日经新闻年报》2005—2016年度。
[4] 《日经新闻》2015年7月23日。
[5] 《信息媒介白皮书2016》。
[6] 在日本现场阅读地方报纸,http://webronza.asahi.com/bloggers/2013011400003.html.

---

① [日]《东洋经济》2013年11月29日。

"日本会议"研究

王 盈[*]

【摘　要】"日本会议"是近年来受到日本社会广泛关注的民间组织,尤其在2017年年初"森友学园"丑闻曝光后,其与安倍政府的关系再次引起热议。本文对"日本会议"的基本信息进行梳理,对其参与日本国内政治的方式进行整理归纳、对其巨大动员能力的来源进行挖掘,重点就其与安倍政府之间的关系进行了追踪,试图通过对"日本会议"的初步研究,推动对日本国内政治生态的相关认识的更新。

【关键词】日本会议;安倍政府;宗教团体;森友丑闻

2017年2月9日,《朝日新闻》刊登了一则名为《大阪国有土地卖给学校法人 价格不公开、为邻近1成》[①]的报道,称大阪一块估价为9.6亿日元的国有土地被打折抹去了约8.2亿日元后,卖给了大阪市学校法人"森友学园"用于建设小学。而基于"森友学园"对外宣称日本首相安倍晋三的夫人安倍昭惠担任该小学"名誉校长",并以"安倍晋三纪念小学"的名义来募集捐款等,安倍被指控在这一廉价卖地过程中发挥了作用。安倍坚决否认自己与"森友学园"有关,"森友学园"理事长笼池泰典又相继抛出"安倍向学校捐款100万日元"、安倍爱徒、时任内阁防卫大臣的稻田朋美"是老朋友,曾是学园的顾问律师,还帮其打过官司"。在安倍还没洗清"森友学园地价门"嫌疑时,又爆发了"加计学园"丑闻,两相作用持续引发日本政坛震荡,导致安倍内阁支持率不断下降,在2017年7月时甚至跌破30%,被视为最终促使安倍晋三解散议会进行提前大选的一大因素。在10月结束的大选中,安倍与其领导的自民党虽然再次取得压倒性胜利,但"森友学园"问题并未因此了结,在野党、日本媒体仍在继续追查,仍将影响安倍的政

---

[*] 王盈　法学博士,上海社会科学院宗教研究所助理研究员。本文为笔者对《右翼宗教团体、"日本会议"与安倍政府》(《宗教与美国社会》2017年第1期,总第14期)的更新与修改,为2017年度国家社科基金青年项目"日本宗教团体与战后中日关系及我国的对策研究"资助成果。
[①] 吉村治彦、饭岛健太:《学校法人に大阪の国有地壳却　価格非公表、近隣の1割か》,《朝日新聞》2017年2月9日。

治生命。①

　旗下产业唯有大阪一家幼儿园的"森友学园"又是怎样和首相夫妇挂上钩的？2017年2月23日出版的《周刊文春》称，采访自民党相关人士获悉，"森友学园"理事长笼池泰典长期担任"日本会议"大阪代表（即大阪分部负责人）。②"日本会议"作为平民笼池泰典与首相安倍晋三的连接点，又一次进入了大众视线。就在刚过去的2016年，随着媒体追踪报道以及相关著作的陆续出版，"日本会议"这一组织与安倍政权之间的关系逐步浮出水面，在日本国内引起了极大的关注。

　"日本会议"成了"森友学园问题"的焦点之一，在报道出现后，迅速做出回应，称笼池泰典是该会"运营委员"，而非"代表"。③ 3月1日"日本会议"统治"日本会议国会议员恳谈会"传达了"森友学园国有地贱卖事件与日本会议无关"；3月13日再次通知加入"日本会议国会议员恳谈会"的各议员"笼池泰典在平成23年1月（即2011年1月）已经退出日本会议"；④3月22日出版的《周刊朝日》则刊登了对"日本会议"现任会长田久保忠卫的采访，⑤田久保会长再次强调笼池泰典已与日本会议无关。然而，这一系列的动作事实并未撇清两者关系，更未打消大众的忧虑。"日本会议"究竟是一个怎样的组织？与安倍晋三首相又是什么关系？为何今天会在日本社会引起如此巨大的忧虑？

一、"日本会议"概况

　"日本会议"究竟是怎样的一个组织？按照日本会议官网上的解说，⑥"日本会议"诞生于1997年5月30日，由"保卫日本之会"与"保卫日本国民会议"合并而成，是拥有全国性草根网络的国民运动团体。至今，会员约有3.8万人，在日

---

① 相关报道可以参见日本各大媒体对于"森友学园问题"所做特集，具体包括："森友学園問題"，http://www.asahi.com/topics/word/%E5%A4%A7%E9%98%AA%E3%81%AE%E5%9B%BD%E6%9C%89%E5%9C%B0%E5%A3%B2%E5%8D%B4%E5%95%8F%E9%A1%8C.html；"森友学園問題 まとめ読み'NEWS通'"，http://www.yomiuri.co.jp/matome/20170321-OYT8T50093.html。
② 《国有地を一〇分の一で払い下げ　安倍晋三学校　校長の政界人脈》，《週刊文春》，2017年2月23日，第137—138页。
③ 日本会議官網：《週刊文春、週刊新潮の『大阪・森友学園の国有地取得をめぐる』記事の事実誤認について》，2017年2月21日。
④ 《産経新聞》：《籠池泰典氏は6年前に日本会議退会》，2017年3月14日。
⑤ 《週刊朝日》：《『日本会議』田久保忠衛会長が激白90分『籠池問題は迷惑。安倍政権は日和っている』》，2017年3月21日。
⑥ 日本会議官網：《日本会議とは》，http://www.nipponkaigi.org/about，2016年10月11日访问。

本的 47 个都道府县都设有总部,在区市町村设有 242 个支部。

"日本会议"为何而存在？在其自我介绍中,自称是"为再建美丽日本与建设骄傲国家,推动政策建议与国民运动的民间团体"。① 具体而言,就是要:"1. 将美丽的传统国品②传承给明日的日本;2. 与新时代相适合的新宪法;3. 保卫国家名誉与国民生命的政治;4. 培养日本感性的教育创造;5. 提高国家安全为世界和平做贡献;6. 以共生共荣之心相连的世界友好。"③

六大目标用了诸多抽象修饰词,尤其是首要目标"将美丽的传统国品传承给明日的日本",④听上去冠冕堂皇却不容易理解。"日本会议"对此作了一定阐述。所谓"传统",即"敬爱皇室之国民之心,自古至今千古不变","延绵 125 代、具有悠久历史的皇室是举世无双的我国所值得骄傲的财富",要传承下去的高贵传统"国品"也即"以皇室为中心的日本"。⑤第二大目标则提出"与新时代相适合的新宪法",提出第二次世界大战后日本国宪法的诞生几乎由当时驻日盟军一手操办,订立至今"已有 60 多年历史",⑥存在诸多弊端,而宪法应是"反映历史形成的国品的基本法",呼吁"以日本人自己之手创造值得骄傲的新宪法"。⑦

综合目标一、二,不难看出,"日本会议"认为"象征天皇制"下的现行日本国宪法是外国制定的,并非"反映历史形成的国品的基本法","象征天皇制"也并非是其要传承下去的"传统国品",而符合其"反映历史形成的国品的基本法"定义的宪法,显然只有一部,即《大日本帝国宪法》。

在至今对日本会议的追踪报道、研究中,或将"日本会议"定义为日本国内最大的"右派""保守"型组织,⑧或称之为"极右"组织,⑨更有研究认为"日本会议"是当前"日本最大右翼组织"。⑩ 在日本,"右翼"这一概念复杂。步平、王希良曾

---

① 日本会议官网:《日本会議とは》,http://www.nipponkaigi.org/about,2016 年 10 月 11 日访问。
② 日语"国がら",汉字写作"国柄",笔者译作"国品"。
③④⑤ 日本会议官网:《日本会議がめざすもの》,http://www.nipponkaigi.org/about/mokuteki,2016 年 10 月 11 日访问。
⑥ 现行日本国宪法诞生于 1946 年。
⑦ 日本会议官网:《日本会議がめざすもの》,http://www.nipponkaigi.org/about/mokuteki,2016 年 10 月 11 日访问。
⑧ 如《朝日新聞》:《地方から改憲の声、演出　日本会議が案文、議員ら呼応》,2014 年 8 月 1 日;《東京新聞》:《日本最大の右派組織　日本会議を検証》,2014 年 7 月 31 日;《神奈川新聞》:《時代の正体〈89〉日本会議を追う(上)改憲へ増す影響力》,2015 年 5 月 4 日。
⑨ 俵義文:《日本会議の全貌　知らざる巨大組織の実態》,第 11 页。
⑩ 同⑨,第 12 页。

对日本"右翼"概念进行过梳理,在比较日本各大词典的定义并对日本右翼的实际活动进行考察后认为,日本右翼的原点是"神国日本"基础上的国粹主义思想,有别于"保守"概念,具有极端民族主义或国家主义,而右翼团体的共同特点是鼓吹"皇国史观"、否定侵华战争、反对道歉。①

"国品"一词在日语中是一冷僻词。1939年日本文部省出版的《我国国体与神道》一册中,第一句为"国体とは国がらである",②意思是"国体即国品"。而日本的"国体"③具体是指:"大日本帝国奉万世一系的天皇皇祖神敕并永远蒙其统治。这是我国万古不变之国体。基于此大义,作为一大家族国家,亿兆一心奉从圣旨,发挥忠孝之美德。此乃我国体之精华也。此国体为我国永远不变之根本,贯穿国史,灿烂闪耀。"所谓"传统国品",也即战前的"国体",也即"主权在天皇"的近代天皇制。

在"日本会议"的第三大目标"保卫国家名誉与国民生命的政治"中,"日本会议"指责第二次世界大战后日本政府的谢罪外交"蔑视国家历史与为国难献出宝贵生命的阵亡者",④结合其在《设立趣意书》中的表述"东京审判史观的蔓延招致对外国各国的谢罪外交,使承担下一时代的青少年失去对祖国的自豪与自信",显然"日本会议"反对东京审判、反对道歉,肯定的是祭祀在靖国神社的"大东亚战争"阵亡"英灵"。

按"日本会议"对天皇、对战争、对宪法的认识,笔者认为,将日本会议称之为"右翼"组织是妥当的。这样的力量主导下的"新宪法"不得不让人担心,而这一力量所要创造的"传承值得骄傲的国家历史、传统、文化"的"历史教育"与"找回日式德性"的"感性教育"是怎样的教育?不言而喻。

那么,"日本会议"又是如何实现其目标的?

二、"日本会议"参与日本国内政治的方式

(一)参与中央、地方议会

"日本会议"参与日本国内政治的最重要方式是通过其在中央、地方的议员联盟。在日本国会建立有"日本会议国会议员恳谈会"(简称"恳谈会"),成立于

---

① 步平、王希良:《日本右翼问题研究》,第8—14页。
② 河野省三:《我が国体と神道》,文部省教学局1939年版,第1页。
③ 文部省:《国体の本義》,文部省1937年版,第9页。
④ 日本会议官网:《設立趣意書》,http://www.nipponkaigi.org/about,2016年10月11日访问。

1997年5月29日,比"日本会议"自身的诞生还早一天。截至2015年9月,"恳谈会"拥有来自自民党、民主党、次世代党、维新党的281名议员,其中256人来自自民党。"恳谈会"会长平沼赳夫,顾问谷垣祯一,特别顾问麻生太郎,副会长包括安倍晋三、石破茂、古屋圭司、菅义伟、中谷元、小池百合子等人,干事长下村博文,事务局长系自民党总裁安倍晋三的特别助理萩生田光一。可以说,几乎涵盖了现在的日本政权中枢的核心人物。而安倍晋三的弟弟岸信夫、前防卫相小野寺五典、日中协会会长野田毅等著名政治家也都是其会员。

除"恳谈会"外,在日本的47个行政区都设有"日本会议地方议员联盟"。截至2016年4月,共有成员1632人,其中知事1人、市区町长31人、都道府县议795人、市区町村议805人。

"日本会议"借助"恳谈会""日本会议地方议员联盟"的成员为自己发声,在中央、地方议会发动质询攻势、通过议会决议等方式来满足自身政治诉求。其中,值得关注的是其"地方包围中央"战术。比如,"日本会议"从2014年开始推动地方议会通过"要求早日修宪的意见书"。截至2016年5月16日,47个都道府县中有33都府县议会,53个市区町村议会通过了要求国会尽早实现宪法修改的决议。"日本会议"以地方决议向国会施压的方式,为实现其主张造势,为其支持的政策得以落实铺路。之所以能取得如此战果,是因为遍布日本47个行政区的"日本会议地方议员联盟",至今为止,其所属议员超过半数的地方议会有7个,超过40%的有19个(其中,山口县更是高达70%),①这意味着半数以上的地方议会被"日本会议地方议员联盟"的成员所左右。

(二)领导草根国民运动

"日本会议"开展的草根国民运动中,极其重要的一部分是对皇室的敬慕奉祝运动。天皇夫妇外出"巡幸","日本会议"在出访目的地的总部就会组织盛大的灯笼队伍,迎接天皇夫妇的到来。2005年平成天皇夫妇出访塞班,"日本会议"甚至组织人员先行去往塞班岛迎接。每逢皇室有新成员出生,都会举行相应庆祝活动。

当然,"日本会议"做的不仅仅是组织群众、挥舞国旗、迎接天皇,通常会针对某一目标成立专项团体,团结一切可团结力量,共同展开行动。比如,时下围绕

---

① 俵義文:《日本会議の全貌　知らざる巨大組織の実態》,第111页。

修改宪法,成立了外围团体"制定美丽日本宪法国民之会",此为中枢核心,整合并最大限度地发挥在这一方面具有共同诉求的个人、团体的力量。然后,开展"街头攻势",组织人员在街头散发传单、召开集会等,最关键的是收集其需要的"签名",以此来证明自身代表民意,为其政治诉求添加砝码。

"日本会议"的一大特色在于从不轻视地方的力量。在进行专项活动时,比如开展上述的推动宪法修改相关活动时,除了居于核心的"制定美丽日本宪法国民之会"外,2015 年 11 月 3 日前在 47 个行政区建立了"制定美丽日本宪法○○县民之会",在各地方展开街头活动。而"制定美丽日本宪法国民之会"的发起代表樱井良子、田久保等也在全国各地开展巡回演讲,以博得"民意"支持。此外,日本会议每年都会派出车队,从东京出发,前往日本各地开展有针对性的宣传。近年来,这一"纵贯全国宣传车队"特色活动由原来的每年两次,增加到了每年 4 次,通常该活动由日本青年协议会承担。这些"街头攻势"的效果不俗,比如"制定美丽日本宪法国民之会"宣布其已经迅速征集了超过 700 万个支持修宪的签名,离其所制定的 1 000 万个签名的目标相距并不遥远。

三、"日本会议"与安倍政府

不向前追溯,只看"日本会议"本身,这一组织已存在 20 多年。为何到了今天才受到如此重视?显然其与安倍政府的关系密不可分。

笔者对 2016 年 8 月 3 日再一次改组后的安倍内阁人员构成做了如下梳理。

如表 1 所示,在 20 位安倍内阁成员中,除去石井启一这一来自公明党的大臣外,19 名自民党大臣中有 16 人属于"日本会议国会议员恳谈会"。在 2012 年 12 月,安倍第二次上台组阁时,19 名阁僚中有 13 人是"恳谈会"成员;2014 年 9 月安倍改组内阁时,19 名阁僚中"恳谈会"成员有 15 人;2015 年 10 月安倍再次改组内阁时,19 名阁僚中仍有 15 人是"恳谈会"成员。如果将副大臣、政务官等都计算在内,那么,在第三次安倍内阁的约 50 名高官中,"恳谈会"的成员占到 80% 以上。自安倍 2012 年 12 月再次执政以来,其内阁成员中属于"恳谈会"的成员不仅所占比率极高,而且非常稳定。

这种稳定不仅体现在数量上,还体现在对关键职位的控制上。如表 1 所示,外务、防卫等几个核心位置上都是"恳谈会"成员。而安倍晋三首相与内阁二把手副首相、财政大臣麻生太郎同是"恳谈会"的特别顾问,官房长官菅义伟则是副会长。即使安倍上台至今对内阁进行了多次改组,内阁中"恳谈会"系议员的总

表 1　第三次安倍内阁第 2 次改组后内阁大臣所属国会议员组织

职 务	姓 名	日本会议国会议员恳谈会	神道政治联盟	大家参拜靖国神社
总理	安倍晋三	√（特别顾问）	√（会长）	√
副总理、财务	麻生太郎	√（特别顾问）	√	√
总务	高市早苗	√	√	√
法务	金田胜年	√	√	
外务	岸田文雄	√	√	
文部科学	松野博一	√	√	
厚生劳动	盐崎恭久	√	√	
农林水产	山本有二	√	√	
经济产业	世耕弘成	√	√	
国土交通	石井启一	（公明党）		
环境	山本公一	√	√	√
防卫	稻田朋美	√	√	√
官房长官	菅义伟	√（副会长）	√	√
复兴	今村雅弘		√	√
国家公安	松本纯		√	√
冲绳北方等	鹤保庸介		√	√
经济再生	石原伸晃		√	
一亿总活跃	加藤胜信	√（副干事长）	√	√
地方创生	山本幸三	√		√
东京奥运	丸川珠代	√	√	√

资料来源：2016 年 8 月 25 日，综合日本国首相官邸网页 http://www.kantei.go.jp/jp/97_abe/meibo/index.html，2016 年 8 月 10 日访问；俵義文：《資料 6　第 3 次安倍晋三内閣及び自民党役員の所属議連一覧》及《日本会議の全貌　知らざる巨大組織の実態》汇编而成。

人数有减有增，然而这些政府最核心位置的人员却一直由"恳谈会"系议员所占据。刊登于日本会议的机关杂志《日本的呼吸》、时任会长三好达在 2013 年度"恳谈会"年度总会上的致辞也验证了这一点。

"不管怎么说，去年 12 月 16 日的众议员议员选举结果是我们运动的一大成果。自民党获得将近 300 席的压倒性胜利,其结果诞生了安倍政权……以安倍内阁的大臣为首,副大臣、政务官、官邸的重要位置、自民党的要职,多数启用了与我们抱有同样志向、加入日本会议国会议员恳谈会的国会议员,我们对于他们的活跃抱有很大的期待。"①

"日本会议"将自民党在大选中的获胜,尤其是安倍政府的诞生视作自身运动的一大成果。前首相菅直人曾公开表示,一度以身体状况不佳为由辞职的安倍之所以能够花开二度,就是因为"日本会议"的推举。② 2007 年,时任首相安倍晋三在刚发表完自民党党代表演说后就以身体不适为由辞职,当时《朝日新闻》的调查显示,日本选民中有近七成认为"安倍的突然辞职是不负责任的"。③ 安倍以这种不太光彩的形式下台,并没有多少人看好其可以东山再起。然而安倍并没有就此淡出大众视野,不停地出现在保守系的各大媒体中,比如多次在保守媒体"樱花频道"中出场。根据日本学者追踪,在保守系媒体的报道中很早前就出现了期待安倍再次上台的报道。④ 三好达会长致辞中也显示出"日本会议"以实际行动表示了对自民党,尤其是对安倍晋三个人的支持。

"日本会议"为何会在自民党众多政治家中选择安倍?首先,值得关注的是参议院议员卫藤晟一。这位安倍长期的"盟友中的盟友",⑤是承担日本会议实际运营的"日本青年协议会"创立时期的委员长,是"日本会议"在国会的代表。自 2012 年,安倍再次担任首相开始,卫藤晟一一直担任国政相关首相辅佐官一职至今。而安倍本人,无论起伏,经常参加"日本会议"举行的活动,并为"日本会议"站台。比如 2011 年 11 月 21 日,"日本会议"主办的"保卫尖阁诸岛全国国民集会"上,安倍晋三议员不仅参加了该集会,并登台做来宾致辞。在长期接触中,时间验证了一心摆脱战后体制的安倍晋三与"日本会议"在政治目标、理念上的高度重合。

对"日本会议"而言,安倍更是难能可贵的能够落实共同的政治诉求、值得信

---

① 日本会議:《日本の息吹》2013 年 5 月号,第 26 页。
② 《"日媒:安倍被右翼团体'日本会议'左右"》,《参考消息》2015 年 9 月 2 日。
③ 《朝日新聞》:《首相辞任「無責任」70%》,2007 年 9 月 14 日朝刊。
④ 能川元一、早川タダノリ共著:《憎悪の広告:右派系オピニオン誌「愛国」「嫌中・嫌韓」の系譜》,东京合同出版社 2015 年版,第 19 页。
⑤ 1993 年,安倍晋三首次当选国会议员,与再度当选的卫藤晟一在修改宪法、历史认识、教育改革等政治理念上高度一致,长期共同行动,如一起成立"思考日本的前途与历史教育年轻议员之会"。此后彼此帮助、提携。卫藤曾一度退出自民党,并在选举中落选,当时的自民党总裁安倍晋三将唯一一个总裁推荐名额给了卫藤,帮助其成功复党。具体参见《週刊朝日》:《止まらぬ失言にアメリカ激怒 安倍政権を壊す"お友達"の暴走》,2014 年 3 月 7 日号,朝日新闻出版社 2014 年版。

赖的政治家。"日本会议"一向主张"修改宪法是日本会议集结力量，必须实现之事。没有这，就没有我国的未来"，①而修改宪法，"必须首先从国家意识，进而到与天皇相连的国体的明确确立开始。也即，宪法、防卫、教育问题，必须先从正确的国家意识，也就是确立正确爱国心的根本性'心灵问题'入手"，②所以"修改教育基本法正是修改宪法的前哨战"。③ 也即修改宪法、修改教育基本法是日本会议的两大目标。修改教育基本法，在安倍第一次担任首相期间，于2006年12月15日，以强行通过方式成功实现。在第一次执政时期，安倍政府还通过了为修改宪法铺路的"国民投票法"。再次上台后，安倍更是竭力推进宪法修改。

安倍第一次任职首相期间，"日本会议"事务总长椛岛有三曾称赞道："安倍政权开始以来我最大的感受是，'日本会议'从'阻止运动''反对运动'的阶段转向提议价值、方向性。"也即日本会议开展的国民活动从原先的"反对""阻止""夫妇不同姓""外国人参政权""设立国立追悼设施"等转变为推进"教育基本法修改""使修改宪法的国民投票法成立"这样具有"建设性"的活动，这是因为"安倍政权以来，国家基本问题相关的负面事项都得到了抑制，必须认识到政权所带来的巨大作用"。④

安倍第一次执政虽然一年都不到，却通过行政力量，遏制了曾经消耗了"日本会议"巨大精力的政治议题，让"日本会议"得以转守为攻。而修改教育基本法、通过国民投票法，安倍以实际行动"不负所望"，对"日本会议"而言，安倍晋三无疑是"最理想的总理"。

"日本会议"对安倍的帮助并不少。从学生时代开始，安倍本人一直没有显示出有特别出色的政治素养、深刻的政治思想。今天，为安倍贡献如前述卫藤这样的可倚重的智囊、提供政策建议、为其政策进行辩护的是"日本会议"。2014年8月号《日本的呼吸》，介绍了7月1日安倍政府通过的容许行使集体自卫权内阁决议以及热烈支持的"见解"全文。2015年5月14日安倍内阁通过《安全保障关联法案》。历任内阁法制局长官中的大多数、最高法院原法官、90%以上的宪法学者都批判该法案违反宪法。而在2015年6月4日的众议院宪法审查

---

① 日本会議：《日本の息吹》2013年5月号，第27页。
② 日本会議：《日本の息吹》1984年7月号，第2页。
③ 日本協議会・日本青年協議会：《祖国と青年》2005年6月号，引自青木理：《日本会議の正体》，第207页。
④ 日本協議会・日本青年協議会：《祖国と青年》2007年7月号，转载自青木理：《日本会議の正体》，第210页。

会上，所有证人一致认定该法案"违宪"，此时，安倍政府抬出"也有很多宪法学者主张合宪"①来为自己辩护。而实际上这"许多学者"一共只有3人，分别是中央大学名誉教授长尾一宏、日本大学教授百地章、驹泽大学名誉教授西修。3人都与"日本会议"有关，百地章更是"日本会议"的"理论大脑"——"政策委员会"委员之一。

除了"思想"上的帮助，"日本会议"更以其民间身份，对安倍的反对者开展针锋相对的国民运动，以"民意"来为安倍保驾护航。比如2015年夏，日本国内对《安全保障关联法案》的反对运动进一步激化时，"日本会议"为对抗反对运动，不仅迅速召开"要求尽快建立和平安全法制的国民论坛"，发表支援安倍的声明，同时在全日本70多处开展街头宣传活动来声援安倍。

总之，"日本会议"不仅以各种方式直接参与到了安倍政府的政策制定中，更以组织群众活动、"收集"民意，为安倍政府推进各项政策提供帮助，让安倍政府的"一意孤行"显得不是那么不民主。"日本会议"可以做到安倍所需要的而自身又做不到的事情，确实是安倍政府的一大助力。

任何运动、任何支持，都需要巨大的人力、物力，又是什么给予了"日本会议"如此巨大的力量？

四、"日本会议"的力量来源

研究"日本会议"的各方不约而同地注意到了"日本会议"之所以具有如此巨大的动员力，与其内在的宗教团体有关。② "日本会议"表面上是右翼的著名文人、财界人士、学者所组成的团体，而实际上是接近于"宗教右派团体"的政治集团。③

森友学园原本是现理事长夫人森友淳子的家产，在现任"日本会议"会长田久保为日本会议与森友学园关系进行的辩解中，特意提到了这么一段话"（森友学园）理事长的夫人是生长之家（信徒），我很讨厌被卷入生长之家的内部纷争。将'日本会议'视为恶人，生长之家的田久保这类全贴上生长之家标签的做法很烦人。"④这一说法，某种程度上印证了"日本会议"与宗教界的关联。

---

① 2015年6月4日，众议院宪法审查会进行参考人质疑时，执政党与在野党分别推荐的3位宪法学者一致认定该法案违反宪法。
② 菅野完：《日本会議の研究》，第29页。
③ 青木理：《日本会議の正体》，第154页。
④ 《週刊朝日》：《「日本会議」田久保忠衛会長が激白90分『籠池問題は迷惑。安倍政権は日和っている』》，2017年3月21日。

如表 2 所示,参与日本会议的宗教团体既有传统宗教团体,如伊势神宫、天台宗等,也有众多"新宗教"①团体,如灵友会等;不仅有神社神道系、教派神道系、新教神道系,还有佛教系及其他各种宗教。如表 3 所示,日本会议现有 14 位核心成员中,5 人为宗教相关人员;41 名代表委员中更是包括靖国神社宫司德川康久、热田神宫宫司小串和夫、伊势神宫少宫司高城治延、新生佛教教团最高秋本协德等 17 位宗教相关人士。

表 2　已确认的参加"日本会议"并在"日本会议"内活动的宗教团体②

宗教团体名称	文化厅分类	备注
神社本厅	神道系	
伊势神宫	神道系	
热田神宫	神道系	
靖国神社	神道系	
明治神宫	神道系	
岩津天满宫	神道系	
黑住教	教派神道系	
奥义司卡国际③	新教派系	本体为三五教
大和教团	新教派系	
天台宗	佛教系(天台)	
延历寺	佛教系(天台)	
念法真教	佛教系(天台)	
佛所护念会教团	佛教系(日莲)	
灵友会	佛教系(日莲)	
国柱教	佛教系(日莲)	
新生儒教教团	佛教系(其他)	
基督的幕屋	基督教系	

① 对于"新宗教"的定义,日本存在不同意见。本文指一般所定义的江户幕府末期、明治维新后所产生的宗教团体。
② 菅野完:《日本会議の研究》,第 35 页。
③ OISCA-International: 全称 The Organization for Industrial, Spiritual and Cultural Advancement-International,即"工业、精神与文化进步国际组织"。

续 表

宗教团体名称	文化厅分类	备 注
崇教真光	诸教	
解脱会	诸教	
道德研究所		天理教分支
伦理研究所		PL 教团分支

表 3　日本会议核心成员名单①

	职　　务	备　注
名誉会长	原最高法院法官 三好达	
顾问	普利司通自行车有限公司前社长 石井公一郎 "神社本厅"统理 北白川道久 伊势神宫大宫司 鹰司尚武	
会长	外交评论家杏林大学教授 田久保忠卫	第一代会长为华歌尔公司的创始者塚本幸一，之后日本商工会议所前会长稻叶兴作、最高法院前法官三好达陆续出任会长
副会长	声乐家安西爱子 原拓殖大学校长、靖国神社崇敬者总代表、明成社社长 小田村四郎 东大名誉教授 小堀桂一郎 神社本厅总长 田中恒清	明成社为日本会议的出版机构
监事	外交评论家 加濑英明 日本会议经济人同志会会长 涩木正幸	
理事长	明治神宫崇敬会会长 纲谷道弘	
事务总长	日本协议会日本青年协议会会长 椛岛有三	原"生长之家"
事务局长	日本会议常任理事 松村俊明	原"生长之家"

引人注目的是，"日本会议"几乎囊括了神社系的所有团体。统领全国神社的"神社本厅"由第二次世界大战前与内务省下属神祇院共同承担"普及敬神思想"的皇室讲究所等组成，在战后继续"仰仗伊势神宫，努力维持道统"。伊势神

---

① 日本会议官网：《役员名簿》，http://www.nipponkaigi.org/about/yakuin，2016 年 10 月 11 日访问。

宫、明治神宫、热田神宫，甚至游离神社本厅之外的靖国神社，在神道指令下被拆解的"国家神道"的各个部分，在"日本会议"中重新聚集完整。如表1所示，"恳谈会"的成员与神道系政治联盟的成员高度重合，也印证了"日本会议"的神道基调。

1967年日本基督教团以发表《战争责任告白》为开端，曹洞宗、天主教、净土真宗本愿寺派、真宗大谷派、临济宗妙心派、净土宗以各自方式表明自己的"战争责任"。然而日本宗教界这一动向与神社本厅、教派神道，大多数战前成立的新兴宗教的无关。神道界可以说是日本宗教界乃至整个日本保守势力的大本营。对于以神道本厅为代表的神道系团体而言，恢复战前超然地位的动力从未减少过。第二次世界大战前，神道因为天皇的特殊地位而凌驾于一切宗教之上，要恢复神道在战前的地位，首先需要的是恢复天皇的权威性，而"日本会议"对于"传统国品"的执着也就不难理解了。

"日本会议"的前身之一"保卫日本之会"虽是在镰仓元觉寺管长朝比奈宗源的召集、奔走下所成立，但促使朝比奈行动的却是某次在"伊势神宫"得到的"神启"，而朝比奈首先争取的是明治神宫宫司伊达巽的帮助，之后第一个拜访的是新兴宗教团体生长之家的总裁谷口雅春。[①] 当时加入"保卫日本之会"、之后几乎都加入"日本会议"的非神道系宗教团体，也并非"国家神道""天皇绝对主义"的反对者，而是与神道系共同具有尊皇思想，视战前、战时的国家体制为理想、为日本传统的右翼宗教团体。

受惠于宗教法人法，日本的宗教团体具有免税待遇，许多宗教团体具有强大的财力。以"日本会议"的积极参与者明治神宫为例，每年新年，参拜明治神宫的人数都在增加，近年来新年3天参拜明治神宫的人数更是每年超过300万，加上其下属的明治纪念馆等各种子公司、所拥有的居于东京市中心的众多土地，其财力在神社界属数一数二。早在1976年，"日本会议"的前身"保卫日本之会"举行"庆祝昭和天皇在位50周年游行"时，正是因为明治神宫所提供的大量资金，"保卫日本之会"才得以动员各宗教组织，成功实现了从日本桥到新桥的灯笼游行。而新兴宗教团体，同样具有不可小觑的财力。

"日本会议"几乎囊括了整个神社系。不仅包括最重要的几大神社如伊势神宫、明治神宫、热田神宫、靖国神社，还包括最重要的神道组织如神社本厅。神社

---

① 成澤宗男：《日本会議と神社本庁》，第22页。

本厅统领遍布日本全国大大小小8万多家神社，具有巨大的基层网络。虽然神社本厅是民间组织，原则上应该是神社之间的"互助"组织，然而，神社本厅拥有对旗下各神社宫司的任命权与财产处理权，对各神社具有不可忽视的控制力。"日本会议"由此不仅获得了有力的财力支撑，更获得了巨大的、全国性的人员支持。

神道系虽然提供了相当的财力、人力，然而"日本会议"的实际运作却与右翼新宗教团体"生长之家"密不可分。谷口雅春的"生长之家"，是国家神道、"现人神"①天皇的积极拥护者、是神道界的长期合作伙伴。"生长之家"是战后右翼宗教团体中进行政治运动的先驱。早在1964年时，"生长之家"就成立了"生长之家政治联盟"（神道政治联盟成立于1969年），推举议员，直接参与国家运营。1970年11月3日，原属于"生长之家"学生会的椛岛有三、卫藤晟一、高桥史朗、百地章、松村俊明、宫崎正治等人在橿原神社②结成了"日本青年协议会"。这些出身"生长之家"的年轻人，成长于20世纪60年代席卷日本的学生运动，熟悉左翼运动的各种方式，非常清楚如何发动学生，并在与左翼学生运动的斗争中获得过无数胜利。

1977年"日本青年协议会"加入了神社本厅主导的"年号法制化运动"，③为刚经历了一大失败④的神社系带去了推进年号法制化的崭新运动方式。1977年9月开始开展要求实现年号法制化的地方议会决议运动，到1979年7月为止，46个都道府县、过半数的1 632个市町村议会通过该决议。在1978年6月14日，又成立了"年号法制化促进国会议员联盟"，向国会做工作。1978年7月"实现年号法制化国民会议"成立，议长为最高法院原法官石田和外，11月召开实现年号法制化总崛起国民大会，并于1979年1月开始向国会开展请愿活动。而受此影响，1978年11月17日，政府通过了年号法制化内阁会议决定；1979年6月6日，通过年号法制化法案，12日，年号法正式公布实施。

---

① 意思为"现代人世间的神"。
② 传说初代天皇神武天皇是在奈良县橿原神宫即位。
③ 明治维新后规定"一世一元"，即天皇在位期间只能是一个年号。第二次世界大战结束后，盟军总部对日本进行民主化改造，在修改《皇室典范》时，去除了该规定。由于昭和天皇健在，仍沿用昭和年号，一时间年号问题并不突出，然而随着昭和天皇的老去、新天皇即位越发临近，70年代日本国内讨论如何处理年号的声音又起，最终于1979年6月6日通过年号法制化法案，为新天皇即位制定年号提供了法律依据。
④ 从1969—1974年，在神社本厅、靖国神社等与自民党的运作下，总计5次向国会提交靖国神社法案，希望实现靖国神社的"国家护持"，均未成功。

这次运动中,出身"生长之家"的这些年轻人展现出其对群众运动的实际运作能力,有效弥补了"神社神道门第高、外壳大,但思想内容贫乏,没有官僚制、大佬的援助就没有组织力、缺乏动员力"①的巨大缺陷,为"右翼群众运动"注入了活力。而前述"实现年号法制化国民会议"之后改组为"保卫日本国民会议",成了今日"日本会议"的另一前身。

　　被"日本会议"排在"我们的国民运动的结晶"首位的"年号法制化运动"中,今日"日本会议"的国民运动模式已见雏形,这些成功经验被不断加以运用、完善,形成其所独有的开展国民运动的一套战略、战术,有效弥补了神社系的不足。而正是凭借着这一出色的组织能力与由之而来出色的成绩,这些被现在的"生长之家"称为"原教旨主义者"②们,成了"日本会议"的灵魂所在,在失去"生长之家"支持后,③仍牢牢掌握着"日本会议"乃至整个右翼群众运动的核心。

五、结语

　　在"森友丑闻"的相关报道中,有报道称出现"爱国幼儿园"是和安倍政权有很大关系的——在背后大力支持安倍内阁的日本最大右翼精英团体"日本会议",支持贯彻"右翼教育",所以森友学园得到了安倍夫妇的全面支持。④

　　"日本会议"究竟是不是"日本最大右翼精英团体",其实际能量究竟有多大,仍有待考察。但至少可以确定的是,"日本会议"属于"右翼组织"。而安倍政府与"日本会议"的关系,是了解日本当前的政治生态、判断日本未来走势所不得不重视的一方面。值得玩味的是,"日本会议"向出版《日本会议研究》的扶桑社发去了抗议信,更要求其停止出版。⑤ 扶桑社本身属于"右翼"出版社,是近年来最具影响力的右翼杂志之一《正论》的出版社,而田久保会长的专访却又刊登于被

---

① 成澤宗男:《日本会議と神社本庁》,第47页。
② 具体参见生长之家官方网页:《今夏の参議院選挙に対する生長の家の方針「与党とその候補者を支持しない」》,http://www.jp.seicho-no-ie.org/news/sni_news_20160609.html. 2016年8月10日访问。
③ "生长之家"在1983年发表"与政治的断绝宣言",宣布解散生长之家政治联盟,生长之家不再从事任何政治活动,不为特定候选人进行选举支持,也不捐款。
④《环球时报》:《揭秘日本森友学园关系网:通过层层关系与安倍夫妇建立联系》,《新华网》2017年3月23日,http://news.xinhuanet.com/world/2017-03/23/c_129516246_3.htm. 2017年3月20日访问。
⑤ J-CASTニュース:《『フジ系』扶桑社から『日本会議』批判本　話題の新書めぐる騒動に『保守の内ゲバ』説も》,2016年5月1日,http://www.j-cast.com/2016/05/10266398.html. 2017年3月30日访问。

视为"左翼"的《周刊朝日》，日本"右翼"生态同样值得关注。

宗教团体对日本政治的影响不容忽视。"日本会议"之所以拥有如今的能力，与以神社系为代表的，包括传统宗教、新宗教团体在内的右翼宗教团体在财力、人力上的支持密不可分。宗教团体对日本政治的影响，需要持续追踪。

正如日本共产党副委员长小池晃所言："我认为，这次的'森友丑闻'虽然是从低价出售国有地开始的，但却仅仅不止如此。安倍首相追求的是可以发动战争的国家，它的相关教育在森友学园经营的幼儿园得到了实践。这也就是安倍首相追求的所谓'美丽国家'。很多人认清了'美丽国家'的本质，我认为这才是最重要的。"[①]"森友丑闻"所暴露出的教育问题，不得不让人联想起"大日本帝国"对于日本国民的精神支配之根源在于初等教育中的皇民化政策。"森友丑闻"再次向日本社会敲响了警钟：合理修改本身无可厚非，然而，在安倍、在"日本会议"主导下的修宪却不得不令人担忧。

---

① 朱曼君:《"森友学园丑闻"让日本右翼原形毕露》，《中国国际广播电台》2017 年 3 月 16 日，http://news.sina.com.cn/o/2017-03-16/doc-ifycnpky3602745.shtml. 2017 年 3 月 20 日访问。

四、日本科技与创新

当前日本的人工智能战略及其未来发展

郭洁敏*

【摘　要】日本政府越来越重视人工智能的发展,已将人工智能作为国家增长战略的优先领域,提出要实现领先于世界的"超智能社会"(Society 5.0),并紧锣密鼓地将其付诸实际行动。然而,在具体实践中也存在不少问题,如日本机器人制造技术过硬,但"深度学习"等软件研发方面显得不足;相比"日本制造",日本人工智能方面尚未树立品牌,并欠缺高端人才等。

面对人工智能时代的机遇与挑战,日本政府积极应对,将2017年确定为人工智能元年,并在2017年政府预算中对人工智能技术研发给予巨额资金支持。具体目标为:第一,以制造业为核心创造新价值和新服务;第二,加强"深度学习"等软件开发及应用;第三,探讨和制定人工智能伦理等法律准则;第四,构建高端人才、知识和资金的良性循环。

【关键词】日本;人工智能;战略及未来

当前,随着云计算、传感器、物联网等信息技术的日新月异,世界范围内掀起了新一轮人工智能浪潮,它们被喻为"2017年的黑天鹅"。人工智能因其"对人脑的延伸"以及广阔的应用前景,对经济和社会的发展起着至关重要的推动作用。日本作为世界科技强国,基于工业革命的丰厚积累,同美国、英国、德国等一起迅速抢占先机,将人工智能作为新时期的国家级战略,不惜投入巨资并相继出台了一系列规划措施,力图在扑面而来的新一轮高科技革命浪潮中激流勇进。

一、日本人工智能发展的现状及其特点

人工智能(AI)是一门脑神经科学与信息科学高度融合的新兴学科,脑科学的新发现成为其发展的"助推器"。日本是较早将人工智能技术作为发展重点的国家之一,2014年9月,日本宣布启动"大脑研究计划Brain/MINDS",通过对狨猴大脑的研究来加快人类大脑疾病的研究。同时,它凭借多年来制造工业机器

---

* 郭洁敏　女,复旦大学外文系文学学士,上海社会科学院信息研究所研究员,上海市日本学会理事,复旦大学日本研究中心兼职研究员。

人的经验,推出机器人制造的新战略新措施。例如,2015年1月,日本政府公布了《机器人新战略》,提出今后发展的三大核心目标,即构建"世界机器人创新基地"、成为"世界第一的机器人应用国家"和"迈向世界领先的机器人新时代"。这一战略方案制定了2016—2020年的五年计划,试图最大限度地运用包括政府制度改革在内的多种政策,大力增加机器人的研发投资,推进1 000亿日元规模的机器人制造扶持项目等,目的在于确保日本在机器人领域的世界领先地位。同年5月,日本成立"机器人革命促进会",主要协调各相关机构,明确各自的职责,共享相关信息,协力推进机器人革命。具体而言,这一促进会负责协调政府和研究机构的合作以及用户与厂商的"对接",制定有关管理制度的改革方案,起草有关国际标准的战略性文件等,并开辟各种新机器人技术应用的实验场地等。①

图1　2015年1月19日,日本东京DIY机械展览上100机器人大跳"广场舞"。这批智能机器人高约34.5厘米,还能识别200个日文短语,走路、踢球更是不在话下

近几年来,日本推行所谓的"安倍经济学",它就是将物联网、大数据、机器人以及人工智能作为其振兴策略的核心,设置了将GDP提升至600万亿日元(约合人民币39万亿元)的经济增长目标,力图通过"机器人战略"及人工智能开发来提高生产力。② 在这一战略目标指引下,日本不惜重金加大对人工智能的支

---

① 日本发布《机器人新战略》,转引自新华网2015年4月2日,http://news.xinhuanet.com/info/2015-04/02/c_134118585.htm。
② 日本政府讨论活用AI推动第四次产业革命,转引自新浪财经2016年10月28日,http://finance.sina.com.cn/stock/usstock/c/2016-10-28/doc-ifxxfuff7117503.shtml。

持力度，建立相关研究机构，并接二连三地发布有关规划措施。例如，2015年5月，日本政府先期投入10亿日元在东京成立"人工智能研究中心"，汇集了开发人工智能的技术力量。由于日本人工智能技术研究力量主要集中在总务省、文部科学省和经济产业省下辖的几大研究所（分别承担通信技术、基础研究和产业转化平台功能），为了促进技术整合和人员优化，上述三省打破行政壁垒，成立"人工智能技术战略会议"，并建立由总务省、文部科学省、经济产业省共同参加的下一代人工智能技术研究开发三省联动机制。其总体任务是，实现以人工智能为核心的、面向物联网社会与商业实际应用的研发与实证研究，如三省共同召开相关会议、共同制定人工智能发展战略等，同时建立相应的人工智能技术研发平台，实现计算机、软件、网络等基础设施及研发成果的实时共享。2015年9月，日本经济产业省、文部科学省与总务省携手成立"项目推进委员会"，共同推进人工智能领域的研究。

2016年1月，日本内阁会议审议通过了《第五期科学技术基本计划（2016—2020）》。这一计划是日本政府自1995年颁布《科学技术基本法》、1996年发布《第一期科学技术基本计划》以来启动实施的第五个国家科技振兴综合计划，也是日本最高科技创新政策咨询机构——综合科学技术创新会议（CSTI）2014年5月重组之后制定的首个基本计划。在《第五期科学技术基本计划》中，日本政府投入总额约26万亿日元的研发经费，重点研发物联网及人工智能系统，提出要实现领先于世界的"超智能社会"（Society 5.0）。同年5月，日本政府制定高级综合智能平台计划（AIP），提出集人工智能、大数据、物联网、网络安全于一体的综合发展计划。同月，日本文部科学省发布《2016年度科学技术白皮书》，它以"挑战超级智能社会"为主题，阐述了今后应对人工智能社会的一系列举措，并投入100亿日元支持研究机构和大学的人工智能研究，2017年则加大到150亿日元以上。AIP项目（高级综合智能平台计划）是日本新出台的重要专项，它由文部科学省负责推进，以AI技术为核心，融入大数据、物联网和网络安全等开展创新型研究。同年6月，日本政府通过了新版《日本再兴战略》，将人工智能技术视为第四次产业革命的核心尖端技术，计划到2020年创造出30万亿日元的经济附加值。此后，日本政府又出台《下一代人工智能推进战略》，为人工智能的技术重点、突破路径、产业布局和人才培养等勾画了蓝图。同年9月，日本内阁召开"人工智能技术战略会议"，将推进人工智能研究纳入《第五期科学技术基本计划》和《科学技术创新综合战略2016》。日本学术振兴会（JSPS）理事长担任本次人工智能技术战略会议的主席。除学术界和产业界的代表外，文部科学省、经济产业省、总务省的负责人也出席了这次会议。会议上，围绕推进相关研究政策，对上述三大政府机构的职能进行了分工，其中文部科学省负责基础研究和人才培养、经济产业省负责应用研究、总务省负责信息通信技术。为了实现充分利用互联网的"超智能社会"，会议还提出将人工智能技术的应用、自动驾驶中所必需的新一代3D地图绘制技术、IPS细胞在医疗领域的应用等作为重点开发目标。同时，为提高产业竞争力，会议根据项目分别制订了"创造新的价值""应对经济社会问题""强化创新基础""构筑人才、资金的良性循环系统"等以科技创新实现未来可持续增长的四大核心计划。

2016年10月，日本政府召开"结构改革彻底推进会议"，着手讨论如何实现被定位为经济增长战略核心的"第四次产业革命"，力争在自动驾驶、医疗护理、基础设施领域实现技术革新，加紧推进人工智能和机器人生产等尖端技术的成果转化。据有关报道，会议厘清了势在必行的结构性改革，将其纳入日本政府于2017年中期汇总的新经济增长战略之中。日本政府希望通过克服日益严峻的劳动力不足和创造新的市场来带动经济增长。

以上种种可以清楚看出，日本政府越来越重视人工智能的发展，已将人工智能作为国家增长战略的优先领域，并紧锣密鼓地将其付诸实际行动。其中，日本《第五期科学技术基本计划》引人注目地使用了"Society 5.0"（社会5.0）这一新词汇，意思是最大程度应用信息通信（ICT）技术，通过网络空间与物理空间（现实空间）的融合和共享，构建更为便捷和富裕的"超智慧社会"，也就是说"Society 5.0"是实现"超智慧社会"的一系列规划和措施。

"Society 5.0"这个新概念在日本国内外引起广泛关注。为什么与德国的"工业4.0"等不同，叫作"社会5.0"呢？德国产业联盟会长Grillo曾半开玩笑地说："德国4.0，日本就已经是5.0了？"[①]与欧美的"工业4.0"概念相比，日本的"社会5.0"范围显然宽广得多，即德国通过IT的应用实现制造业的尖端化，将与18世纪的工业化齐名的"第4"次革命定义为"工业4.0"，而日本则选择了不同的视角——着眼于社会的发展，即日本重新构想了信息革命与整个社会的关系，从更高一个层次描绘了全新的远景图。对于日本而言，无论"4.0"还是

---

① 《社会5.0超越工业4.0 | 日本政府出大招》，转引自搜狐科技 2016年9月21日，http://www.sohu.com/a/114817175_463971。

当前日本的人工智能战略及其未来发展　　231

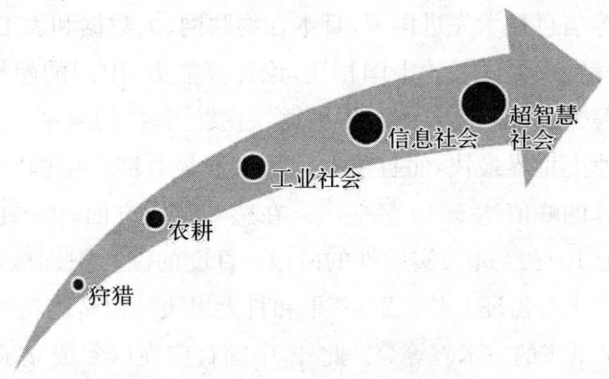

图 2　人类社会发展趋势

资料来源：《社会 5.0 超越工业 4.0 | 日本政府出大招》，搜狐科技 http://www.sohu.com/a/114817175_463971.

"5.0"，都不过是技术进步的速度的角力，而不是"标准"的竞争。"社会 5.0"则是立足于整个经济社会，不仅要提升产业的生产性，还要提升生活的便捷性，解决少子高龄化、环境和能源等一系列社会问题。日本渴望再次进入高速成长的轨道，"Society 5.0"是日本面向未来的前进方向。

二、当前日本推进人工智能面临的问题

如前所述，近年来日本高度重视人工智能的研发，在资金方面大量投入，规划措施层层保障，组织机制也不断完善，然而一向居安思危的日本并不满足于现状，在具体实践中也确实存在不少问题。

（一）日本机器人制造技术过硬，但"深度学习"等软件研发方面显得不足

日本的机器人制造在世界处于领先地位，这得益于其多年制造工业机器人的丰厚经验，尤其在硬件的精度和仿真度方面。然而，机器深度学习（一种 AI 的核心科技）与机器人是差别很大的两个领域，前者是算法和模型等属于软性的东西，其"深度"是指人工神经网络拥有更多的层级而能够解决复杂问题。与人类的大脑一样，深度学习软件可以自主学习，无需人类进行操作。日本有很多世界顶尖的机器人实验室，但是机器学习相关领域，比如计算机视觉、自然语言处理等较少看到日本人有出色的成果。

相比美国等信息技术先进国家,日本在物联网、大数据和人工智能领域显得薄弱。即便同发展中大国——中国相比,论计算能力,中国的超算在速度、能耗和总计算能力等方面都领先日本。据报道,超级计算机的冠军一直在中国手里,申威太湖之光速度世界最快,而且单位运算次数最节能。中国"天河二号"超级计算机每秒运算的峰值达5.49亿亿次。在感知智能方面,中国也是领先日本,如人工智能的运用已经进入实质性的阶段:百度的图片识别搜索;中国公安部2016年推出的网上身份证人脸识别;苹果和科大讯飞的语音高精准识别输入(Siri中文就是使用了讯飞的技术);等等。此外,中国百度在硅谷成立了深度学习研究中心。阿里在杭州搞的城市大脑智能交通系统通过识别车牌和车流控制交通,腾讯的机器客服等都运用了人工智能。在深圳,2016年大部分停车场都实现了车牌识别自动抬杆进站,出站自动识别车牌计算停车费,完全不需要停车卡了。

日本的机器人,如果是做机械动作,同人体的相似度很高,这方面确实比中国强。但是,如让它识别语音和图片、说话或翻译以及判定考试试卷等,就不及包括中国在内的一些国家。不过,日本的机器人还是很受欢迎的。2017年6月28日,东京数字内容产业展在日本东京国际展览中心举行,人工智能、虚拟现实等新技术吸引了上千家参展商出席。日本软银的Pepper机器人被描述成世界上第一个私人机器人,它能读出人类的情绪,并对人类的语言和动作做出回应。它一经推出就被抢购一空(见图3)。

图3 软银集团展示的Pepper机器人

但是，据说 Pepper 仍然距离理想的人工智能很远，它无法通过图灵测试。这是一种在 AI 领域的基准测试，用来确认一台机器是否表现出了与人类无异的行为。这反映了日本在诸如物联网、大数据和人工智能领域的滞后。

为什么日本的机器人水平是世界一流，而在机器学习相关领域比较薄弱？日本早稻田大学教授、东京大学名誉教授 Mitsuru Ishizuka（他从 1980 年开始在东京大学进行 AI 研究）认为，日本在深度学习方面落后于美国有相当距离，但他表示日本已经在努力追赶。例如，日本政府已经建立了一个新的 AI 研究中心，并计划再建造一所，以此推进日本的 AI 研究。他指出，大数据是深度学习的核心，而日本缺少像美国的谷歌或是 Facebook 之类的、在这方面有专长和经济实力的跨国公司。他说，"这些公司可以在 AI 方面投入大量金钱，然后将研究结果融合到他们给予的服务中去。在日本，专长于 AI 科技的公司比它们要小很多"。他说在他的工作中，网站可以区分出日本和美国在物联网、大数据、机器人以及 AI 方面的不同。他认为，在日本，人们对于 AI 的理解过分狭隘，太多重点被放在了作为机器人的组成部分之一的 AI 上。[①] 一些业内人士持有相同观点，如日本东京大学副教授松尾丰认为，人工智能在制造业的运用进展缓慢，这跟人的观念有很大关系。比如，在汽车制造业，发动机等机械部门一直是公司的核心部门，信息技术容易被视作边缘部门。2004 年，机械零件等硬件占整车成本的 80%，到 2015 年电子系统等软件的成本已经达到 40%。这就需要企业彻底转变经营理念。[②]

机器人一直是日本优先发展的战略性技术，但目前深度学习已经成为人工智能的"风口"。近年来，日本政府也越来越认识到，如果不改变思路，积极推出机器人发展新战略，将会威胁到日本作为机器人大国的地位。

（二）相比"日本制造"，日本人工智能方面尚未树立品牌，并欠缺高端人才

最近，日本智库三菱综合研究所（MRI）发布的一份调查报告显示，2030 年前后，具有更高智能水平的人工智能（AI）产品将全面进入人们的日常生活，并由此改变人类社会长期以来的"游戏规则"。这份题为《聪明的 AI 改变游戏规

[①] 《人工智能，日本能否独占鳌头？》，http://www.dataguru.cn/article-8509-1.html. 2015 年 11 月 30 日访问。
[②] 《打破壁垒，推进人工智能发展》，《人民日报》2017 年 7 月 1 日。

则》的调查报告称,随着AI技术不断取得飞跃性突破,它不仅将大幅缩短人们从事家务劳动的时间,更会带来远超人们意料之外的改变。以"料理(大厨)机器人"为例,目前人们可能已经意识到会对厨师这一职业造成严重冲击。然而,当大厨机器人能够完成从采购食材、加工烹饪到处理厨余垃圾、清洗餐具、打扫厨房餐厅等全部劳动时,随之而来的改变可能还会包括:上班族在外就餐的习惯将转变为在家中就餐;大量餐厅宴会将被改为家宴;快餐业和外卖业将走向萧条;大量旧式住宅的厨房和餐厅需要改造;等等。①

然而,虽然认识到人工智能市场的巨大潜力并大力推进,但是日本的人工智能同西方诸国竞争的话还是显得"品牌战略太弱"。NTT前研究员、东京电气通信大学AI专家Satoshi Kurihara认为:"日本企业不擅长宣传自己的技术,他们正在错失机会";"更大的问题在于,日本科技产业可能不只在营销上失了误,它们还可能无法抓住AI快速发展的机会。"②日本德勤咨询高级经理、科技专家Koichi Hasegawa也认为,日本企业研究的范围太狭窄,他们在更宽泛的战略上往往出现滞后,无法将AI优势转化到商业中去。这个问题在日本消费电子企业身上表现得更严重,曾经它们是智能手机和PC的领导者,当技术的应用变得更广泛时,它们错过了机会。③

据报道,过去20年中日本政府研发投资、研究人员数量和科技论文发表数量均有所增加,研发环境显著改善,国际竞争力大幅提升,特别是在发光二极管(LED)、诱导多功能干细胞等前沿科技领域取得突破性研究成果,日本获得诺贝尔科学奖的科学家人数排名世界第二,无不彰显日本的科技实力和国际地位。然而,近几年日本推进科技创新的基础实力急剧弱化,具体表现为:日本科技论文质与量的国际排名均有所下降;国际研究网络建设迟缓;青年研究人员难以充分发挥其才能;产学合作仍未达到理想效果;跨部门人才流动性长期低下;大学和公共研究机构的运行和人事体制改革进展缓慢;政府研发投资增长停滞,相比其他国家处于劣势。当前,随着信息通信技术的迅速发展,社会和经济结构日新月异,世界迎来"大变革时代"。在有效应对能源短缺、老龄化社会、自然灾害、安全保障等越发复杂的全球性挑战方面,科技创新的作用日益凸显。日本身在其

---

① 日本智库发布报告称:人工智能将改变社会"游戏规则",中国社会科学网2017年11月3日,http://ex.cssn.cn/hqxx/tt/201711/t20171103_3693470.shtml.
②③ 尽管有Pepper,但日本人工智能产业已落后,新浪专栏2016年2月17日,http://tech.sina.com.cn/zl/post/detail/it/2016-02-17/pid_8501938.htm.

中,危机感越发强烈。① 根据日本新能源产业技术综合开发组织(NEDO)报告,2010—2014年的5年间,美国人工智能专利累计达12 147件,是2004—2009年的1.26倍;同期中国人工智能专利累计达8 410件,是上一个5年的2.9倍;而同期日本专利只有2 071件,比上一个5年减少了3%。2011—2015年,美国发表的人工智能相关论文中有12.7%与中国研究者共同署名,而日本与美国、中国研究者共同署名的论文不到1%,表明日本人工智能研究的国际开放度很低。②

近年来日本在人工智能领域的相关专利的全球排名下降,给日本有关方面敲响了警钟。据说日本经济产业省正着手提请国会修改相关法律,打破企业和消费者、不同行业间的数据使用壁垒,为建设"Society 5.0"创造更灵活更有利的环境,因为大数据是人工智能的基础。

三、今后日本人工智能发展战略及前景

日本政府已将2017年确定为人工智能元年,并在2017年政府预算中对人工智能技术研发给予巨额资金支持。日本《第五期科学技术基本计划》则提出,日本不但需要具备战略上抢先行动(前瞻性和战略性)、切实应对各种变化(多样性和灵活性)的能力,而且需要在国际化的、开放的创新体系中展开竞争与协调,构建最大程度发挥各创新主体能力的体制框架。基于上述考虑,今后日本将立足于国际视野,基于既定政策措施,扎实推进"社会5.0"(Society 5.0)规划,一步步向"超智慧社会"迈进。具体有如下重点发展方向。

(一) 以制造业为核心创造新价值和新服务

所谓"超智慧社会"是继狩猎社会、农耕社会、工业社会、信息社会之后的新型社会,是网络空间和物理世界高度融合的社会,科技创新在变革中将发挥先导性作用。日本将以制造业为核心,基于因特网或物联网灵活利用信息通信技术,打造世界领先的"超智能社会"(5.0社会),积极应对经济和社会发展面临的挑战,不断创造新价值和新服务。

2017年,日本政府制订了人工智能产业化路线图,计划分阶段推进利

---

① 《日本发布〈第五期科学技术基本计划〉欲打造"超智能社会"》,《光明日报》2016年5月8日。
② 《打破壁垒,推进人工智能发展》,《人民日报》2017年7月1日。

用人工智能技术,大幅提高制造业、物流、医疗和护理行业效率,保持并扩大在汽车、机器人等领域的技术优势,逐步解决人口老龄化、劳动力短缺、医疗及养老等社会问题。例如,日本政府优先推进《科技创新综合战略2015》中确定的11个系统的建设工作:能源价值链优化系统、地球环境信息平台、高效基础设施的维护管理更新系统、防抗自然灾害的社会系统、高速道路交通系统、新型制造系统、综合型材料开发系统、地方治理系统、工作流程管理系统、智能食物链系统以及智能生产系统。日本将通过加强官产学研合作,建立共同的超智能社会服务平台,实现各个服务系统和业务系统之间的互通协作。

同时,为了及早解决日本国内及全球面临的经济和社会发展挑战,日本政府预先选定了要通过科技创新解决的13个重点政策课题,并提出解决各课题的关键工作和技术性问题:

——旨在应对全球性挑战和为世界发展作出贡献的两个重点政策课题:应对全球性气候变化和应对生物多样性挑战。此外,日本政府将从长远发展角度出发,继续大力发展支撑海洋、空间等重要前沿领域开发、利用和管理的一系列科学技术,不断巩固日本发展的科技基础,提升产业竞争力,解决各种社会经济问题。

——旨在确保国家和国民安全安心与实现富裕高质量生活的4个重点政策课题:应对自然灾害;确保食品安全、生活环境及卫生条件;确保网络安全;解决国家安全保障相关问题。

——旨在实现可持续增长和区域社会自律性发展目标的7个重点政策课题:确保能源稳定供应和提高能源利用效率;保障资源稳定并实现循环利用;保证食品稳定供应;实现世界最尖端的医疗技术,建成健康长寿社会;建设城市和区域可持续发展的社会基础;延长高效高性能基础设施使用寿命的对策;提升制造业的竞争力。

(二)加强"深度学习"等软件开发及应用

为强化科技创新的基础实力,日本文部科学省将积极推进使电脑像人类一样思考学习的"人工智能"(AI)研究。在2016年度政府预算中,已列入100亿日元相关预算,以广泛支援研究机构和大学的人工智能研究。

日本科技行业的新秀、人工智能公司Preferred Networks正与日本顶尖公司共同合作,有望重振日本科技行业,如丰田与 Preferred Networks 合作开发自动驾驶技术,而松下希望把 Preferred Networks 的技术应用于监控摄像头和消费电子设备。Preferred Networks 于 2014 年创立,有 30 名员工,拥有全球最先进的技术,2015 年 8 月该公司估值达 1.2 亿美元。作为东京人工智能公司 Preferred Networks 的联合创始人,冈野原大辅的"深度学习"软件已应运而生。东京大学副教授松尾丰(Yutaka Matsuo)表示:"Preferred Networks 拥有出色的技术资源,但他们需要学习如何与资本市场打交道。"

2016 年年底,日本东芝公司也开发出一款可用于人工智能深度学习的脑型芯片。据称,这款 1.9 毫米的脑型芯片,集成 3.2 万个像脑细胞一样的电子回路于一体,这些回路自带计算单元及配套的存储单元,可以并行处理大量连续模拟数据信号,对其中的数据特征进行学习,同一脑型芯片中众多回路协调起来,最终形成像脑神经回路一样的系统,完成人工智能所需的大量信息数据的复杂计算、处理和深度学习任务。虽然该脑型芯片采用的是对连续模拟信号进行直接处理的方式,其局部计算精度低于对电气信号进行"0"和"1"数字化处理的现有芯片,但该脑型芯片能通过对大量连续模拟数据的深度学习,得出的结果并不比数字化芯片差。以往利用人工智能对大量数据进行深层学习时,需要用多台高性能计算机联动进行,即便后来尝试采用的能够进行大量数据并行处理的图形处理器 GPU,也很难将完整的人工智能计算系统装入简约化要求较高的监视摄像头、小型无人机、自动驾驶车辆等的内部,完成对现场收集信息的实时深度学习处理,而脑型芯片的出现则将使之成为可能。东芝公司打算在几年后使这款脑型芯片实用化。

人工神经网络利用传统算法技术制造出具有理解能力和解决难题能力的计算机软件,能够对人类的思维进行解读。日本科学家正利用一个深度神经网络(DNN)架构克服了此前在破解人类思维、梦境和想象有关的研究中遇到的种种障碍,得到了出人意料的结果。日本研究人员已经成功借助人工智能破译了人类的思维和想象,从而在理解人类思想及其背后的大脑机制领域获得了重大突破。[①]

这些显示了日本在人工智能"深度学习"方面的追赶并已获得很大的成绩。2017 年 1 月,日本经济产业省计划引入人工智能"秘书",测试其是否能帮助职

---

① 《日本借助深度神经网络破译人类思维 人工智能走近大脑》,《参考消息》2017 年 6 月 8 日。

员为高级官员草拟出席内阁会议或者国会问询的答辩。比如,被问及一个节能政策时,人工智能系统会迅速为文员或高官秘书提供相应的数据以及在过往类似答辩中理据充分的论点。日本时事通讯社报道,如果测试效果良好,其他政府机构可能会跟进这一做法。

(三) 探讨和制定人工智能伦理等法律规范

2016年4月,在日本由人工智能创作的小说入围星新一文学大奖,曾引起社会各界的广泛关注,由此引申出另一问题,即人工智能是否应该和人类一样享受著作权?随着人工智能的迅速发展,一系列会写小说、会创作音乐的机器人将纷纷涌现,机器人著作权的问题势必难以忽视。

目前,日本政府已在着手这方面工作。由日本首相安倍晋三领导的知识产权战略本部,正在讨论是否要把人工智能所创作的作品纳入产权保护体系之中。据悉,其具体的做法可能将会和人类的著作权有所区别,将采用类似商标注册的方式对人工智能的作品进行登记注册,防止被他人冒用。而另一种方式则是,通过修改目前的《不正当竞争法》,禁止人们擅用人工智能创作的作品。根据日本现行《著作权法》,只有人类创作的作品享有著作权。由人工智能创作的作品即使被盗用,也无法采取措施禁止和要求损害赔偿,这有可能对投资人工智能形成障碍。

2016年6月,日本AI学会的伦理委员会发布人工智能(AI)研究人员应该遵守的伦理指标草案,以引导和规范研究人员正确处理人工智能进一步发展导致的伦理道德、安全问题。该草案指出,AI技术对于政治、经济等各领域作用巨大,但研究中应遵守必要的伦理原则,确保AI不损害人类幸福并有助于人类和平与安全;草案要求研究人员促进人类平等使用AI,并在发现恶意使用AI时采取措施。草案指出AI研究将在政治、经济等各领域发挥重大作用,也强调"存在无关故意与否,AI成为有害之物的可能性"。草案提出要有益和平和防止恶意使用AI等,认为AI不应有损人类幸福,提出要对人类和平与安全作出贡献等研究时应该尊重的十大项目。草案规定无论直接还是间接,均不得基于加害意图使用AI。在非故意施加了危害时,必修复损失。此外,草案要求研究人员在发现恶意使用AI时采取防止措施。草案进一步指出AI也可能带来新的贫富差距,研究者必须尽全力促使人类能够平等利用AI,并负有向社会解释AI局限性和问题点的责任。委员会将进一步听取意见,计划半年后出台最终指标。①

另外,日本政府将不断完善知识产权和国际标准化战略,推动网络安全、物联网系统构建、大数据解析、人工智能等服务平台建设必不可少的共性技术研发。同时,将围绕机器人、传感器、生物技术、纳米技术和材料、光量子等创造新价值的核心优势技术,设定富有挑战性的中长期发展目标,在此基础上提升日本的国际竞争力。日本总务大臣高市早苗在2016年5月的GT信息通信技术(ICT)部长级会议上说,日本提议为人工智能(AI)研发设定基本的国际规则。她向与会国家官员介绍了日本认为对于发展人工智能重要的8项基本原则,包括需要让人工智能网络能够被人类控制、尊重人类尊严和保护隐私。据称,与会者普遍支持就给人工智能研发设定国际规则展开进一步国际讨论。

(四)构建高端人才、知识和资金的良性循环

随着人工智能的迅速发展,日本人工智能领域高端人才缺口逐渐扩大。为了灵活有效地应对今后可能发生的各种变化,日本政府表示将以培养青年人才并发挥其活力、推进大学改革并完善其职能为中心,从根本上强化科技创新的基础实力。在其近期召开的"未来投资会议"上,规定从2020年起,将编程列入中小学必修课程;从民间企业选派讲师到大中小学上课,以促进产学研合作;对在职员工接受社会培训给予更高的学费补贴。大学则应培养更多跨专业的人才。因为人工智能技术开发需要同时掌握软件和硬件技术,但日本大学培养的毕业生通常只擅长机械开发,而拙于算法等方面的技术,导致日本创投企业只能从海外招募这方面的人才。

据称,在加强人力资源建设方面,日本将采取一系列措施:明确青年研究人员的职业发展道路,对应职业发展不同阶段,营造能够充分发挥青年研究人员的才能和创意的环境。例如,对大学高级研究人员采用年薪制,增加面向青年研究人员的终身制岗位,积极引进"不升迁即离开"制度,2020年前,增加10%(约4.4万人)的大学青年教员(40岁以下),使得青年教员数量占大学教员总数的比例达30%以上;培养和确保科技创新所需要的多样化人才,通过确定职业发展道路以及与大学和产业界加强互动,推进研究生院的教育改革,培养下一代科技

---

① 《日本制人工智能研究伦理指针草案 提出合理利用》,中国新闻网2016年6月7日,http://www.chinanews.com/gj/2016/06-07/7896661.shtml。

创新人才;激发女性研究人员的活力,增加女性研究人员的录用比例,2020年前,在自然科学领域实现女性研究人员占比达到30%;加大对赴海外研修的研究人员的支持力度,同时吸引和留住外国优秀人才,构建国际研究网络,促进跨领域、跨部门的人才流动。在夯实知识基础方面,要大力推进学术研究和基础研究及相关改革,例如实施科研经费改革、强化战略性基础研究、加强跨学科和跨领域研究、推进国际共同研究、打造世界顶尖研究基地;推进共性技术研发,战略性地加强设施设备和信息基础,建立开放科学的推进体制,促进公共资助研究成果的共享共用。通过上述措施,2020年前,力争在增加日本科技论文发表总量的同时,在世界被引频次排名前10%的论文中,日本论文数量占比达到10%。①

此外,要运用职业培训以及职业资格制度,支持系统集成人才培育。研究机构或者大学的相关人才的教育培育、新创业人才的扶持政策等,也要立足于中长期规划,制定机器人制造与安装实施的专业人才的培育政策。另外,培育专业人才之际,还要充分注意信息安全的保障。

---

① 《日本发布新科学技术基本计划 欲打造超智能社会》,《光明日报》2016年5月8日。

全球创新网络节点城市
建设策略：东京案例研究

春 燕[*]

【摘 要】 当前在新经济环境下，创新已成为城市的主要职能或功能。以往的世界城市纽约、伦敦、东京、新加坡、首尔等城市纷纷在 2030 年、2050 年的城市长远发展战略中选择代表新技术、新能源的低碳、绿色、环保为城市未来发展方向，同时以建设具有高度创新能力的城市为共同目标，显示出未来世界城市大的发展趋势。本文以东京为例，考察东京全球创新网络节点建设及其战略支撑，为国内城市实施全球创新网络建设提供借鉴。

【关键词】 全球创新网络；节点城市建设；东京

"全球创新网络节点城市"是近年来伴随研发全球化而出现的新的研究课题，是创新城市基础上的发展。进入 21 世纪，东京重新定位发展目标，从国家到地方共同明确了东京亚洲创新中心的发展目标，并为加快创新要素集聚、增强创新活力、实现创新成果制订了一系列的政策与措施，这些政策与措施在东京全球创新网络节点城市建设中发挥了重要作用。

一、东京全球创新网络节点城市建设策略

（一）国家层面

1.《亚洲基地特别措施法》

2012 年，日本为促进跨国公司在日本设立研发基地和跨国公司开展亚洲总部业务，特别制定《亚洲基地特别措施法》（简称《措施法》）。这是自 20 世纪 90 年代泡沫经济之后，特别是进入 2000 年，日本调整经济社会发展方向以适应全球化和国内高龄少子化以及安全等问题提出的一项具有重要战略意义的决策。《措施法》明确了促进国际跨国公司开展研发业务和总部业务的政策措施，以及

---

[*] 春燕 工学博士，上海社会科学院城市与人口发展研究所。上海市 2014 软科学重点项目：东京嵌入全球创新网络策略研究。

项目认定标准、申请程序等。规定凡符合《措施法》的项目均可以享受法人税收优惠、专利费用减免、资金补助、特设专项费用减免,以及投资手续和在留资格认证便利化等方面的政府优惠措施。表1、表2是《措施法》项目相关认定条件和相关援助措施,在《措施法》的认定和援助措施中都突出了对中小企业的政策倾斜。

表1 《亚洲基地特别措施法》相关认定条件

跨国公司	(1) 企业或子公司在所在国之外设立有分支结构 (2) 具有国际规模的业务活动 (3) 在日本以外国家有较强的技术支撑	
国内相关企业	日本国内企业没有特定跨国公司子公司从事相关的研究业务和总部业务	
支持项目	(1) 为开展新业务和实施总部业务而设立的公司项目 (2) 法律发布后企业确定的相关相关研究项目和总部业务项目 (3) 通过收买国内企业形成的项目不在认定之内 (4) 执行相关研究项目以及相关总部项目的企业	
认定分类	研发项目计划认定内容	总部业务认定内容
内容认定	(1) 新立项的,确定有助于国家产业高度化提升的研发项目 (2) 试验费用和研发费用合计,年度项目经费超出1亿日元的项目	(1) 设立资本金在1亿日元以上的企业 (2) 跨国企业或其母公司向日本国内企业追加项目经费5亿日元(计划实施期3年不足4年的经费为3亿日元,4—5年的为4亿日元)
从业者数量认定	(3) 相关项目的日常从业人员10人以上,项目执行期的最后阶段人数要求达到25人(实施期在3年以上4年以下人员要求15人,超过4年不满5年的人员要求达到20人)	(3) 长期员工人数要求在10人,执行期最后阶段为18人(3—4年期间人员为14人,4—5年期,人员为16人)
从业者相关认定	(4) 雇佣外国人,外国人再留资格完备 (5) 雇佣的外籍人士全员是具备能够创造附加价值的人才	
	(6) 从跨国公司或其子公司有一人半年驻在的代表	(6) 项目人员年工资总计预算为7000万日元,执行期最终年度为1.3亿日元(执行在3—4年为1亿日元,4—5年的为1.1亿日元)
其他认定	(7) 股票期权发行发行方为特定多国企业的外籍法人 (8) 从业者为日本在住人员 (9) 计划期为3—5年(享受特别税收制度的为6年)	

资料来源:根据经济产业省《アジア拠点化推進法》整理。

表 2　《亚洲基地特别措施法》援助措施

（1）所得税政策：对外资企业母公司给予的新股发行权可以享受股票证券相关的特殊税收政策
（2）投资手续：将外汇兑换以及国际贸易法中规定的外项目申请与实际投资许可的相关法规的 30 天，缩短为 2 周
（3）资金调配援助：通过中小企业投资培育株式会社，开展针对中小企业资本金在 3 亿日元以上中小企业的资金调配援助
（4）专利费减免：对中小企业认定的研发项目成果相关发明的专利费用予以特殊政策
（5）专利申请审查（特许法的改进）：认定项目研发成果特许申请实行早期申请制度，以往申请为 22.2 个月，推行的早期申请时间为 19 个月
（6）在留资格签证审查快速化（入国法的改进）：批准项目的企业海外人员就职入国手续（再留资格证书）的快速审查制，以往 1 个月改为 10 个工作日

资料来源：《特定多国籍企业による研究开発事业等の促进に关する特别措置法》。

该实施法的意图是通过国家层面支持以及国际跨国公司响应，在日本国内形成研发新局面，如图 1《亚洲基地特别措施法》愿景结构。

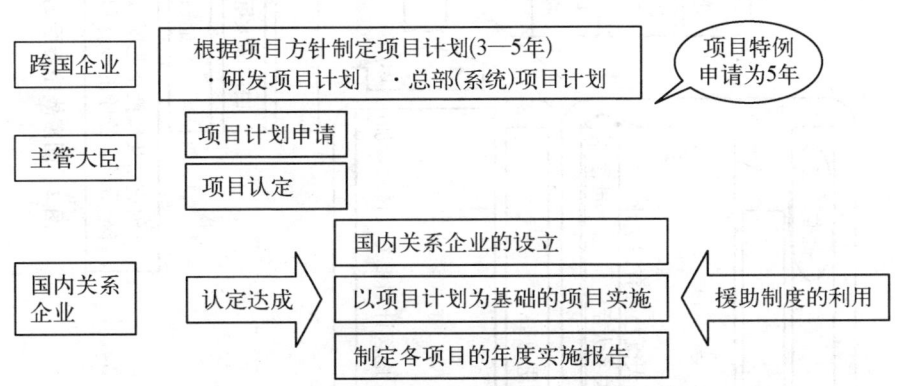

图 1　《亚洲基地特别措施法》愿景结构

2. 东京国家战略特别区域

2013 年 10 月 21 日，在《亚洲基地特别措施法》基础上日本政府进一步提出建设国家战略特区域。国家战略特别区域是在指定的区域内，通过实行较为宽松的政策，吸引外资企业开展促进全球化创新业务的战略措施。与以往的自下而上的特区不同，国家战略特别区作为国家战略，实施中央政府（总理）主导，特区由国家、地方、企业三位统合，具有相对独立性，是具有相当于政府主体决策能力的特区。其中，代表国家的是特区大臣，代表地方的是知事或市长，代表民间的是企业

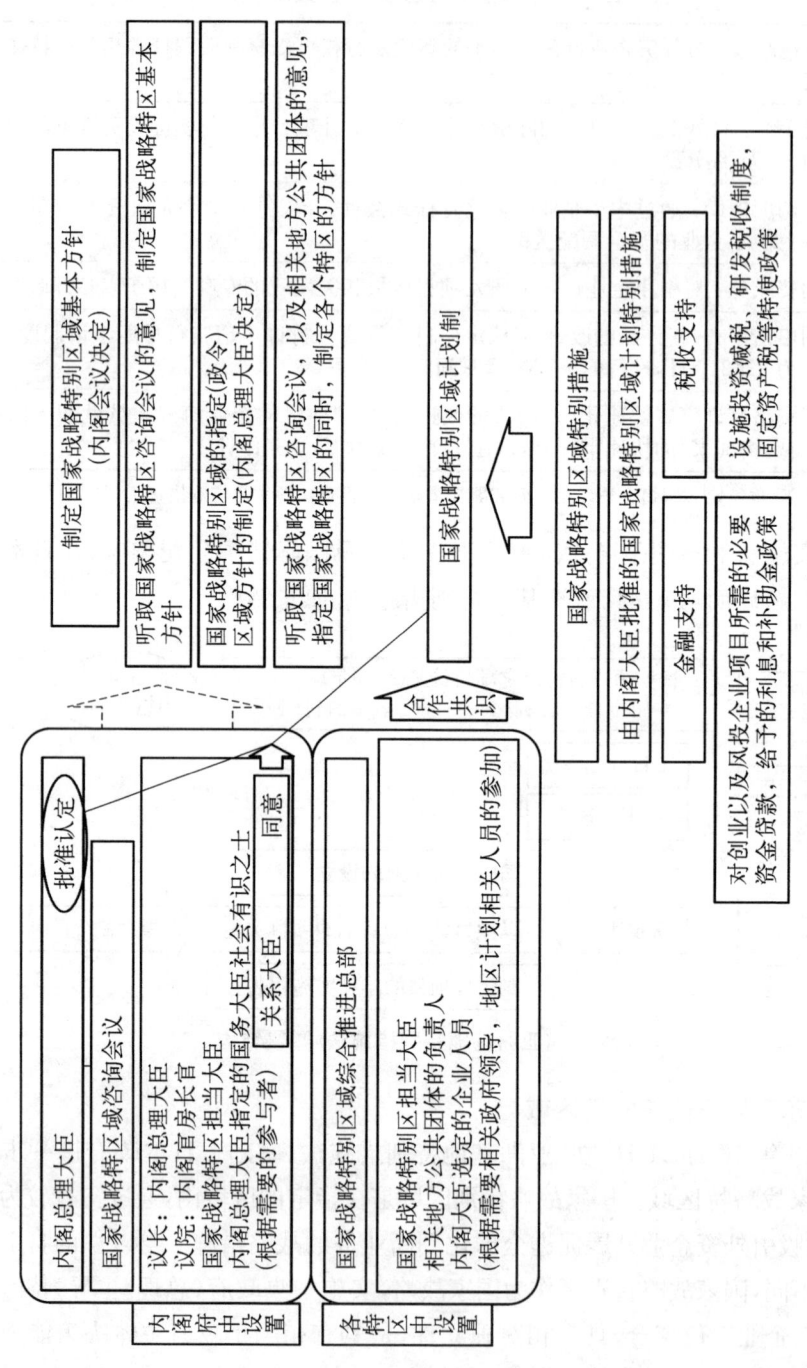

图 2 国家战略特区的新机制构成

的社长。国家战略特区利用这种新的机制为东京全球创新网络的高效率化提供了保障,而以往特区是地方向国家提出申请,国家从宏观角度进行审核通过的。

按照安培政府的发展策略,"国家战略特别区域"的定位是:国家新成长战略的重要内容。2014年3月28日,中央政府正式发布"国家战略特区域"的四个指定地区,分别是东京圈、关西圈、福冈县福冈市、冲绳县。

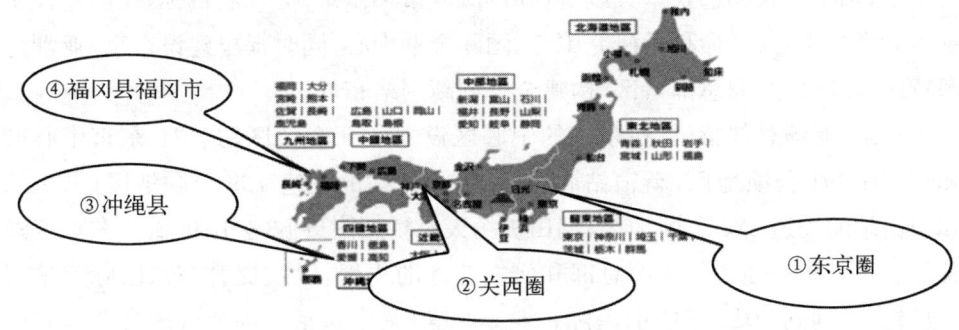

图3　国家战略特区的四个指定地区

东京圈国家战略特别区域以"国际商务创新基地"定位,区域范围包括东京都的8个区,即千代田区、中央区、港区、文京区、江东区、品川区、大田区、涩谷区,以及与东京相邻的神奈川县和千叶县的成田市。东京圈国家战略特别区域的战略任务是在2020年国际奥运会和残奥会上,展示东京世界第一的商务环境。通过东京国际商务创新基地建设,促进国际资本、国际人才、国际企业聚集东京,通过创新开创具有国际竞争力的东京新产业。东京国家战略特别区域规定:特区发展计划要通过以国家、相关地区和民间企业为主体参与的东京国家战略特别区会议开展讨论共同制定。

(二)东京地方层面

除国家政策支持外,东京及"国际商务创新基地"所属城市①也积极制定条例细则,吸引外资企业设立研发机构。东京采取的措施包括:为外资企业研发

---

① 横滨市为外资企业设立机构提供专门的外资企业居住场所,以促使外资企业在机构设立之初提高效率、降低成本,加速开拓和进入市场。此外,作为方便外资企业设立机构的基础设施,日本贸易促进会在东京、大阪、横滨等主要城市均设立了对日投资商务服务中心,其中包括为投资企业提供短期居住设施。川崎市以亚洲企业为核心,开办了外资企业,以及外籍创业者援助的"亚洲村",2010—2013年已有6家企业入住"亚洲村"发展,其业务主要是以IT产业为核心的技术开发。

中心设立专项补助资金,提供外资企业研发机构活动场所,在生活等方面为研发企业发展提供便利等,目的是为进一步促进各个区域由生产制造基地向研发基地转型。其中最主要的措施是设立亚洲总部特区和发挥结构特区作用。

1. 东京"亚洲总部特区"(アジアヘッドクォーター特区)

为进一步巩固东京亚洲总部基地和研发中心地位,在国家战略基础上东京制定了《东京都长期愿景》,其以"世界一流城市·东京"为发展目标,提出建设东京国际商务中心、生命科学研究中心、国际金融中心,同时提出建设东京"亚洲总部特区",通过"亚洲总部特区"构建全球创新网络布局。

东京"亚洲总部特区"在东京的中心区设立了 5 个特区,其中:东京中心城和临海 1991 公顷地区;新宿站周边区域、涩谷站的周边 139 公顷地区;品川站和田街站的周边 220 公顷地区;羽田机场天空桥站附近 53 公顷区域。东京亚洲总部以进一步加强东京亚洲总部和研发业务的集聚,以及提升东京国际竞争力为目标,规划到 2016 年吸引国际企业 500 家(其中包括亚洲地区统合基地和研发基地的 50 家企业),吸引企业类型包括信息通讯、医疗、化学、电子、精密器械、飞机相关、金融与证券以及创意产业等产业。

负责东京"亚洲总部特区"建设的政府职能机构是东京都政策规划局协调部(国家战略特区推进担当),建设的主要推进措施包括:为外资企业研发中心设立等事项提供免费咨询;对符合政策的地区总部或创新机构企业提供资金援助;向有需要的企业介绍低廉的办公场所;开展"东京商务受理"项目的援助;制定优惠的税收制度;组建一站式服务中心为创新研发机构进行集中的行政手续等业务服务。

2. 东京结构特区

东京构造改革区启动于 2002 年,为充分发挥地区自然、经济、社会等方面优势,促进地区发展,2002 年东京根据国家政策规划提出建设"构造改革区",并在都内的 6 各区设立了 7 个指定特区。构造改革区通过对相关国家政策条例和地方限制政策的调整,促进企业和社会团体开展经济活动,增强地区活力,促进地区发展。构造特区的特点是因地制宜制定各区制度目标,如千代田区建设"教育促进特区"、八王子市建设"信息产业人材育成特区"、立川市利用网络学习建设"商务城市规划特区"、大田区资源建设"羽田机场机器人试验特区"。东京结构特区与企业联合,结合实际开办专科教育机构,在进行多样性教育的同时,推进地区整体水平提升,促进专业性人才培育,为东京"亚洲总部特区"建设有效及时

表 2　东京"亚洲总部特区"主要措施

		提供免费咨询	资金援助	办公场所介绍	"东京商务受理"项目援助	税收制度	一站式服务
对象		意向在特区设立地区总部或创新研发中心的外资企业	特区内设置地区总部、创新研发中心的外国或中国外资企业（除法人代表外，有3名以上正式员工）	意向在特区设立机构的外国企业及"东京商务受理"介绍的企业	经"东京商务受理"介绍的外国企业、外资企业，外国人创业者	在特区内设立地区总部和创新研发中心、且满足一定条件的企业	
服务内容		●配合企业进行战略策划，给予市场调查分析方面的支持 ●配合寻找合作伙伴等 ●企业在计划设立前的咨询	●在留资格申请费 ●机构设置费 ●各项材料申请费 ●人才录用费	介绍在大手町、涩谷、六本木等区域的办公设施，最高半年租金能够降到半价的办公设施	(1) 商务援助：为咨询企业提供相关商务信息，介绍专家（如专业的注册会计师、行政书士等）；进行与业务相配的商务活动支持 (2) 生活援助：提供与生活相关的各种类信息，如医疗、教育、社区信息等 (3) 为计划进驻特区设立机构的企业给予进一步的服务，各种业务申请等惠的申请等；为计划开展国际化的企业介绍专家团队	(1) 投资税收抵免：设备购置价格15%；建筑、收购的价格8% (2) 特殊折旧：设备：收购价款摊销50%；建筑、摊销的价格：房地产25%＋资本税免征，固定资产税和城市规划税 (3) 减少了有效的公司税率（免税所得扣除额和资本税。（总公司大税，法人税的有效税率33.1%，免征的所得扣除额的20%，免企业营业税额的24.7%）	办理行政手续： ●在注册前及业务开始前建立接受与公司登记关系和相关的登记 ●国税、地税 ●在留资格认证 ●证明"经营管理"、"企业内部调动" ●雇用保险 ●劳动保险 ●医疗保险和养老保险等

资料来源：依据东京都政策规划局协调部"外国企业诱致に向けた東京都の取组み"资料整理。

地提供了 IT 产业和地区跨国公司人才。

二、东京全球创新网络节点建设特点

(一) 从"质量"出发的节点建设

东京全球创新网络节点建设注重"质量"。一是把研发体制建设作为研发中心建设的动机之一，包括通过研发中心建设"需求"形成新的业务（商务机会），如将高龄化社会与看护服务、高端医疗服务等相关领域创新相联系，推进研发中心与吸引形成高端（功能）制造中心相结合。二是评价标准。提升和加强节点建设质量，研发中心建设（投资）评价不以投资额和雇用人数为评价标准，制度认为如果单纯强调投资额最大化，便很难保证和实现质的增强。三是促进扩大高端人才的就业机会。重视拥有高端技术能力和产品开发能力的中坚及中小企业，作为吸引外资研发及政策扶持的重点。

(二) 低成本为创新研发创造良好基础环境

东京制定全球创新网络建设措施强调建设研发中心与建设生产制造基地不同，高额租金和高成本是研发中心发展建设中最具危害影响的要素，高成本促使研发实施首先重视高效率的研发成果。因此，东京在相关制度中注重创造条件，确保推进研发的人才能够有效集聚，能够提供研究者及其家属方便生活的居住环境，东京各区的大学和研究机构拥有开放和积极开展共同研究的机制，是研发必要的器械的调配以及有相关援助系统的基础。因此，在制度制定中注重采取各种措施降低商务成本、简化各种行政手续、确保有效和各类企业的国际化人才需求等。

(三) 技术与人才的保护

外资企业选择东京布局全球创新和销售网络节点，是因为日本的原有技术、技术人员在其中发挥了重要作用。如在 LHC 项目的选址过程中，日本科学家在该学科领域的研究实力、LHC 设备生产以及日本企业零备件生产等方面的能力都发挥了重要作用。促进全球研发设施的建设，旨在保护包括东京在内的日本各地具有优秀技术能力和开发能力的中坚和中小企业，也为这些企业发展创造了宝贵机会。此外，对于非制造业领域的服务业企业来讲，众多的研究者等人员来往,会带来难得的商务机会。此外,研发项目的东京选址,进一步增强了全球对日本高科技研发的节点的认识,为促进研发机构在日本选择节点城市增加了机会。

三、东京全球创新网络节点建设案例考察

案例1:疗保健康相关产业:GE(通用电气)医疗保健日野(东京)研发中心

GE(通用电气)医疗保健日野(东京)研发中心是兼备开发和生产功能的研发基地,以研发先进医疗设备为核心,该中心还同时承担着美国国内的专项设施的研究开发任务,其研发开发出的世界先端医疗技术产品具有小型化和节能等特点。该研发中心将具有世界高标准的体内图像高性能的磁共振成像(MRI)设备转移到日本临床,还利用优良的成像磁共振技术,与医疗机构合作,预期进一步研发多样化地满足高龄者保健需求的设施及产品。

案例2:电子相关产业:中国海尔集团

2014年,中国海尔集团在东京都市圈崎玉县熊谷市开设"东京研发中心",该研发中心设立之前的2011年,海尔集团收购了松下公司旗下的三洋电机的冷藏库和洗衣机等家电业务。在此基础上"东京研发中心"以冷藏技术研究为核心开展业务研发(洗衣机研发以设立在京都的"京都研发中心"为主实施)。"东京研发中心"招收该地区机电产业退休人员形成研究中心主力,企业研发规模从180人发展到300人,成为以日本技术为核心的白色家电重要的全球研发基地。从当地来看,日本机电厂商的业务在不断缩小,海尔"东京研发中心"的设立成为地区的白色家电领域发展的重要支撑,传承当地电机技术产业的技术能力,并为技术者的就业提供机会,促进了当地经济。

案例3:高科技产业:德州仪器公司

德州仪器(Texas Instruments)是全球半导体行业领先的跨国企业,总部位于美国德克萨斯州达拉斯。德州仪器为全世界的信号处理提供创新的数字信号处理(DSP)及模拟器件技术,公司除半导体业务外,还提供包括传感与控制、教育产品和数字光源处理解决方案。德州仪器在30多个国家(地区)进行TI的设计、销售和制造领域的运营,开展创新,在全球25多个国家(地区)设有制造、设计或销售机构。2013年4月,德州仪器的日本机构,组建作为半导体组装(后期工程)研发的亚洲基地,成功地在基地上转移了当地停产企业的部分功能,开展半导体电路组装及材料等方面的基础研究。此举措使布局在亚洲地区的德州仪

器生产工厂有了重要的技术支撑,可以为设在菲律宾和台湾地区的工厂提供技术指导。德州仪器选择转移停产企业部分功能设立研发中心的原因:一是确保优秀的技术者;二是建立与亚洲生产基地加强交流与联系的重要渠道。

四、企业视角观察的东京全球创新网络节点建设优势

(一)市场的示范作用

市场拥有的示范作用,如医疗保健领域欧美企业在日本设立医疗保健研发中心,首先是由于日本是全世界率先进入老龄化社会的国家,伴随着快速老龄化,日本将成为全世界高龄者医疗、医药品、看护等方面的示范国家(国家特点),其研发产品以及服务方面的成果,将形成包括亚洲国家在内的世界性影响。因此,许多欧美过国公司通过日本问题研究实施"Silver to Gold"医疗创新战略。

(二)相关产业(电子)技术资源利用

技术资源利用,主要体现在电子相关产业,如电子机械及信息等方面在东京及都市圈布局创新研发中心,企业主要是基于对日本技术能力的利用,这些企业在收购和并购日本企业基础上,大量招收和利用已退休的研发技术人员,开展进一步的研发活动。

(三)收购并购企业技术力量形成创新网络

由于生产的全球化分布,东京许多的高科技生产企业的生产规模不断缩小,随之出现包括外资企业在内的企业重组。特别是一些高科技生产企业,在这一过程中在日本扩展研发中心,对东京企业部分业务进行并购重组,日资企业较多的退休研究者和技术人员资源,特别是中老年技术人员,成为吸引外资企业设立研发中心的重要因素之一。其中,如德州仪器、米其林轮胎等跨国公司通过收购和保留停产企业的研究开发功能,重新布局形成企业的全球创新网络。

五、结语

《亚洲基地特别措施法》的实施有力促进了东京全球创新网络建设。2013—2014年,东京吸引外资企业设立总部业务以及研发中心的企业有41家(包括10家意向企业),相关领域涉及医疗保健、IT产业、电子与精密器械、环境相关高科

技以及旅游和创意产业等。在东京全球创新网络建设中,国家层面战略明确了东京亚洲基地的发展方向,包括国家战略特别区域建设,为东京建设全球网络节点提供了支撑。在此基础上东京结构特区建设长期以来在产业、技术、人才等方面的积累经验,也在东京建设全球创新网络节点中发挥了重要作用。

参考文献

［1］ 大阪产业经济咨询中心:《大阪の都市競争力——外資系企業のアジア都市立地戦略調査》,http://www.pref.osaka.lg.jp/attach.
［2］ 東京都政策企画局調整部国家戦略特区推進調整担当:《外国企業誘致に向けた東京都の取組》,http://www.bdc-tokyo.org/event/pdf/141117/04.pdf.
［3］ 東京都政策企画局:《国家戦略特区》,http://www.seisakukikaku.metro.tokyo.jp/invest_tokyo/japanese/.
［4］ 経済産業省 貿易振興課:《特定多国籍企業による研究開発事業等の促進に関する特別措置法(アジア拠点化推進法)ガイドライン》。
［5］ 日本文部省科学技術政策研究所(第2研究小组):《日本企業における研究開発の国際現状と変遷》,平成20年。

日本创新型特区发展战略及其借鉴

刘 平*

【摘 要】 2011年启动的"国际战略综合特区",是日本基于《新成长战略》,面向未来建设发展创新型特区,引领日本经济走出长期低迷,从而实现"新成长"的国家战略项目之一。"国际战略综合特区"在产业定位上,重点发展创新型生物科技与医疗、生命科学与健康、环境与新能源等与大众生活品质提升、扩大内外需直接相关的产业;在空间形态上,打破行政区划界限,形成跨省、市大区域创新经济圈;在发展模式上,以创新为着力点,采取项目制和按项目定制制度政策的方式推动产业发展;在保障机制上,建立"国家与地方协议会"政策协商机制,创新制度政策供给模式,从而激发地方自主创新活力。

【关键词】 日本;创新经济;制度创新;政策供给模式;创新型区域

引言

日本政府于2010年发布《新成长战略》,寻求以创新引领日本经济走出长期低迷,提升产业国际竞争力,促进扩大内外需,增加就业的途径。创设创新型的"综合特区制度",是实施《新成长战略》的重大项目之一,被视为解决实现"新成长"所面临的政策创新难题的突破口。该制度旨在集中配置国家与地方的政策资源,发挥各地方的区域优势,激发企业、社会、政府的智慧和创新潜力,打破原有制度政策对创新的束缚,集聚发展创新型的新兴产业和优势产业,从而提升区域创新活力和自我发展能力。2011年年末启动实施的"国际战略综合特区"是"综合特区制度"两种类型中的一种,也是日本面向未来发展创新经济,实施制度与政策创新,实现"新成长"的主要推动机制之一。这一制度发端于菅直人内阁,其后的安倍内阁继续实施并不断完善。

---

* 刘平 女,日本福冈大学商学博士,上海社会科学院应用经济研究所副研究员。本文大部分内容载于《现代日本经济》2016年第2期。

一、"国际战略综合特区"与《新成长战略》

（一）"国际战略综合特区"的由来

日本自20世纪90年代泡沫经济破灭以后，经济增长一直处于低迷状态，从1995—2010年实际GDP的增速平均仅有0.6%，同期，财政赤字也呈现持续扩大的趋势；加之内外需均不足，导致许多企业减产、失业率上升，从而引发了更为严重的需求不足。日本经济的持续不景气成为不争的事实，进而，直接影响到日本经济在国际上的地位。近年来，不仅日本的GDP总量世界排名下滑至第三位，其占亚洲GDP总量的比率也从1990年后期的55%下降至2012年的27%，2015年再下降至20%（预测值），[1]22 显示出相对亚洲各国经济的高速增长，日本的经济增速远远落后。

日本的大企业为寻求新的盈利增长点，确保收益来源，纷纷到海外设立工厂或生产据点，这不仅加剧了日本国内失业率的上升，同时还使为大企业配套的中小企业也遭受打击，陷入困境。而中小企业在数量上占日本企业的绝大多数，一旦它们失去发展的前景和活力，不但会影响到日本的产业经济，而且还会对众多居民的家计生活产生直接影响，成为社会不稳定的因素。

在这样的背景下，进入2010年以后，当时的菅直人内阁制订并发布了《新成长战略》，试图以发展创新经济来促进创造更多新的工作岗位和扩大就业，提出要建立"强有力的经济""强有力的财政"和"强有力的社会保障"。

《新成长战略》实际上以发展创新经济为宗旨和突破口，力图通过在环境与能源、生命科学、国际总部经济、观光经济和区域经济等各个领域的创新，引领日本经济走出长期低迷困境，提升产业国际竞争力和区域创新活力，从而促进扩大内需和就业。日本政府着力构建"基于绿色创新的环境与能源大国战略""基于生命科学创新的健康大国战略"以及实施"亚洲经济战略"和"观光立国与提升区域活力战略"四大新成长战略，实施科技与信息通信、人才和金融三大支撑平台战略，创新政策保障体系，提出以21项国家战略项目为抓手，力争至2020年，实现名义GDP年均增速达到3%，实际GDP增速达到2%，失业率降至3%以下的发展目标。[1]30

创设"综合特区制度"是实施"观光立国与提升区域活力战略"中的国家项目之一。"综合特区制度"包含"国际战略综合特区"和"提升区域活力综合特区"两种类型，旨在通过将拥有经济成长引领能力和国际竞争优势的大城市以及拥有区域优势资源的特定区域划定为"综合特区"，对其申报的整体性、战略性、挑战性项目给予定制式的制度、政策、税收、财政、金融等一揽子支持措施，集中投入国家政策性资源及区域优势资源，以促进能够引领日本经济增长的创新型产业以及外资企业集聚，积极发挥区域优势资源的作用和各方智慧，提升区域自主、自立创新能力与活力，创造出更多潜在需求。

（二）"国际战略综合特区"的总体经济目标及其地位

综合特区制度实际上是在指定区域内，通过法规制度、税收政策、财政支持、金融支持等一系列制度与政策创新，实现制度与政策的突破。这些创新性政策采用定制方式，由各个区域根据自身需求向国家提出项目申请和相对应的期望的政策清单（改革方案），经协商认可后即可落实执行。各个特区可执行不同的政策。

为切实推进实施综合特区制度，日本政府专门设立了"综合特区推进本部"，由内阁总理大臣担任本部长（即最高负责人，现任本部长为安倍晋三），并制定了"综合特区基本方针"，依照以下7条原则对提出申请划为"综合特区"的城市或区域进行评定：（1）能够通过实施有助于提升产业国际竞争力或者区域创新活力的项目，从而对提升日本经济社会活力和可持续发展做出一定贡献；（2）能够提出整体性、战略性政策问题及其解决方案；（3）所提出的政策措施有助于提升经济社会发展活力或区域创新活力，在促进增长的新兴产业领域具有开拓性和一定成熟度；（4）拥有能够支撑实现发展目标的优势资源；（5）能够提出相关国家法规制度的有效改革方案；（6）区域自身能够负责任地参与；（7）拥有明确的营运母体（机构）。

"综合特区推进本部"本部长内阁总理大臣于2011年12月指定了第1批33个综合特区，其中"国际战略综合特区"7个、"提升区域活力综合特区"26个。两类综合特区总体规划实现的经济效益目标是在5年后，即2016年要比2011年增加9.1225万亿日元，新增就业人数36.5万人。其中，"国际战略综合特区"规划的经济效益增量占比超过七成半，新增就业人数占比超过八成（表1）。

此后，2012年7月以及2013年2月和9月分别指定了第2批6个、第3批5个、第4批4个综合特区。从第2批以后指定的15个全部是"提升区域活力综合特区"。

表 1　第 1 批指定的综合特区规划的经济目标

特 区 类 别	申请财政支持金额(5 年累计)(亿日元)	2016 年比 2011 年预期增加经济效益(亿日元)	2016 年比 2011 年预期新增就业人数(万人)
国际战略综合特区(7 个)	1 539	69 753	29.8
提升区域活力综合特区(26 个)	630	21 472	6.7
合计(33 个特区)	2 169	91 225	36.5

资料来源：德勤咨询公司编：《亚洲总部经济特区如何改变日本》，Progres 出版社 2013 年版。

虽然在数量上"提升区域活力综合特区"远比"国际战略综合特区"多得多，但是从表 1 可知，无论是从预期的经济效益增量还是就业人数增量，"国际战略综合特区"都远远超过"提升区域活力综合特区"。这与 7 个"国际战略综合特区"涵盖了日本经济最发达、人口密度最大的最主要的几个大都市(群)及其经济圈有关。

二、"国际战略综合特区"的发展规划

(一)"国际战略综合特区"概况

被指定为"国际战略综合特区"的区域共有 7 个(表 2)。从地域分布来看，北起北海道，南至九州岛的福冈县以及位于本州岛的重要大都市圈——东京都及其京浜临海区域、京阪神都市圈和日本最主要的科技创新中心——筑波市以及航空航天产业集聚的中部地区都有分布，覆盖范围很广，且 7 个特区产业特色突出，分别根据各自的区域优势制定了发展规划和实施计划，确定了各自的重点发展产业领域、项目及近、中期规划达到的量化目标。

表 2　国际战略综合特区一览

序号	特 区 名 称	涉及的地方政府
1	北海道食品集成国际战略综合特区	北海道,札幌市、涵馆市、带广市及江别市、十胜郡浦幌町等
2	筑波国际战略综合特区(主要依托筑波集聚的科学技术推进生命科学创新和绿色创新)	茨城县及筑波市
3	亚洲总部经济特区	东京都
4	京浜临海生命科学创新国际战略综合特区	神奈川县、横浜市及川崎市

续　表

序号	特　区　名　称	涉及的地方政府
5	亚洲 No.1 航空航天产业集群特区	长野县、饭田市、歧阜县、歧阜市、静冈县、浜松市、爱知县、名古屋市、丰桥市、春日井市、三重县、津市等
6	关西创新国际战略综合特区	京都府、京都市、大阪府、大阪市、兵库县及神户市
7	绿色亚洲国际战略综合特区	福冈县、北九州市及福冈市

资料来源：日本内阁府地方创生推进室编：《综合特区制度概要》，http：//www.kantei.go.jp/jp/sini/tiiki/sogotoc/pdf/sogotoc_gaiyo.pdf [2015-08-28]。

7个特区共计获批53个发展项目，98件享受特殊政策项目计划。其中，获批立项最多的是"关西创新国际战略综合特区"，有26个发展项目，39件享受特殊政策项目计划获批。[2]

（二）"国际战略综合特区"的发展重点与近、中期目标

1. 北海道食品集成国际战略综合特区

特区规划从食品安全和提升附加价值着手，建立农产品食品研发基地，吸引企业集聚，重点解决农业科技成果的转化和产品化，扩大出口，推动形成特区内和第一、二、三次产业间的食品产业价值链，最终建成可与荷兰"食品谷"①媲美的食品研发和出口基地。计划从2012—2016年，5年之内累计食品销售额增加1300亿日元[1]11-12。

2. 筑波国际战略综合特区

筑波是日本著名的科学城。特区规划依托已经形成的日本国内最大的国际性研发基地，以促进实现健康长寿社会和低碳生活为目标，构建产学研合作的新平台、新模式，重点关注生命科学创新和绿色生物技术创新领域，推动下一代抗癌药物的实用研发和生活型机器人的应用研发，以及藻类生物质能实用转化和世界级纳米技术研发基地建设，建立能够促进诞生更多新产业、新业态的新机制和新体系。

特区规划5年内产学政合作创新项目从5个增加到10个，TIA纳米技术产

---

① 荷兰于2004年开始，依托农产品研发实力强大的大学，大力推进形成食品产业集群——"食品谷"，经过几年的努力，集聚了1440家食品产业企业，从而推动荷兰成为世界第二大食品出口国。

学政合作项目的累积规模达到1 000亿日元以上;下一代商用型癌症治疗装置的普及设施数从零增加到3个;实际投入市场的生活型机器人种类从零增加到5种以上。[3]

3. 亚洲总部经济特区(东京都)

特区由东京都心和临海区域、新宿车站周边地区、涩谷车站周边地区、品川车站和田川车站周边地区、羽田空港旧址5个区域组成。特区以吸引全球化企业在东京建立亚洲总部或研发总部,促进日本国内企业与集聚的国际性企业之间建立合作关系为宗旨,提升东京作为"亚洲中心城市"的地位为目标。特区规划5年内重点集聚信息通信、医疗及化学、电子和精密仪器、航空器相关产业、金融与证券、内容产业和创意产业等能够促进东京经济、社会发展的跨国公司亚洲总部或研发总部50家以上,外国企业500家以上。这个目标如果达成,预计将会产生3 857亿日元的生产促进效益和37 052人的促进扩大就业效益。

为实现上述目标,特区规划主要从完善特区的软硬环境建设着手,推动特区发展:一是促进国内企业与落户特区的外国企业进行商务交流;二是完善企业发展支持措施;三是完善生活环境建设;四是实施确保企业能够持续经营的软环境建设项目及其与税收优惠、放宽限制、优良社区建设等组合配套的战略性吸引企业落户的措施。[4]

4. 京滨临海生命科学创新国际战略综合特区

特区范围涵盖紧邻东京的神奈川县、横滨市及川崎市。京滨临海地区及其周边集聚了大量颇具实力的全球化中坚和中小企业,尤以生物科技企业为多。特区规划重点发展再生医疗、抗癌及生活习惯病预防医疗、公众卫生和预防医学3个领域,集聚全球化企业,开展个别和预防医疗、医药品和医疗仪器的创新性研发和生产制造,发展创新型健康产业,促进以需求为导向的风险型企业创业。5年累计实现经济波及效益2 955亿日元。其中,医疗和健康产业的贡献为2 035亿日元,缩短新药和医疗仪器从研发到上市的时间所带来的经济波及效益为702亿日元,下一代医药及医疗仪器创新研发的经济效益为218亿日元。[5]

5. 亚洲No.1航空航天产业集群特区

特区规划以爱知县和岐阜县、名古屋市为中心,构建从研究开发、设计开发、飞行试验,到生产、销售、维修管理一条龙航空飞行器产业价值链,形成能够与美国西雅图和法国图卢兹媲美的一大航空航天产业集聚地。到2015年,航空航天产业的产值要从2010年的7 000亿日元增加到9 200亿日元,与法国的图卢兹相当；国际市场占有率从1.5%提高到2%；相关产品的出口额从1800亿日元提高到2460亿日元；新增工厂25家，新增雇佣人数5500人。[6]6

6. 关西创新国际战略综合特区

关西的京阪神都市圈一向是日本传统的重化工业集聚和发达之地。但是，近年来，京都、大阪、神户市都在走城市更新和转型发展之路，发展新兴产业和创新、创意经济成为产业转型的着力点。特区聚焦生命与生活创新、环境与能源创新，重点发展医药品、医疗设备、尖端医疗技术、预测预防医疗、蓄电池、智慧社区开放式创新平台等领域，促进各个产业、产品的跨界融合，着力构建世界级创新平台，建立创新机制，促进特区内府、县、市跨行政区划和级别合作，集中优势资源合力解决企业自身或一级政府单独难以解决的政策性问题，从而加快从研发到实用化、从科研成果到市场化的转化速度，以不断创新应对日本及亚洲各国面临的老龄化和能源短缺问题。

规划至2015年，特区占世界进口医药品市场的份额要从2010年的1.0%（1890亿日元）提高到1.3%（3300亿日元）；占世界进口医疗仪器市场的份额要从2010年的1.0%（660亿日元）提高到1.3%（1200亿日元）；锂电池产值从2010年的2300亿日元增加到5800亿日元；太阳能电池产值从2010年的2500亿日元增加到3800亿日元。[7]1

7. 绿色亚洲国际战略综合特区

福冈县在区位上是最靠近亚洲大陆的地区，与亚洲各国的文化与经济交流和交往频繁且历史悠久。北九州市在历史上是日本著名的工业城市之一，煤炭、钢铁产业、港口贸易曾经非常繁荣。近年来，北九州市致力于工业城市转型发展，城市环境基础设施相关产业技术发达，成为其优势资源，历来向亚洲各国输出。依托这一优势而设立的特区，旨在将原来零散出口亚洲各国的城市环境基础设施相关产业技术通过创新和整合，以打包形式扩大出口，并开展能够满足亚洲各国不断增长的环保需求的产品研发和生产，充实废物回收技术和回收系统，推动亚洲各国的绿色创新和构建有效利用资源的循环社会体系，实现共同发展。其规划目标是：城市环境基础设施相关产业技术销售额要从2010年的0.2兆日元增加到2020年的5.2兆日元，[8]1 增幅达到2500%。

三、"国际战略综合特区"的制度性突破创新

为切实推动"国际战略综合特区"的建设和发展，日本政府利用法规制度的

"特例"条款,允许各个特区设立"国家与地方协议会",对特区提出的期望适用"特例"的政策清单或政策制度改革方案,采取个性化定制方式,针对每个项目如何适用或落实进行协商。该协议会的组成人员包括内阁总理大臣及其所指定的相关的国务大臣、地方政府的正职负责人、其他执行机构、地方协议会代表、拟实施的事业项目负责人及其与所实施项目密切相关的人士。这使协议会的级别提得很高,项目负责人与高层决策者直接见面就政策问题进行协商。这种制度和政策的改革模式以往在日本是很少见的,是制度性的突破创新。

(一)在法律框架内的制度性突破

"特例措施"分为"国际战略综合特区"和"提升区域活力综合特区"通用的与仅"国际战略综合特区"适用的两种。

通用的"特例措施"在批准设立"综合特区"的开始年份,主要涉及4项法律,包括《翻译导游法》《建筑基准法》《财政补贴规范法》《独立行政法人中小企业基础整备机构法》。对应的特例措施为:(1)允许不具有翻译导游资格的导游、导览人员进行有偿导游、导览;(2)放松工业建筑用地、特殊用途用地限制;(3)允许对限制财产处置认可手续适用特例措施;(4)允许经由市、町、村级政府从事企业升级改造工程。

仅"国际战略综合特区"适用的特例措施在特区设立当初也涉及4项法律:《工厂立地及企业立地促进法》《海上运输法》《国有财产法》《道路运输车辆法》。对应的特例措施包括:(1)放松关于工厂立地的绿化限制;(2)允许经营不定期航线业者运送旅客;(3)允许无偿转让国有财产;(4)允许经认定的地方公共团体负责人指定的农用自用货运汽车车检期限延长1年。

此外,国家相关部委制定的政令和规章制度也可按照特事特办的原则做出相应调整,地方政府可制定相应的条例加以实施,而不必等待修改相关法律。对于后续的特例措施需求,还可根据各个特区设立的"国家与地方协议会"协商结果不断追加。

案例1:放宽工厂立地绿化率限制,促进企业新增投资

日本的《工厂立地及企业立地促进法》中对企业或工厂立地的绿化面积有硬性规定,这在一定程度上限制了新设工厂或企业新增设备投资。"亚洲No.1航空航天产业集群特区"内的务原市在特区成立后,积极利用特例措施,于2012年在日本全国率先推出地方政府条例,制定了适用本地的工厂立地绿化率。实际上放宽了法律相关限制,为新设企业或工厂以及新增设备投资等提供了更为宽松的投资软环境。这以后,特区内的其他5个市也相继推出了相似的地方条例,使特区的投资软环境整体上得到一定程度的改善。[9]13

案例2:无偿承让国有建筑物改造成为尖端研发设施

"关西创新国际战略综合特区"内的智慧社区开放式创新平台建设项目适用了"允许无偿转让国有财产"这一特例措施,以及修订的《综合特别区域法》关于允许地方自治体在推进特定国际战略,在实施"完善尖端研发设施"项目时,在一定条件下可无偿承让国有建筑物的条款。该项目位于京都的"文化学术研究区"内,由京都府、京都大学及其他大学和研究机构共同实施。项目从中央政府厚生劳动省无偿承让了一处已经闭馆多年的公益性建筑物,将其改造成为国际化开放式创新平台,开展关于构建复合型社会体系,即智慧社区所需的下一代能源、下一代健康医疗和食粮、新型教育与文化等跨领域融合创新的智慧生活领域的国际化合作研究。[7]12—14

(二)创设财政补贴和利息补贴制度

为支持两类综合特区发展,日本中央政府制定了专项财政扶持措施:一是规定对于具有全局性、领先性的纳入特区规划的项目,相关省、厅(相当于我国的部、委)要灵活应用财政预算额度给予重点支持;二是中央政府从财政预算中另外再拨出一笔预算(2014年为95亿日元)设立"综合特区发展机动补充经费",当上述相关省、厅的预算尚不能够满足实施特区规划项目所需时,用于机动地补充相关省、厅预算额度的不足部分。补贴期限最长3年,每年每个国际战略综合特区规划的补贴上限为20亿日元。[10]7 该项机动补充经费在预算阶段先计入"用途未定"经费,在预算执行阶段,则根据各个特区提交的方案确定用途,再移交给相关省、厅执行。[11]1

此外,对于纳入国际战略综合特区规划的项目实施所需资金,从指定的银行贷款的,国家给予贷款额300亿日元,贷款期限5年,0.7%以内的利息补贴。[10]7

(三)创设税收抵扣制度

对于特区内认定的法人实施特区规划项目所购置(取得)的用于该项目的设备等,实行特别折旧率或法人所得税抵扣制度(二选一)。优惠期限1—2年。机械设备价值2 000万日元以上、研发仪器用品价值1 000万日元以上,适用特别折旧率为购置价格的 50%,法人所得税抵扣率为购置价格的 15%;建筑物及其配套设备和建筑价值 1 亿日元以上,适用特别折旧率为购置价格的 25%,法人所得税抵扣率为购置价格的 8%。法人所得税最高抵扣企业当期应纳税额的 20%,超过部分可滚动至下一年度抵扣。[10]6

在 4 种特殊扶持和优惠政策中,申请和获批享受税收优惠政策的项目计划最多。以"关西创新国际战略综合特区"为例,在获批的 39 件享受特殊政策项目计划中,有 23 件获得认可享受税收优惠政策、9 件为享受财政扶持政策、7 件为享受金融扶持政策。[2]3

(四)特区独有的政策制度突破

除了上述适用于各个特区的制度突破和扶持优惠政策外,各个特区还可根据自身需要,通过"国家与地方协议会"进行协商,突破原有的一些制度政策的限制,获得更为宽松的发展环境,更灵活、更顺利地实施特区所申报的项目和计划。

案例 3:"关西创新国际战略综合特区"独有的制度突破

"关西创新国际战略综合特区"是在 7 个同类型特区中获批项目和计划最多的一个特区。为顺利推进项目实施,特区根据自身需要提出申请,通过"国家与地方协议会"的协商,在许多细微环节落实了个性化的制度和政策创新,营造了宽松、人性化的发展环境,使实施项目的企业切实获得了所迫切期望的便利,项目推进更加顺畅。

例如,在日本国家级的电子通关系统尚未建立的背景下,对于医药品进出口通关,原来规定必须提交书面形式的"药监证明"和"进口申请"或"出口申请"才能报关。为缩短通关时间,"关西创新国际战略综合特区"在关西国际空港以"实证试点"的形式实施电子通关试点。如对于用于临床试验、实验研究、企业内部样品、员工培训或展示的、日本尚未认可的医药品进口报关所需"药监证明",进口商可通过互联网等电子渠道向特区所在地的近畿厚生局提出申请,获得电子批文,在关西国际空港海关即可同时联网查阅该批文,而无需任何书面材料即可通关,这使通关时间大为缩短。这种形式的电子通关,还计划逐步扩大适用范围,试点结果也要反馈给国家有关部门,供其研究如何修改相关制度,在日本全国推广实施电子通关系统。特区与国家相关部门紧密合作,确保"实证试点"结束后,特区内用户能够顺利过渡到国家统一的电子通关系统。[7]9—11

此外,该特区通过协商得到落实的突破还包括:一是允许尚处于开发阶段的医疗护理机器人在满足安全性并取得受试者同意的条件下,在划定的区域内试用,进行获取制定医疗护理机器人安全性和有效性评价标准的验证实验;二是允许延长特区内外籍医师的实习时间;三是统一内贸货物和外贸货物道路通行申请手续,解决内外贸货物原有不同的载重标准带来的必须向各个道路交通管理部门提交通行申请手续的麻烦。[7]5—8

案例 4:"筑波国际战略综合特区"独有的制度突破

关于下一代抗癌新药的实用化转化是"筑波国际战略综合特区"规划的一项重大发展项目。在临床研究阶段,医疗机构时常会出于自我消费的目的而调制药品,医师及医药从业者往往需要利用其他医疗机构的设备进行药品调制工作,再用于自己的患者,这些应当都属于自我消费,并不是药品制造销售行为。但在原有的法律制度框架下,这些做法是行不通的。通过特区"国家与地方协议会"的协商,这些做法作为《药事法》的特例措施得到了认可。[3]2

案例 5:"绿色亚洲国际战略综合特区"独有的制度突破

位于福冈县境内的"绿色亚洲国际战略综合特区"规划主要发展城市环境基础设施产业及其相关产业,并向亚洲各国打包输出。为此,特区经常会有相关业务的外国客人到访,并涉及运输等事宜。如何通过一定的制度突破,简化相关手续、放宽限制,促进提高办事效率是该特区所期望的"特例措施"。为此,特区通过"国家与地方协议会"的协商,获准如下几项特别许可:一是对于特区邀请的环境基础设施相关的外国访问者入境手续从简、从速办理;二是对于压缩氢的运输罐车使用的复合容器及其附属物标记刻印方式的有关规定创设"特例",允许在复查检验时粘贴使用能够反映必需事项的打印证票,而不必刻印在容器上;三是针对 2015 年开始氢燃料电池汽车投放市场后氢燃料补充站建设的有关问题,突破相关的限制性规定,允许燃料补充站(加油站)同时设置加氢装置和加油装置。[12]4

(五)建立事后评估机制

日本政府对于包括国际战略综合特区在内的综合特区建立了事后评估制度和具体的评估标准。从 2012 年开始,对成立满 1 年以上的综合特区每年进行评估。由各个特区所属地方政府拟定自我评估报告书,经"国家与地方协议会"审议、确认后,再由专家评委根据评估标准对评估报告书各项内容进行打分评估。

评估内容包括:一是对特区规划目标的实现进度进行量化评估,根据特区规划所确定的5年发展目标的量化指标与每年实际的完成数据或可替代的量化进度数据自动判定进度情况;二是对于各种政策性支持措施的运用和特区独有的政策制度创新情况,由专家评委根据评估标准打分评估;三是由专家评委根据各项评估内容进行综合评价,并得出综合评价分数,对各个特区的发展策略是否有助于提升其国际竞争力或区域创新活力以及今后需要改进提升的方向进行分析,做出5段式评判。[13]25 从截至2014年连续3年的评估结果来看,日本的国际战略综合特区制度实施取得了较好的成效(表3)。

表3 国际战略综合特区评估结果

年份	A (4.1—5.0分)	B (3.1—4.0分)	C (2.1—3.0分)	D (1.1—2.0分)	E (0—1.0分)
2012	2	5	0	0	0
2013	3	3	1	0	0
2014	2	5	0	0	0

注:A—E为评判等级。从特区发展整体性的规划和措施落实进度、内容及今后的发展方向3个维度进行评判。A:非常优良;B:优良;C:适当;D:不太适当;E:不适当。表中数字显示,获得各个评分等级的特区数量。2014年起,评判等级改为5分制,5分为满分。为列表方便起见,笔者将5分与A—E进行了对应。

资料来源:内阁府地方创生推进室编:《评价、调查研讨会评价结果概要》,2012—2014年各年版。

四、"国际战略综合特区"制度的特点及其借鉴

"国际战略综合特区"制度作为引领日本经济"新成长"的重大国家战略性项目之一,以及日本发展创新经济、探索制度政策供给模式创新的突破口,目前还在实施过程中。从迄今为止的实施情况来看,如表3所示,7个国际战略综合特区在2012—2014年每年进行的评估中,其综合评分全部取得了相当于"合格"的"C"以上评价,大部分为"B(优良)",显示取得了较好的成效和良好的发展势头。这一制度在产业定位、空间形态、发展模式和保障机制4个方面显示出发展与创新的特点,尤其是"按项目需求定制"特殊制度政策以及建立最高级别政策协商保障机制的制度政策供给模式创新,值得我国在构建国家综合配套改革试验区、自贸区、科技创新中心等这类创新型区域时加以研究和借鉴。

(一)产业定位:重点关注大众生活品质,提升相关产业

日本的7个"国际战略综合特区"重点发展产业的定位选择,除了1个航空

航天产业之外,其余 6 个都聚焦于医疗技术、医疗仪器设备、预防医疗、下一代医药、健康食品、环境与能源、生活型机器人等与大众生活品质密切相关,从而拉动内需效果明显的产业领域。这一方面是基于区域资源优势做出的选择,另一方面在包括日本在内的全世界许多国家都正面临老龄化、食品安全、环境污染、能源短缺等亟待解决的经济社会可持续发展问题,人们普遍高度关注个人健康、老人生活与护理、低碳绿色环境建设、新能源等关系生活品质提升的领域,而能够满足人们这些领域的迫切需求的产业发展,尤其是在这些领域的技术创新、产品创新、产业业态及服务模式创新,特别有助于扩大内外需,提升企业、产业乃至区域的竞争力,成为引领区域经济社会可持续发展的重要驱动力。

日本的"国际战略综合特区"重点发展产业的选择,着眼于提升大众生活品质,不将对 GDP、税收等的贡献率以及能否成为区域支柱产业作为主要的衡量标准,值得我们思考和借鉴。

(二)空间形态:打破行政区划界限

在空间形态上,日本的 7 个"国际战略综合特区"有 6 个跨市,2 个跨县或府(相当于我国的省)行政区划,尤其是"亚洲 NO.1 航空航天产业集群特区"横跨 5 县 43 市,涉及共计 65 个县、市、镇、村地方政府,在很大程度上打破了行政区划的界限,形成了以资源优势、产业基础和构建国际性创新网络为着眼点的大区域创新经济圈,建立起了新型区域竞争与合作关系。其中,最重要的因素是建立了"国家与地方协议会"这种高级别的协调机制,并实施项目制,不将对 GDP、税收等的贡献率作为特区发展水平的评估参数,而以项目实施效果与规划的经济效益目标之间的差距、特区运用创新性制度政策的数量(反映创新能力)等指标来评估特区发展水平,促使特区内的各个地方政府相互合作,共同商讨如何创新制度与政策,推进规划项目落地实施,而不必只顾本地区的发展而单独向国家要政策,形成相互竞争的局面。让特区内的各个地方政府首长和项目负责人等与项目有关的人士带着项目直接与国家最高决策层进行沟通,给予项目而不是地方各种所需的特殊政策,是解决区域间协调难题的一种较好的选择。

我国无论是国家综合配套改革试验区还是自贸试验区建设,都没有突破省级行政区划界限,我国地域辽阔应是一个原因;但建立跨省合作的协调机制难度大,地方保护意识浓,过度关注本地区 GDP 增速,因而难以形成双赢甚至多赢的竞合关系应是更重要的阻碍因素。因此,如何借鉴日本的经验,形成跨省、市优势互补、资源集中、合力推动创新型经济发展的大区域创新"经济圈""经济带",值得我们更深入地研究。

(三) 发展模式: 项目+制度政策定制

日本设立国际战略综合特区的宗旨是基于国家新一轮经济社会发展的"新成长战略",依靠各个领域的创新实现扩大内外需、增加就业岗位和提升产业国际竞争力。因此,创新成为特区发展的一个关键词。日本国际战略综合特区的创新不仅意味着科技创新、产业和业态创新、服务模式创新,更重要的是制度与政策及其供给模式创新。日本的国际战略综合特区实施的特殊的财政、税收支持措施,其本身并不具有创新性,各国政府都在运用这样的优惠政策激励创新。但是,日本以"国家与地方协议会"进行协商、按项目定制适用法律制度的"特例措施"的形式实现制度与政策的突破,当是一种制度与政策供给模式创新,它为特区发展营造了宽松、实际、协调、顺畅的软环境,极其有利于调动企业、地方政府等创新主体的创新积极性,为特区发展注入创新活力。

与此同时,以项目为抓手的发展模式,一是使特区发展规划容易落地,各个创新主体的目标、任务都很明确;二是可按项目定制特殊需要的制度政策,使制度政策创新的针对性极强,容易落到实处,避免"砸钱"不少却不知"钱"去何处了,而真正需要资金和政策资源的项目反而得不到;三是能够集中、集聚优势资源,发挥重大项目引领带动产业及经济社会发展的作用。当然,项目制并非日本"国际战略综合特区"的创新,我国很多区域的产业发展规划也采用项目制。但是,将项目制与定制式制度政策供给模式结合,在国家战略性特区发展中应用于制度政策的突破,是具有创新性的,值得我们研究借鉴。

(四) 保障机制: 建立最高级别协调机制

实施按项目所需定制政策的制度政策供给模式,可以说是日本发展"国际战略综合特区"最为独特、最具创新性的一个特点。而推行这个模式所依赖的条件基础就是建立"国家与地方协议会"这样一种保障特区特殊需要的制度政策落实的最高级别的协调保障机制。在这个机制下,内阁总理大臣直接参与各个特区的"国家与地方协议会"(现任的内阁总理大臣安倍晋三是各个特区的"国家与地方协议会"组成成员),从而使各个地方政府及其规划项目的相关人士可以在这个机制下与国家最高决策层和政策制度执行机构的首长直接进行对话协商,让他们直接了解特区及其项目对制度政策的诉求以及顺利实施特区规划项目所需要的制度政策条件。并且,特区所需的创新性制度政策,或者对原有制度政策的改革创新方案必须由特区规划项目涉及的各个地方政府提供,而方案来源于各个规划项目的实施主体,他们对于顺利实施规划的项目到底需要哪些特殊的、创新性的制度政策是最了解的。因此,这种方式能够在更大程度上激发和发挥地方的自主创新能力与活力,使制度政策创新能够更符合使用方的真实需求。此外,由于特区发展实行项目制和定制式政策制度供给模式,只要是特区规划获批的项目,不论该项目在特区内的哪个地区,或者涉及哪几个地区,都能够享受同样的特殊制度政策,这使其区域间的协调问题也得到了较好的解决。

日本"国际战略综合特区"的这种最高级别协调机制、项目制和定制式政策制度供给模式非常值得我国加以借鉴。像上海自贸区实行的是"负面清单"政策供给模式,这种模式看似给予了地方更大的自由度,但在实际实施过程中,企业的一些创新性项目在某些具体细微环节上,往往会涉及海关监管、商检、药品食品监管等规则的限制,区域或地方政府是不能够随意放宽限制的。如果没有一种类似日本"国际战略综合特区"实施的"特例措施"那样的制度突破,企业的有些创新型项目可能很难顺利实施,或者需要花费更大的时间成本和精力、财力才能够得以实施,有时则只能放弃。显然,这会给区域的投资软环境带来负面影响。事实上,笔者在对上海自贸区内的企业进行调研时,听到了来自企业的许多相关意见,反映出一些制度规则有必要做出修改,其实就是需要对原有制度做出一定的突破和创新。而这首先需要创新制度与政策的供给模式,让制度政策的制定方与使用方直接见面,通过协商,尤其是通过针对具体项目、深入到细节问题的制度政策修改方案的协商,确定如何进行制度突破和政策创新,才最能够激发各个参与主体的创新潜力,解决实际问题。

参考文献

[1] 德勤咨询公司编:《亚洲总部经济特区如何改变日本》,Progres 出版社 2013 年版。

[2] (东京都)亚洲总部经济特区编:《国际战略综合特区规划》,2014 年。

[3] 关西创新国际战略综合特区编:《国际战略综合特区规划》,2014 年。

[4] 井上喜典、垣本达也:《关西创新国际战略综合特区发展起步》,《经济人》2012 年第 11 期。

[5] 京浜临海生命科学创新国际战略综合特区编:《国际战略综合特区规划》,2014 年。

[6] 绿色亚洲国际战略综合特区编:《国际战略综合特区规划》,2014年。

[7] 绿色亚洲国际战略综合特区编:《2013年国际战略综合特区评估报告》,2014年。

[8] 内阁府地方创生推进室编:《综合特区制度概要》,http://www.kantei.go.jp/jp/singi/tiiki/sogotoc/pdf/sogotoc_gaiyo.pdf [2015-08-28]。

[9] 内阁府地方创生推进室编:《综合特区财政支持措施指南》,2015年4月。

[10] 内阁府地方创生推进室编:《综合特区事后评估指南》,2015年3月。

[11] 亚洲No.1航空航天产业集群特区编:《国际战略综合特区规划》,2014年。

[12] 亚洲No.1航空航天产业集群特区编:《2013年国际战略综合特区评估报告》,2014年。

[13] 筑波国际战略综合特区编:《国际战略综合特区规划》,2014年。

五、日本历史与文化

江戸本屋
出版史

东洋文库访问记

马 军[*]

【摘　要】2016年10月1日至2017年5月31日,在日本国际交流基金会的资助下,笔者到日本东京东洋文库进行了为期8个月的考察、研究。东洋文库是日本东方学研究的重镇,其前身是清末民初位于北京的莫理循文库(Morrison Library)。1917年,日本财阀岩崎久弥男爵出资35万英镑,将其2.4万册有关远东问题(主要是中国问题)的珍贵西籍悉数购下,并运至东京。经整理后,于1924年对外开放,定名为东洋文库。1948年起,该文库隶属于日本国立国会图书馆,迄今藏书已达100万册。笔者此访,对于东洋文库的藏书和运作有了一个较为深入的了解。

【关键词】东洋文库;日本汉学;中国研究;莫理循

一

2016年10月3日下午3点余,我在小浜正子老师(现为日本大学文理学部教授)的引领下,来到了位于文京区本驹达2丁目28番21号的东洋文库。

2006年年初我首次访日时,岩间一弘先生(现为庆应义塾大学教授)曾领我来此走马看花。不过,现在的东洋文库已经建起了一栋很气派的新楼,有7层之高。在底楼进门左侧的办公区域,我拜会了文库研究部的负责人会谷佳光先生(研究部课长、主干研究员)和山村义照先生。后者随即给了我一张"书库入场许可证",凭借此证,以后的8个月我便可以自由出入文库里的各个书库,这当然是给我这个"外国人研究员"的优待。随后,山村先生又将我带至7楼,那里有一个公用的大研究室,已经为我准备了办公桌,接着他又引领我浏览各个书库。

山村先生和我年龄相仿,为人非常客气,几乎每讲一句话就深深一鞠躬,带动我也不得不时时鞠躬还礼。后来我曾问小浜老师:"他这么多鞠躬,一天下来一定会非常辛苦吧。"小浜老师答道:"他是特别客气的人,一般的日本人也不是这样的。"山村是研究日本近代政治史的,不会中文,似乎也不会英文。我和他沟

---

[*] 马军　上海社会科学院历史研究所研究员。

通只能依赖我那可怜的日语,要么就是靠手势或笔谈,或是求助旁人翻译。

10月5日上午,我正式来到东洋文库"上班"。从底楼的电梯可以直上7楼的大研究室。进门时可见一位接待人员坐在右侧,左侧则是一个告示栏,上面贴有一些学术活动的海报。在附近的角落里有一个盥洗室,还有饮水机和咖啡机。研究室的中间是一排排书架,堆满了各类史学书籍,其中又以工具书居多。房间朝窗一侧有许多连在一起的办公桌,供来访的研究人员使用,旁边放置有两三台大复印机。房间另一侧通向一两间小会议室和会客室,有些小型的讨论会常在里面进行。房间后侧亦与数个小型研究室相通,著名学者本庄比佐子(中国近现代史)、大岛立子(蒙古史)、土肥祐子(南宋史)教授常常进进出出。整个7层有Wifi,输入密码后即可方便使用。研究室星期一、三、四、五每天早上9点开放,晚5点关门。若星期六进门的话,则需要输入密码。星期二、六、日是休馆日。

大研究室的接待人员是非常勤奋的,每天都由不同的人轮流充任,我先后认识了多多良圭介、谷家章子、金子由纪、矢野真弓、原瑠美等人。而其中又与多多良君接触最多。多多良是个身材不高、长相俊秀、为人谦恭的小伙子,34岁,未婚,九州大分县人,已在日本大学文理学部拿到了博士,学位论文是有关清代中国的法医问题。此前他曾到台北的台湾师范大学访学一年,所以汉语听、说比较流畅,当我与其他日本学者交谈时,他常常为我当翻译。在8个月中,他对我关照有加,我们曾经多次饮酒叙谈。每当生活上、学术上和语言上有问题时,我都会向他咨询。他曾告诉我一个网站"日本の古本屋",即日本旧书网(https://www.kosho.or.jp),后来对我购买相关书籍颇有帮助。

谷家章子是一个脸圆圆的中年女性,以前曾在河南开封待过一段时间,但她似乎不会说汉语,而且讲日语的速度很快。我曾对多多良说,若能听懂谷家女士的日语,那日语肯定是过关了。

金子由纪也是一位中年女性,她是上智高中的老师,以前曾随父母在德国待过一段时间。她为了让我听懂,常常有意放慢语速,甚至日语中夹杂着一些英语。

同样是中年女性的矢野真弓,外表和谈吐显得十分温婉,我曾经和她谈论过她的名字。我说自己小时候看过日本电视剧《姿三四郎》,那位柔道大师的师傅名叫矢野正五郎,和她正好是同姓。而且真弓这个名字,让我想到了"真由美",因为两者的发音是完全相同的。

原瑠美是个说话声音很好听的女青年,但总是戴着口罩和手套,所以不见其详,据说是患过敏症的缘故。原小姐出自于学习院大学,研究南宋史,但她没有和我说过汉语。我曾和她聊起过日本老一辈的女演员原节子,因为和她同姓。

东洋文库有许多兼职性质的研究员,他们有时候也会来 7 楼的这个研究室。我遇到过的就有久保亨、吉泽诚一郎、关智英、富泽芳亚、大泽肇等人。

久保亨先生是信州大学人文学部教授,以研究中国近现代经济史见长,在中国很有知名度。以前我在上海大学的一次会议上与他有一面之缘,20 世纪 80 年代他访问上海时与本所中国工运史研究的老前辈沈以行、郑庆声老师亦有接触。久保教授的女儿久保茉莉子女士也是中国历史的研究者,几年前我曾在上海市档案馆见过,只是没有交谈过,那时她是东京大学的博士生,正在上海访学、寻找史料。

久保茉莉子的博士指导老师恰是吉泽诚一郎教授。吉泽教授以研究天津史而闻名,曾多次来本所访问。2017 年 5 月 2 日下午,久保博士在东京大学做了一个关于民国时期中国刑事警察的学术报告,吉泽教授特地邀我前往评论,并在会后请我共进晚餐,其学生数人亦在座。顺便一提的是,吉泽教授的夫人松村史穗女士也是东京大学博士,10 年前曾在上海华东师范大学访学,研究的是 1949 年以后中国的粮食问题,现在她是北海道大学的副教授。可惜此次没能见到。

英俊帅气的关智英博士也是吉泽教授的学生,多年前来本所访问时,我曾在电梯里见过。近年来他致力于"汪精卫伪政权"的研究,发表了不少有价值的成果。他和一些学界青年朋友搞了一个"《顺天时报》读书会"。2016 年 12 月 18 日下午,我也曾应邀参加,一位名叫殷晴的中国女留学生作了关于清代邸报的学术报告。会后,大家还在东洋文库附近的一个中国餐厅共进晚餐,气氛热烈。其间,我结识了一些日本中青年学者,如青山治世、阿部由美子、山口早苗等。

长相忠厚的富泽芳亚先生是岛根大学教育学部教授,专攻中国近代经济史,以前在复旦大学、上海市档案馆和本院均多次谋面,他的妻子是中国人。他常常坐飞机从岛根县的松江来东京查阅资料。2016 年 11 月 4 日那一天,他曾邀请我到大塚附近的一家居酒屋共进晚餐。这家居酒屋似乎是岛根县人开的,有许多岛根特色的清酒,每一种酒都各来了一小杯,很是尽兴。

年轻的大泽肇先生也是我的老相识了。2006 年我首次访问日本时,他曾作为高纲、小浜老师的助手出面接待过我,还曾陪我逛过神保町的旧书屋。后来,我也曾邀请他来上海开会。现在他已是名古屋中部大学的副教授,而且与一个来自中国广西的留学生结婚、生子。

此外,我还时常见到相原佳之先生(东洋文库并任研究员)。当北京的高士华先生(中国社会科学院近代史研究所研究员、《抗日战争研究》杂志主编)得知我在东洋文库访学时,曾托我寻觅一本文库编的《〈解放日报〉目录》,我便遵其嘱求助于相原先生,后者竟从自己的书架上抽出,慨然相赠。

在7楼大研究室,我还常见到一位名叫Peter Zieme的德国教授,他有70多岁,办公桌就在我对面,故而我们偶尔会用日语交谈。他说自己也懂一些汉语,但只能看不会说。Zieme教授是柏林的洪堡大学教授,研究的是古畏兀儿文字。有一次,他拿着印有一张古畏兀儿文字的纸给我看,对我来说,真是仿若天书,但其中好像也夹杂着若干汉字。Zieme教授此次访日一年,有妻子随行,故而日子过得肯定比我方便、舒适。1999年年底我曾访问过德国柏林,也目睹过洪堡大学的建筑,我向他提及了一些我所认识的德国学者,但他好像都不认识。我还曾告诉他,20年前我曾翻译过德国东方学家克拉普罗特(J. H. Klaproth,1783—1835)的一个传记,克氏是西方最早研究维吾尔问题的学者。

在7楼时,我有时候也会遇到一些"匆匆过客",比如美国加利福尼亚大学尔湾分校的王国斌教授、天津社会科学院历史研究所的张利民教授等。有一次,有两个中国人模样的人走进来了,一对话始知是蒙古国学者,我遂从里面请出了蒙古史专家大岛立子教授出来接待。

东洋文库的"大头头"斯波义信教授(文库长)和滨下武志教授(研究部长),我也从远处望见过,但他们正忙于接待其他客人,所以不便打扰。泷下彩子女士

马军在日本东洋文库

(图书部课长、主办研究员)和徐小洁女士(青年研究员)和我也有少许接触。前者研究的是中国漫画;后者是在日中国学者,目前正在研究明清的纸张。

二

东洋文库的底楼大厅里,有一个购买各类纪念品的地方,其中有许多是介绍文库历史和收藏的画册、书籍。2层则是一个博物馆区,除了将原莫理循文库的珍贵西籍放置正中,成巨大的凹字形,多层陈列,用做常年展览外,一侧还有一个临时展览区。我在的那段时间,临展的主题是关于沙皇俄国罗曼诺夫王朝与日本的历史关系,为此展示出不少珍稀的图片和文本。游客进入博物馆区是要购票的,但我是东洋文库的访问学者,所以可以免票。

3楼是书库的总入口,门前有寄包箱,投进100日元的硬币即可开箱使用,取包时这枚硬币会自动弹出,以便取回。进入玻璃门后,可以见到一个接待台,通常有两位工作人员坐在其后,接待台后面又与一扇门相连,经此可直通书库内部。但一般的查阅者是不得入库的,只能先填写单子,然后请工作人员进库提取资料,再拿到外面的阅览区阅读。阅览区放置了若干桌椅,桌下有电源,四周的一排排书橱上陈列着许多工具书。

由于我有山村先生给的"书库入场许可证",所以我有进入书库的"特权"。进门后,便可见到一排又一排放置中文典籍的书架,有普通本亦有线装书。往内一直走到底端,那里另有一台电梯,可通地下、4楼、5楼。地下藏的是各语种的旧报刊;4楼藏的是旧书籍和旧期刊,主要分日语、汉语、韩语三个区域;5楼除一般西书外,还有阿拉伯、波斯、突厥等稀见文种的书本,以及梅原末吉、榎一雄等日本学术名家的遗书、赠书。上述区域均可自由走动,随意翻检书籍。6楼则是贵重书籍区,需要获得许可、领到钥匙后方可入内(此外,如果需调阅2楼博物馆区的原莫理循藏书,也须事先向库房提出申请)。书库内是禁止拍照的,手机和数码相机均不得带入。如果需要复制,须拿到3楼的接待台附近,那里有复印机,还有缩微胶卷的阅读机。

尽管书库之内,尤其是靠墙的书架上藏有许许多多的珍籍,如古地图、老画册、旧方志、线装书等(装帧大小不一,有的还有盒子或封套),但那不是我的专业,我只是偶尔带着好奇心翻阅一下而已。我的主要目的仍是搜检文库里的中文旧期刊,为编纂我的汉学目录服务。为了提高效率,我常常手持笔记本电脑进入书库,然后放置在墙边的一张写字台上,接着直接去书架寻觅,一发现有相关的文献，就拿到写字台上将信息输入电脑，再将书刊复位。就这样，我在书库里一待就是三四个小时。中间若需要上厕所，得走出3楼的总入口，接待台的对侧有厕所和自动售货机。

有一次，我正在库内看书，山村先生突然来到我跟前，先是深深鞠了一躬，然后用很慢的语速向我有所说明。我听了半天才大致明白了他的意思："您有入库的权利，但您不能长时间待在书库内，若要看书，请把书借到外面的阅览区去阅读。"我随即告诉他："我是在编纂文献目录，并不需要细看全书，翻一下版权页，然后输入电脑就可以了。若是把每一本书刊都借出去的话，来来回回，又要办手续，会浪费不少时间。"山村先生连连表示，他非常理解我的心情，但很抱歉，这是文库的规定，所以还请我予以协助。说完后，他又深深鞠了一躬。在国内，遇到这样的事情，常常会引起工作人员和读者间的争执，但山村先生以鞠躬为"武器"，我竟然无计可施，只得乖乖就范。之后，我在书库内待的时间明显变短了，通常的做法是晚进早出，以免给人犯规之嫌。

东洋文库有一个开放的网站 http://www.toyo-bunko.or.jp，上面有一个检索书刊的入口，一般的文献通过索书号便可直接在库内的书架上找到，但有些文献的阅读，是需要预约的。我先后查得了《东洋文库十五年史》《东洋文库六十年史》《东洋文库八十年史》等一大批与该文库历史有关的书籍、小册子、单行本、目录索引等，内容极为丰富，对我助益颇多。

文库没有自己的食堂，中午时分，我会到附近的餐厅用餐，或乌冬、或荞麦、或定食。每餐约800日元，但常常吃不饱，于是就到附近的超市再买一个饭团补上。

文库附近有一个叫六义园的著名园林，已有300多年历史了，也曾是财阀岩崎家的私家花园。我曾陪朋友在不同的时节买票进去游玩，观察过绮丽的红叶，也欣赏过绚烂的樱花，真是美不胜收！

在8个月的访学中，我应邀在东洋文库做过两次演讲。第一次是在4月22日下午，经富泽芳亚教授的牵线，我在7楼一间会议室，面对文库下属的中国近现代史研究组作了题为《1949年前中国文化界是如何译介日本汉学》的报告，主要是介绍拙编《全面抗战时期中国文化界译介日本"中国研究"文献目录简编》（上海书店出版社2015年版）的编纂概况。到场听讲并予我指点的学者有久保亨、本庄比佐子、泷下彩子、吉泽诚一郎、富泽芳亚等教授。由于他们都是中国问题研究者，所以我的演讲是用汉语进行的。

第二次演讲是在 5 月 27 日下午,经小浜正子教授斡旋,被列为东洋文库的特别演讲会。报告的题目是《东洋文库与中国学术界之关系(1924—1945 年)》,实际上这也是我此次访日的总报告。演讲在文库的网站上有预告,结果有 20 多人到会听讲。我预先做了比较充分的准备,做了 PPT,分发了 10 多页的书面资料。演讲主要分为如下几个板块:研究缘起;民国学术界对东洋文库的译介活动;民国时期中国学者对东方文库的造访;民国时期中国学术界与东洋文库的图书交换;东洋文库出版物、展览会、演讲活动与中国学术界之关系。小浜教授和日本大学文理学部的中国留学生丁世理为我做了口译。

顺便一提的是,我在文库查资期间,特别想了解文库早年的档案现藏何处。经泷下彩子女士的引荐,我与档案的管理者牧野元纪先生(普及展示部部长代理、主干研究员)有过一番谈话,中国留学生殷晴女士为我做了口译。牧野先生表示,尽管东洋文库是国际级的东方学机构,凝聚了许多一流学者,但就文库本身的历史而言,以往却不太重视。他说,第二次世界大战前的东洋文库属于私人机构,而战后属于日本国会图书馆的一部分,所以属于前一时段的档案有所留存,但目前堆在一些书架上,正在整理之中,所以还不能开放。我问牧野先生,"档案之中有没有发现读者的签到本?因为我特别想知道 1925—1938 年来东洋文库的 2 919 个人次的中国人到底是哪些人?"他说他没有见到过。我又问:"档案之中,有没有发现中国学者和中国学术机关的来信?"他说也没有见过。对此,我不免有些诧异。

在此次访日临末、即将归国的时候,山村先生告诉我,东洋文库准备在今年年底举办"莫理循文库东渡 100 周年纪念会",希望届时能邀请我再来文库参加会议。我欣然应允。山村先生还说,届时会由研究部的徐小洁女士与我洽办相关手续。

就这样,便有了半年以后我对东洋文库的重访。

略论近代日本在沪的医疗卫生事业的展开及变迁

葛　涛[*]

【摘　要】自明治维新至"二战"战败,日本一直把上海作为对华扩张势力的重要地区。以军事、政治力量为依托,侨民社会为先锋,日本在上海开展了多项事业的扩张,其中就包括医疗卫生。近代日本在沪医疗卫生事业,主要分为三个部分:销售医药用品的店铺;医院、诊所等诊疗设施;对城市卫生行政的参与。近代日本在沪医疗卫生事业的服务对象,并不仅限于日本侨民及各类驻沪日本人士,而是面向所有上海居民。在其经营之中,带有鲜明的特色,对于近代上海医疗卫生事业的整体发展,发挥了独特的作用。在日本侵华战争中,日本在沪医疗卫生事业倾力为侵略战争服务,从而成为日本侵略政策的一项工具。

【关键词】近代日本;上海;医疗卫生事业

自德川幕府末年开始,迫于东亚国际局势发生的剧变,厉行锁国政策的幕府被迫打开国门,向外部世界开放。与世界大势隔绝数百年的幕府急于了解东亚、世界的最新情况,而开埠已历经20年的上海就成了极为合适的目标地。上海除了距离长崎较近、地理便捷之外,租界已成规模,列强势力盘踞,清政府在主权方面节节退让,因此前往上海,可就近观察西方力量的虚实及其对中国造成的影响,引以为日本之鉴。1862年,幕府使团乘"千岁丸"前往上海,揭开了近代日本与上海交往的序幕。明治维新后,日本国力膨胀。甲午、庚子、日俄战争数役后,已成为欺压中国的又一列强。上海遂成为日本在华扩展势力的重要地区。在"二战"之前,侨居上海的日本人约为10万,在位于公共租界一隅的虹口形成了侨民社区。日本驻沪总领事馆位居这个社区的中心,围绕中心则有诸多机构、设施,包括日本人俱乐部、居留民团、学校、商店、住宅、医院、公园、宗教场所等。[①]

---

[*]　葛涛　上海社会科学院历史研究所研究员,韩国国民大学中国人文社会研究所客座研究员,历史学博士。
[①]　共同研究:《上海の日本人コミュニティ、150年の歴史に関する総合的研究》,http://shanghai-yanjiu1.sakura.ne.jp/mysite2/project1.html.

其中,与医疗卫生事业相关的医院、药局等占据了相当重要的位置。

一、肇始阶段的上海日本医疗卫生事业

造成这种情况自有其合理性。首先,自《马关条约》签订以后,上海日侨的人数持续增长。甲午战争爆发之前,上海日侨不过千人;1915年即达到11 457人,超越英侨,成为上海人数最众的外侨群体。对于这样一个侨民群体而言,要求提供健康、卫生服务是极为自然的需求。其次,近代日本医学的发展,也为在上海开展医疗卫生事业提供了技术方面的可能性。明治维新后,日本推行西医,医疗事业迅速近代化。医护人员的养成、医药产业的培育等,皆有长足进步。日本拥有足够的人员、设施投入到上海医疗卫生事业之中。而日本此后在上海开展的医疗卫生事业,也属于近代西医的范畴。有研究指出,当时上海的日本人医师,以及日本人所设药局、医院的设施,其水准与日本国内不相上下。在数量方面,与日侨人数持续增长相对应,也保持着上升的势头。第三,日本国际贸易的扩展,促进了海外医疗卫生事业的进展。尤其是在日俄战争之后,药品销售成为日本国际贸易的主力商品之一。日本人开设的药局一度遍布南洋,在马来、爪哇、苏门达腊、文莱等地皆可见其踪影。上海自不例外。实际情况是:20世纪初叶以来,上海的日本药局营业日渐兴旺,上海居民开始从日本药局购进日常所需药品。

近代上海最初的日本人医师出现于1877年7月,系由日本政府派遣之早川纯瑕。他是应日本驻沪总领事之请前来的,负责百余名侨民的医疗服务。诊疗所设于东本愿寺别院内,对于前来就诊的日侨,不收诊疗费,只收取药费;特别贫困的日侨,只要持有领事馆开具的证明前来就诊,则连药费也一并免除。明治时代相继前来上海开业的日本医师基本为西医,毕业于正规的医学院,具有医师执业资格,其中甚至包括一位女医师——丸桥志津子。日本医师的服务对象以日侨为主,但并非局限于日侨,原则上面向所有上海居民。

而有关中国人在上海日本药局购药的记载,更非稀见。例如,鲁迅在其杂文中就有关于前往日本医师诊所就诊、购药的描述。日俄战争前后,上海日本药局的热销药品包括头痛膏、千金丹、清心丹、宝丹、固肠丸等,售价通常为日本的数十倍。为了扩大销售、增加影响,上海日本医疗卫生机构还在《申报》等本地有影响的新闻媒体上着力刊登广告,广事宣传。根据相关研究,自1896—1914年,在《申报》上刊登广告的日本医疗卫生机构的类别包括医院、药学院、医学院、医疗

器械销售店、药店等。值得注意的是,在《申报》刊登的日本商号广告中,医药类所占比重最大。顾名思义,医药类广告分为"医"与"药"两类。所谓"医"类,主要内容为日本人所设医院的地址、诊疗时间、诊疗范围,以及医学院的招生信息等;"药"类则主要介绍药品及医疗器材的功效。在此期间,《申报》登载的日本医药类广告中,涉及的机构包括医师原口谦而、宫崎牛痘制造院、渡边医局、朝日药局、日本东京电器法治疗法研究会发售局支局、安腾全治堂。6家中,有4家明确位于虹口,即日侨社区。除原口谦而为执业医师之外,其余5家的经营范围如下:宫崎牛痘制造院制作新鲜疫苗;渡边医局兼治内科、外科、妇科、儿科、眼科,以及肺病等各类病症;朝日药局发售各类日本滋补剂;日本东京电器法治疗法研究会发售局支局发售自制的电化医疗器材;安腾全治堂主要提供日式按摩及针灸服务。①

二、相对发展与困惑:第一次世界大战至中日全面战争爆发前

第一次世界大战使日本成为世界性强国。在这股势头之下,日本在上海的势力也得到了进一步扩展。侨民人数持续上升,各类机构数量增加,业务量增长。主要出于保障日本在沪人员健康、卫生的目的,日本官方、民间较之以往对开展医疗卫生事业更为关注。日本内务省卫生局于1916年编写、发行了《上海卫生状况》,对上海医疗卫生事业的状况进行了整理、分析。例如,对于城市的一般卫生状况,做了如是描述:支那人原本就缺乏卫生思想,即使接受过相对高等教育者亦然。这些人之中,虽然不乏在口头上提倡卫生者,然而其日常卫生习惯仍然令人遗憾……一旦踏入支那人聚居区,就难以仍受那股恶臭,到了夏季尤甚。由于居住密集且不洁,极易在人群中爆发结核、霍乱等传染病。道路上尘埃四起,无人打扫。居民在路边洗涤便器,倾倒汤汤水水,放任儿童随地大小便、成人随地小便,随地丢弃食物残渣。这些都造成了苍蝇大量滋生。而且,人们也几乎不对住宅内外进行打扫,器物上积满灰尘;对于传染病发生亦不甚在意,处置传染病死者与普通病死者无异。②

《上海卫生状况》由此指责中国人"卫生思想劣等",加之"生活习惯如此",因而使得传染病在上海极易爆发。内务省卫生局指出了公共租界工部局为了应对

---

① 謝薇:《清末民初上海における日本人商業活動について(1896—1914)—『申報』の日本広告を中心に》,《東アジア文化交渉研究》第6号。
② 内務省衛生局編:《上海衛生状況》,1916年。

这种情况而采取的措施：设置了公共卫生行政机构——卫生处，制订了《卫生规则》，设立了卫生检验所、卫生分所、医院等机构，在监督整治、强化聚居区内上下水道设施、住宅、食品、屠宰场、墓地、收埋场、火葬场、道路、公园等处的清洁卫生，及时扫除污物，防止疫病发生等方面投入了相当的费用，以保障租界居民日常生活的安宁。① 然而，由于上海是一个五方杂处的国际化大都会，而中国人又被认为是"与生俱来的不卫生"；而日侨聚居区在地理上亦非隔空的孤岛，"无数支那人聚居于租界内外"。身处如此环境之中，要发挥聚居区内卫生事业的公共效应，日本当局认为须提高外国人的"自我护卫意识"。因为公共租界内除了主要马路如南京路、福州路之外，小街巷内的清扫、粪便清理多有不尽如人意之处。而租界以外的华界内，"道路狭窄、房屋狭小，人口稠密，且居民多身处底层社会。虽然也有上水、下水设施，但除了垃圾搬运外几乎没有其他的公共卫生服务。而且由于道路、下水设施基本得不到维护，因此环境卫生极为恶劣，疫病不绝"。内务省卫生局据此断定华界是向日侨聚居区"输入病毒"的源头。"虽然工部局为了改善公共租界内的环境卫生付出了很大努力，但效果却不尽如人意"，加之"上海港集结了内外的船只，既有来自支那内地各埠的，也有来自欧美各国的。数量巨大，但检疫机构力量薄弱"。因此，上海对于来自内地及海外的病毒传入，其实是束手无策。"一年之中，上海的卫生状况时常处于不稳定的状态，因此称上海为东洋恶性疫病的源头也不为过"。② 在这种情况下，上海日侨聚居区的卫生环境看似尚可，实则尚有诸多隐患。

1904—1914年的10年间，导致上海日侨死亡的十大病因依次为：霍乱、伤寒、赤痢、痘疮、白喉、猩红热、结核、肺炎、麻疹、产褥热。这在某种程度上证实了日本内务省卫生局的上述分析。然而，内务省卫生局也承认：上海日侨日常所患病症的种类与日本人在国内所患之常见病症并无大别，只是性病与急慢性传染病患者人数较日本国内为多。

由于日侨聚居区位于公共租界内，因此，在卫生行政方面接受工部局领导。在工部局主导的医疗卫生机构中，日本人为数极少，且只是担任辅助性工作，如翻译、护士等。公共租界工部局由英国籍人士主导，卫生行政自不例外。日本侨民因习惯迥异、语言不通之故，深感不便。法租界日侨的情况亦然。对此，日本领事馆也只能进行沟通协调，并由日本居留民团出面以代付薪金的方式，增加在

———————
①② 内務省衛生局编：《上海衛生状況》，1916年。

两租界公立医院内日本人护士的名额,便利日侨前往就诊、治疗。此外,日本外交当局、侨民社团认为租界卫生行政当局在信息沟通方面比较欠缺,对此颇有微词。然而,1916年前后,日本当局在主导包括卫生在内的租界行政方面,并无可能施展大作为。在当时上海的国际政治格局下,唯一能取得较大实绩的就是增设日本医院、医科学校。当时日本人在上海开设的医院共24家,规模不等,共有医师35名,其中还包括4名牙医、3名兽医。上述医院皆为私人开设,并无公益、慈善性质的。就设施而言,与其他由西人、华人设立的大中型医院相比,上述日本医院是较为逊色的,其中规模较为齐整的有两家:一是篠崎医院。创立于1900年2月,位于虹口文监师路,日侨聚居区中心地带。有医师及助手4名,护士6名。病房可收治50余名患者。主治内科、外科、妇产科,以及性病。二是佐佐木医院。创立于1903年1月,位于靶子路。有医师、助手、医学士13名,护士4名。可收治约40名患者。主治内科、外科、妇产科、性病、耳鼻喉科。

在芥川龙之介的《支那游记》中,有一段描述了自己在上海入院治疗的经历:住进了里见开设的医院,医治干性肋膜炎。[①]"里见开设的医院",无疑是一家日本人开设的医院。日本患者在日本医院就诊,在语言、习惯上并无违碍。第一次世界大战结束后,日本在上海的势力继续膨胀。截至20年代,日本在上海的势力已与英国旗鼓相当。但是,日本医疗卫生事业在上海的地位、影响,却并未得到相应提高。一方面,由中国人自己创立的现代医疗卫生事业已取得相当的进步;另一方面,在由外国人建立的各类医疗机构中,日本人开设的医院未超出私立范畴。截至1930年,较具规模的日本医院仍为两家,一家仍为篠崎医院,另一家则是开设于1920年的福民医院。该院位于北四川路142号,拥有50张病床,兼治内科、外科、皮肤科、耳鼻喉科、妇产科、小儿科、眼科、放射科。20年代,日本外交当局研判日本在上海的未来事业前景时,曾将"医师与医院"列入较有发展空间的事业之一。理由是:中国的医学事业的发展虽然突飞猛进,但是内地的现代医疗基本由传教士兴办,真正掌握西医精髓者为数甚少。患者就医时多选择中医,大多数人甚至不去就医,患病时买药自救,故此医疗仍是中国最为欠缺的社会事业之一。由于中国人中信任西医者寡,只有极少数开埠口岸的居民体验过西医治疗。在这种情况下,日本医师及先进的日本医疗将大有用武之

---

① 芥川竜之介:《支那遊記》,改造社,1925年。

地。① 然而实际情况的进展却与预想颇有差距。

截至 1931 年,上海日本医院的情况如表 1 所示。

表 1　1931 年上海日本医院情况表

医　院　名	地　　　址	院　　长
上海纺织会社医局	杨树浦路 90 号	樋口良平
高根医院	狄思威路 778 号	高根一二
石井医院	北四川路 142 号	石井政吉
太田小儿科医院	靶子路 800 号	太田五助
渡边医院	靶子路 400 号	渡边纲男
川村小儿科医院	密勒路 8 号	川村广一
河端医院	海宁路 10 号	河端贞次
吉住医院	有恒路 34 号	吉住庆二郎
立川医院	昆山路 3 号	立川秀一
向谷医院	乍浦路阿而盘街 1 号	向谷熊太郎
村田医院	闵行路 21 号	村田俊章
藏原医院	海宁路 A21 号	藏原惟郎
草岛医院	靶子路 125 号	草岛孙三
松本治疗院	昆山花园 18 号	松本辰二
福民医院	北四川路 143 号	医学博士顿宫宽
同水月分院	戈登路 142 号	稻富熊雄
青木医院	狄思威路 813 号	青木藤五郎
里见医院	密勒路 6 号 A	里见义彦
喜多医院	有恒路 3 号	喜多兴四郎
品川医院	北四川路 163 号	品川贤齐
柴田眼科医院	北四川路赫林里	柴田六次
篠崎医院	文路六 8 号	秋田康世

---

① 在上海日本総領事館编:《上海事情》,1924 年。

续　表

医 院 名	地　　址	院　长
清水医院	北四川路麦拿里25号	清水宇八郎
妹尾医院	靶子路62号	妹尾唯治
铃木医院	密勒路7号	医学博士武藤虎雄
须藤医院	密勒路6号	须藤五百三
水谷医院		水谷元德

资料来源：《同仁会支那衛生叢書》第2辑，同仁会，1931年。

如表1所示，截至1931年，上海日本医院共27家，具有以下特点：一是悉数集中于虹口、杨树浦地区，地域分布特色鲜明。虹口为日侨聚居地，杨树浦则是上海在华纺工厂集中的地方。二是主要服务对象为日侨。同为外侨，西人在上海开设的医院即与此不同。造成这种情况的原因，与日本民族的民族性，以及日本在上海扩展势力所面临的具体情况有很大关系。日本民族具有很强的内聚力，在处理对外关系时高度一致，而同在海外的处境，又使这一特点更为突出。虹口、杨树浦是在沪日侨主要居住、工作、生活的地区，日本医院集中开设于此，实属必然；而出于语言、习惯、观念方面的原因，日侨亦不太可能选择西人或华人开设的医院就诊。但日本医院也为除日侨以外的上海居民服务，尤其是华人，但是他们并非主要服务对象。三是规模、设施均相对弱小。如前所述，27家日本医院中，规模较大者为两家。相对于西人、华人所设之医院，日本医院均为私人经营，性质单一；就整体而言，规模、设施均相对弱小。四是在上海的社会影响相对较小。上海日本医院虽然与西人、华人所设医院形成"鼎足三分"之势，但较之其他两者，社会影响可谓最小。这与前述三点，以及中日关系的状况有关。

以河端贞次开设的河端医院为例。河端贞次早年在京都开设诊所行医，1912年前来上海开设河端医院。院址最初位于广东路15号铃木洋行二楼，租用了洋行的两间屋子，租金每月银45两。医院雇用了1名日本护士和1名中国翻译。前来诊所就诊的患者以日侨为主，渐渐也有中国人前来。但是由于附近日侨人数较少，前来就诊的中国人逐渐超过了日侨。1914年，河端医院迁入虹口海宁路10号，此后20余年始终在此开业。[①]

[①] 上海居留民团编：《河端貞次伝》，1933年。

截至1931年,日本人在上海开设的药房也颇具规模,具体情况见表2。

表2　1931年上海日本药房情况表

药房名称	经营者	地址
石川商店	石川庄治郎	乍浦路473号
晚香堂	织田清	吴淞路鸭绿路南
原计商会	原计二郎	汉璧礼路129号
日升堂药房	今井文郎	吴淞路165号
堀三药房	樋口佐一	闵行路113号
东亚通商会社	岩田节雄	四川路72号
东亚公司	浅羽三郎	河南路8号
仝仁丹部	西本繁夫	河南路8号
富山洋行	泉作次郎	狄思威路懋业北里
寅屋商店	小田切全作	倍开尔路3号
长生堂药房	判木屋利吉	乍浦路180号
重松药房	重松为治	广东路539号
重松药局	重松为治	霞飞路234号
宝记洋行	西村末寿	四川路18号
大信堂药房	大箸信太郎	北四川路北首
泰昌洋行	安达春雄	交通路106号
为政药房	为政恒夫	乍浦路117号
乐山堂	重松为治	昆山路8号
华信洋行	小幡则信	北四川路514号
丸三药房	藤井谕三	百克路42号
原料药房	水野正太郎	北四川路士德里
三昌洋行	福守五兵卫	四川路78号
恒春堂药房	森永义卫	吴淞路1450号
广贯堂药房	饭野久藏	乍浦路9号
广光堂药房	广川光	文路230号
小林洋行	小山真一	广东路36号

续表

药房名称	经营者	地址
江南药房	石川梅三郎	南京路青阳里 35 号
贞丰洋行	筒井贞三	四川路 78 号
天青药房	栂野友秀	九江路 353 号
三新洋行	中原新	北四川路厚福里 8 号
佐佐木药房	佐佐木德四郎	施高塔路 22 号
济生堂	篠田宫平	文路西华德路角
三浦不老堂	三浦南星	嘉兴路富润里
光村组药局	光村芳藏	鸭绿路
仁济药房	浅野文多郎	北四川路 990 号
师天堂出张所	泽田健二	东宝兴路林家花园敦礼里
上海大学眼药部	王植三	北四川路 689 号

资料来源：《同仁会支那衛生叢書》第 2 辑,同仁会,1931 年。

日本人开设的药房共 37 家。当时上海的药房,一般分为外国人与华人所设两大类。外国人所设药房,一般又划分为西人与日本人所设两类；而华人所设药房,一般又分为西药房与中药房两类。日本人开设的药房,虽然在数量上不及华人、西人所设药房为多,但俨然自成一系；虽然大多仍位于虹口日侨聚居区,但仍有少数位于聚居区以外。这一点与日本医院的分布情况存在微妙差别。日本药房在向日侨以外的上海居民尤其是华人提供服务时,顾虑相对轻微一些。

三、战争时期的上海日本医疗

20 世纪 30 年代是日本对华走向全面战争的时期。上海是国民政府的经济枢要之地,中外观瞻所在,也是日本在华重要的势力据点。"一二八""八一三"两场淞沪抗战,上海成为激战之地。在这种情况下,上海日本医院就卷入到国家的政策之中,成为侵略战争的工具之一。以河端贞次为例。1932 年 4 月 29 日,当驻沪日本军政当局以庆祝所谓"天长节"(即昭和天皇诞辰)为名,在新公园(即虹口公园)举行阅兵之际,遭遇韩国志士尹奉吉的炸弹袭击。出席仪式的日本要人死伤惨重,其中就包括当时已担任上海居留民团行政委员长的河端贞次。她全身负伤 200 余处,右胸处为致命伤。在现场急救人员及军医采取一些措施后,被护送前往福民医院。同时被送往该院救治的,还有驻华公使重光葵,以及驻沪总领事植田。院长顿宫宽亲自主持抢救,然而,河端终因伤重不治身亡。为了救治袭击事件中的伤员,日本上海派遣陆海军军医部、日本上海医师会下达了动员令。[①]

随着中日全面战争的爆发,数十万日军在上海遭遇了中国军队的激烈抵抗,在沪日侨的生活也因此受到了很大影响。他们必须接受日本派遣军指挥机构、驻上海总领事馆、居留民团行政委员会的命令、呼吁,为侵略战争进行所谓"奉仕",即义务奉献活动。在战争的特殊环境下,日本医院、药房等医疗卫生机构承担的责任更为重大。即便如此,前线伤兵的救治、护理仍显得捉襟见肘。为此,日本当局向国内外的医疗机构、组织发出呼吁,希望派出志愿服务者到上海前线承担医护工作。包括日本红十字会在内,响应者甚众。"八一三"后,日本红十字会向上海日军野战医院派遣了多名护士,还组织了所谓前线慰问活动。[②] 1939年,在沪日侨总人数为 51 093 人,职业类别被划分为 60 种,其中医务工作者总计 474 人。太平洋战争爆发后,在沪日侨人数激增,达 102 442 人。扣除朝鲜人、台湾人,日本人为 92 448 人,其中医师、药剂师 325 人。[③] 在太平洋战争爆发、英美等国的"敌侨"被投入集中营之后,上海的医疗资源日渐紧张。即便在这种情况下,日本医务人员的数量未见增长,其中原因值得探讨。1945 年日本战败后,随着日侨遣返工作的完成,上海的日本医疗卫生事业亦宣告终结。

---

① 上海居留民团编:《河端貞次伝》,1933 年。
② 日本赤十字兵庫支部:《愛は輝く》,1939 年。
③ 大東亜省総務局調査課:《在上海邦人人口実態調査表》,1945 年。

日本非遗保护与文化产业发展互动的理念及政策研究

王海冬[*]

【摘　要】日本非遗保护起步甚早,伴随着相关法律法规的保障以及制度的完善,形成了全社会都积极参与的特征。日本经历了从侧重有形文化遗产到有形和无形文化遗产并重,从注重审美的文化逐渐扩充到一般的生活文化;对有形文化遗产的保护,逐渐扩展到依附于人的艺能、技术的保护,进而再扩展到文化遗产所依赖环境和民族精神的保护。保护工作的实施主体也从政府主导逐渐过渡到国家有关机构、各种社会团体、民间组织、文化遗产持有者及管理者、普通公民,几乎达到了全体国民的范畴。他们努力将非遗精神与相关的理念在文化产业中予以彰显。在城乡的内发性开发理念指导下,居民都成为本土非遗文化的守护者、传承者。日本文化产品能在世界范围内经久不衰,其奥秘之一就在于此。中国丝绸之路的魅力不仅在于它是一条经贸合作通道,更是一条文明互鉴之路,上海要从这个角度去认识日本非遗保护与文化产业发展互动的理念及政策,以便借鉴学习并且超越。

【关键词】非遗保护;民族精神;文化产业;政策措施

　　经过上一个 5 年的历史性变革,中国已经迈入由富变强的发展新时代。站在这一历史节点远眺,需要认真学习世界各国的成功经验,上海要建设成为卓越的全球城市,更需要这种世界视野和胸怀。上海市市长应勇表示,上海已基本具备建设卓越全球城市的条件。2016 年,上海编制了新一轮的城市总体规划,提出未来发展的目标和愿景,到 2040 年上海要成为卓越的全球城市——令人向往的创新之城、人文之城、生态之城。上海将按照国家部署,坚持全球视野,对标国际一流,不断增强城市的吸引力、创造力、竞争力,加快向卓越的全球城市迈进。[①]为了实现这个国家的战略目标,要大力促进上海文化产业的供给侧改革,

---

[*] 王海冬　2007 年进上海社会科学院文学所从事民俗文化与文化产业方面的研究工作,2009 年 3 月于日本千叶大学获地域文化设计博士学位,主持或参加过国际、国家、省部级、社科院科研项目 12 项,2015 年被评为上海社会科学院创新基地成员、青年人才和副研究员。

[①] 中国新闻网,2017 年 9 月 17 日。

提高其文化产品在国际市场的占有率,要从它的源头——非遗保护做起。日本在非遗保护方面处于世界领先地位,它不仅有效保护了非遗更弘扬了民族精神,成功地把相当一部分非遗变成了文化产业的有效素材和文化资源,值得上海借鉴。

一、日本全民参与非遗保护的制度性保障

日本非遗保护在世界范围内起步很早,并有法律和制度保障,形成了全社会都积极参与的特征。由此,相当一部分转化为国际性文化产业的有效资源。这里有必要对其历史渊源与政策发展,作一扼要的回顾。1871 年,即日本明治 4 年,①政府颁布了《古器旧物保护法》;之后,又出台了文化遗产保护相关的一些法律,如 1897 年《古社寺保存法》、1919 年《史迹名胜天然纪念物保存方法》、1929 年《国宝保护法》、1933 年《重要美术品保存相关法律》等。日本早期关于文化遗产保护法律的主要特点:重点保护物质形态的文化遗产。例如,社寺建筑、古器物、美术品等各种类别的文物,尚没有将无形的非物质文化遗产列入保护的范围。贯彻在这些有形实物中的精神没有受到应有的重视。1949 年一场火灾促成了日本文化遗产保护迄今最全面、最重要的一部遗产保护"基本法"——1950 年《文化财保护法》诞生。《文化财保护法》是日本文化遗产保护史上一部划时代的法律,改变了过去诸多法律分散的状况,系统地对文化遗产保护各个方面作出了规定。这部法律首次将无形的非物质文化遗产纳入政府的保护对象,强调了无形文化遗产保护工作的重要性,并对设置文化财保护委员会等事项予以明确的规定。此后,经过几次修订,并为此出台了一系列配套的法律规范文件。1954 年,文部省公布《文化财保护法部分修正案》。1975 年《文化财保护法》改动较大,1996 年、2004 年又两次修订。

《文化财保护法》的修订完善,是从侧重有形文化遗产到有形和无形文化遗产并重,从注重审美的文化逐渐扩充到一般生活的文化;对有形文化遗产的保护,逐渐扩展到依附于人的艺能、技术的保护,进而再扩展到文化遗产所依赖环境的保护和民族精神的保护。保护工作的实施主体从政府主导逐渐到国家有关机构,到各种社会团体、民间组织、文化遗产持有者及管理者、普通公民,几乎达到了全民的范围,其中民间团体在非物质文化传承中发挥着重要的作用。日本

---

① 我国清朝同治十年。

对于无形文化遗产保护的具体措施主要是通过认定的个人及团队来进行,政府在这个过程中主要是提供资金支持和采取各种手段进行记录。在日本各地,从事非物质文化遗产保护和传承的各种各样的保存会、研究会等组织和团体比比皆是,这些民间文化遗产保护组织和团体在非物质文化遗产的保护与传承中发挥着非常重要的作用。

日本非物质文化遗产分类体系的一个重要特点,是将无形的民俗文化遗产单独列出,区别于其他非物质文化遗产。在日语中,文化遗产即文化财。[①] 无形文化遗产主要指演剧、音乐和工艺技术等文化意义相对缺乏物质形态或不完全体现在物质形态上,或者文化意义主要不是体现在物化载体上的文化遗产,并非完全脱离物质形态;而无形民俗文化遗产主要指生活文化中的风俗习惯、民俗艺能和民俗技术等。这样把个体与群体传承的非遗项目分开并且都实现了有效保护。为此,日本在文化遗产的保护中,十分重视对文化遗产的调查研究,从而确定保护内容和对象。日本非物质文化遗产保护有着较为全面的配套制度,在国家指定、认定重要文化遗产前,都要启动实现调查记录机制。通过一系列完备的制度,主要包括指定制度、认定制度、文化遗产登录(注册)制度、选定制度,来确定有保护价值的重要文化遗产。国家依法对指定、认定、登录、选定的内容进行重点保护和扶持。重要非物质遗产在获得指定的同时,因非物质文化遗产主要依附于人而不是物而存在的特点,因此还需要进一步认定非物质文化遗产的保持者或保持团队,认定工作主要由文科部大臣进行。[②]

二、日本非遗保护的有效途径与措施

对文化遗产的资料保护方面,日本也有独到之处。如20世纪60年代开始绘制的日本民俗地图,不光是记述民俗的手法之一,也是非物质文化遗产资料保存的重要方法。随着日本社会经济进入急速发展阶段,传统的生活环境急剧变化,记录尚存的民俗文化成为文化部门的当务之急,日本文化厅开始策划绘制、发行全国性分类民俗地图的庞大工程。

第一阶段,在全国选定30个调查点,用3年时间在30个调查地点就20个调查项目做同样的定点式"民俗资料紧急调查",记录了大量即将变化或消失的

---

① 我国所谓非物质文化遗产,大体上相当于日本的无形文化财和无形民俗文化财的总称。
② 王丽莎:《日本怎样进行非物质文化遗产保护》,人民论坛网,2016年7月26日访问。

民俗资料，其中相当大的部分是无形文化遗产、无形民俗文化遗产。

第二阶段，分类处理调查数据和将各种数据用符号标于地图并编写该民俗地图的讲解资料。1969年出版了第一卷民俗地图之后，至2004年才完成第十册最终卷的编写和出版工作。费时近40年，终于完成了一套由30个调查地点的数据代表的基本覆盖日本全国各个地区的10卷本分类、系列民俗地图集——《日本民俗地图》。

每卷民俗地图围绕一个大的分类题目，用10幅或10几幅大开张的民俗地图标示出全国30个调查地点的民俗数据或分类民俗事项等。例如第10卷《居住生活》，用10幅民俗地图分10个大项目描述日本民居。这10幅地图为：(1)屋顶；(2)主房的形态与名称；(3)厩·隐居处·分离式炊事间；(4)房屋布局；(5)房间名称其一；(6)房间名称；(7)灶与地炉；(8)地炉主位和客位名称；(9)地炉主妇座位；(10)屋内神灵名称·牌位安放位置·房柱名称。每卷民俗地图都附有一册厚达数百页的民俗地图讲解资料。这册讲解资料的写作难度远远高于标志民俗地图。也正因为每卷民俗地图附有民俗地图讲解资料，才使得民俗地图更加具有科学性和学术性，甚至有学者评价作为民俗地图附录的讲解资料的学术价值远远高于民俗地图本身。①

民俗地图是文化资料（文化遗产）中一种不可替代的图谱记录方式，一目了然地说明民俗的产生、传承、发展等特征，为保存文化遗产和文化遗产的产业化提供了历史依据。

从日本的经验可见，民俗地图是从民俗学记录及研究的角度出发，运用各种符号标示民俗事项的类型、数量、形态以及某种民俗的特性、变迁规律等信息的地图。民俗地图是自然地理学与民俗学方法论的合理结合，是非物质文化遗产可以实现科学保护的有效措施。

相对于日本，上海的非遗保护存在一定的问题：作为非遗真正的传承地的乡镇和社区都没有确立非遗保护的责任机构，致使有关的非遗资源的闲置与流失。笔者曾田野调查过的上海庄行镇、七宝镇、凉城路和静安寺等街道社区其基层工作都做得很好，但非遗保护缺乏必要的机制体制作为制度性的根本保障。所以从日本的经验可以看到，除了政府文化部门需要重视，乡镇和社区也都要积极参与并充分重视。

---

① 何彬：《传承文化独树一帜的日本民俗地图》，《中国测绘》2005年第3期。

三、非遗元素中民族精神在文化产品中得到彰显

日本人认为,文化遗产是地域文脉的载体,寓含着该地域居民在漫长的历史进程中形成的生活智慧、文化心理。文化遗产的一个重要组成部分就是非物质形态文化遗产,日本称之为无形文化财。日本政府和学界认为,为了推进文化产业战略,日本人自己要真正认识"日本的魅力",以此来推进"感性价值创造"的国民化活动。日本人自信地认为,日本是一个文化资源大国,这是支持文化产业发展的社会基础和环境。我们可以看到,所谓"日本的魅力"包括了其国民在文化遗产保护方面的理念,它和正在兴起的日本的文化产业紧密相连,而且这种理念要在全世界彰显。认为文化遗产是全体国民珍贵的文化财产这一基本理念,在日本深入人心,所以日本人多把文化传承人叫"持有者",因为他们视文化遗产为有价值的财产。日本通过对无形文化财保护的有关法律,建立了"人间国宝"等非遗保护制度,采取一系列的实际措施,如出版有关非遗起源的系列民俗地图,每个社区都有相应的"地域文化振兴课程"等。这些措施使日本地方能有效地对非遗进行保护并以此发展特色文化产业,致使文化产业长期位于世界高位。

日本人还认为,人类对于休闲娱乐的渴望是永远没有止境的,一种新的技术开发出来以后,又会刺激出新的渴望,就像一个圆,它的直径越大,圆周也越大。现在的视听设备,充其量只满足了这一种需求的1‰或者1‰,休闲娱乐的技术空间具有无限的潜力。

日本在第二次世界大战之后,用了30年时间从战争废墟上迅速崛起,成为世界第二经济大国。[①] 支撑日本经济成长的是日本的民族文化力,而这种文化力又是通过日本人日常的衣食住行等大众生活的各个层次和侧面表现出来的。这是日本政府要保护、要弘扬的文化资源。日本在现代化的过程中学习了西方欧美国家的科技、教育,甚至包括政治制度、法律等某些方面,"脱亚入欧"的口号曾响彻云霄。但实际上,日本仍较好地继承了本民族的传统文化,并使之现代化。这个意味深长的传统文化的现代化运动,以不同的形态与命题出现,如"寻找地方之宝运动""创造地方之华运动"等。本质上都是使日本通过在传统的文化中体现民族优秀的文化精神并予以继承与发扬。1996年,日本政府公布实施了《21世纪文化立国方略》。日本政府认为,为了消除国际社会对日本"经济至

---

① 2010年中国的国民经济总值已经超过日本,日本在世界排名第三。

上"的看法，必须及时将日本文化全面地介绍给世界，加深各国对日本的理解。①

世界金融危机也没有影响日本的文化产业。日本文化产业由漫画、动画、游戏三大产业组成，动画占世界市场份额的62%，游戏占世界市场份额的1/3强，文化产业规模仅次于美国。② 这与日本有众多的高品格的文化设计人才有关，他们能创造时尚，引领潮流。

日本作为动漫的鼻祖，是世界上最大动漫制作国，动漫产业也已经成为日本的第二大产业。日本动漫旅游以其自身所具有的浓厚的个性色彩，受到了各国市场的关注和消费者的追捧，促进了日本旅游业的发展。动漫旅游已经成为一种新型的旅游形式。

日本动漫包含动画和漫画两部分，日本作为最大的动漫制作和输出国，其动漫发展相对于其他国家更早也更加成熟。日本的漫画开始于平安时代（12—13世纪）的画卷《鸟兽人物戏画》；12世纪后，绘卷戏画开始在日本流行，成为日本独特的绘画形式；之后随着印刷技术的快速发展和文化的兴盛，18世纪初期，戏画开始作为商品出现在市场上，在江户时代出现了草双纸，可以在画面中融入滑稽的对话，使得漫画更进一步的发展；明治时期，日本现代化漫画开始兴起，并出现了连载漫画，随着漫画的不断发展，参与者越来越多，队伍也越来越壮大，日本漫画也迎来了改组，漫画家成立团体，呈现百花齐放的局面；在第二次世界大战期间，漫画受到了极大的破坏，后期才慢慢恢复。日本动画在20世纪初期就已经出现，下川凹夫的《芋川掠三玄关·一番之卷》是目前被世人公认的第一部日本动画片。

1956年东映动画成立，开始制作在影院播放的动画电影，1961年日本真正连载的动画片《铁臂阿童木》诞生，这也是我国第一部接触的日本动画片。此后，漫画、动画、电影开始相互渗透，共同成为日本动漫的主要组成部分，并推动着日本经济的发展。日本作为最大的动漫国，动漫对日本的影响毋庸置疑，日本旅游业逐渐除利用本地的自然资源（樱花、富士山等）来吸引各地游客外，渐渐利用动漫的影响力，通过开展动漫展、建立动漫主题公园等方式来增加对日本的吸引力，让更多的人愿意到日本来游览参观，使得动漫旅游成为日本旅游业的重点，并为日本旅游业带来前所未有的经济效益。

---

① 周荣国：《韩国、日本、澳大利亚发展文化产业的战略举措》，《当代世界》2009年第5期。
② 顾江、昝胜锋：《亚洲国家文化产业集群发展模式比较研究》，《南京社会科学》2009年第6期。

在日本,漫画、动画、游戏等娱乐性较强的文化,关系十分密切,统称为动漫产业。70年代末到90年代,随着电脑图形图像软件的发展,漫画、动画都开始普遍应用电脑制作。大大提升了漫画和动画的制作工艺,使得动漫作品的质量越来越高。同时,在这时期,在动画和漫画的基础上,学者又推出了动漫游戏这一新型的模式,通过生动的人物和真实的场景对决,使得动漫产业有了进一步的发展。自20世纪90年代以来日本的动画片、漫画凭借其先进的技术含量,在国际上得到了广泛的关注。随着动漫制作越来越成熟,除了动漫在国际上流通外,日本也开始向世界出口游戏软件,增加外汇收入,并在一定程度上扩大了日本动漫在海外的影响度。经过60多年的发展,今天的日本动漫产业已经成为涉及多个领域的庞大产业,杂志、书刊、电视动画、电影动画、游戏、音像制品等,每一个环节都吸引着众多爱好者,所有的环节整合在一起,使得日本动漫产业渐渐成为日本成熟的产业之一。①

今天,日本的动漫已经风靡全球。从动漫产业发展历程中也可以看出日本注重将本土文化资源及时转化成文化产业。在日本动漫中几乎都会出现这样场景——浪漫的樱花道、纷飞的樱花瓣,以及樱花树下结伴而来的人群,无论男女都身着传统服饰——和服,在铺着整洁布单的草坪上席地而坐,在欢声笑语中分享着各自带来的便当。动漫的表现手法使得日本这些民族特色更为鲜明。漂亮的和服、精美的便当、诗情画意的樱花林与高楼大厦相映成辉的小庙宇、飘扬在空中的鱼形旗、整齐的梯田等——这些都是动漫画面中的日本本土文化特色。

在日本,几乎所有的人都看过动漫大师宫崎骏的代表作——《龙猫》。龙猫带着两个小女孩儿飞跃农田、飞跃村庄的场景,一看就知道故事发生在日本。还有那辆龙猫车,这些画面如同儿时梦境中出现过的,似曾相识、美轮美奂。日本漫画家很擅长从传统文化中汲取灵感,发挥想象力,通过专业的绘画技巧和精准的色彩渲染,将动漫的表现力发挥到极致,同时叙述了一个完整而结构紧凑的故事。

经典的日本动漫《圣斗士星矢》这个故事取自希腊神话,但是剧中那些穿着铠甲、手持圣器为保卫雅典娜而战的斗士们,骨子里透出的却是彻头彻尾的尽忠尽职、英勇无畏的日本精神。

重视团队协作精神是日本的本土文化精神。例如,漫画家井上雄彦以高中

---

① 沈秋彤:《日本动漫文化对其旅游业的影响》,《艺术文化交流》2015年11月下半月刊。

篮球为题材的励志型漫画及动画作品《灌篮高手》十分重视团队协作精神。其中湘北篮球队的主角樱木花道、配角流川枫、赤木刚宪、三井寿、宫城良田、木幕、赤木晴子,这些人物组成了樱木花道的两个团队,充分体现了他们的团队精神,不同于美国的个人英雄主义。

日本将这些本土文化精神、协作精神渗透到动漫作品中,既能满足人们的娱乐需求,同时又蕴含着深刻的生活智慧与人生哲理,老少皆宜。

四、两者良性互动需要理论指导

日本文化产业发达,实现了非遗保护与文化产业的良性互动,关键是有正确的理论指导。

第二次世界大战后,英美等西方国家积极推进重化学工业化和大都市化,在完成经济高度增长,给人类社会带来物质丰富的同时,也导致了公害及环境资源破坏等更为深刻的问题。日本经济学家宫本宪一在反省传统开发方式和充分研究地域经济发展理论的基础上,结合日本经济在开放格局下取得成功的经验与教训,提出了著名的"内发性发展理论"。宫本宪一认为:内发性发展是一种地区开发形式,实行这种经济发展时,地区自发研究开发计划,主动进行技术开发,且在保护环境的前提下,合理利用资源,依据本地区文化特点,实现经济发展,提高居民的福祉。①

笔者曾考察过日本的藤岛町、中富町、今田町、三岛町、早川町等地的地域活性化开发实践,亲眼目睹了他们对工艺传承的重视,如山梨县中富町的成年居民几乎都为传承"西岛和纸"民俗工艺尽心尽力,由此也感受到文化传承的重点是工艺传承。② 日本郊区 5 个町的昨天就是中国现代化的今天,有很大的相似性。因为相邻的城市实现了现代化,都曾经吸引了以年轻人为主的社会劳动力,5 个町的人口都减少了 60% 以上,一度曾经在日本引以为荣的地方工艺也濒于失传,后来在宫崎清老师等内发性开发社区理论的指导下,勇于发现自己的个性,

---

① 朱震霄:《内生性发展与新渔村建设》,《经济研究导刊》2009 年第 25 期。
② 笔者于 2003 年 3 月—2010 年 9 月在日本千叶大学留学,并参加合作课题《日中两国社区文化的比较研究——追求社区文化的再生、创新》,与日本研究学者探究日本社区的整体营造,考察藤岛町、中富町、今田町的内发性、活用性理论,以及"人间国宝"政策、鼓励青少年参与文化传承的政策等典型案例,与我的博士生导师宫崎清老师等讨论中国及中国台湾地区和日本、越南等社区文化发展模式的特性与功能,考察、剖析日本千叶的佐原市,还重点探究山梨的早川町经验等,对日本的地域内发性开发理论有一定了解,感到这种理论和实践值得中国在保护地方文化遗产、发展地方文化产业或地方特色文化产业过程中借鉴。

即利用自己町在历史上形成的传统工艺发展产业,使社区恢复了活力,人口也有所恢复。日本郊区5个町的兴起证明了宫崎清老师等内发性开发社区理论的正确性。

笔者还考察过日本的境港市,那里仅4万人口,规模相当于上海的一个镇。该市市政建设中以当地一组古老的民间传说——鬼太郎的故事作主题,渗透到居民的衣食住行中,不仅整个城市建设(包括街道布局、城市公共雕塑、建筑风格、公园广场等)成了一个美丽的童话世界,而且预留了与鬼太郎相关民俗活动的文化空间,全城居民都成为本土非物质文化遗产的守护者、传承者。如此,不但居民的精神生活丰富了,还吸引了大批海内外的游客,境港市成了国际旅游胜地,这其中的文化设计有多么奇妙!其成就是内发性开发理论的活用。

笔者在东京迪士尼工作过一年多,其间曾亲身体验到东京迪士尼最核心的价值是"魔法",从主题设计、建筑风格、经营理念、管理制度、员工培训等都围绕这个关键词展开,为所有来客打造了一个梦幻、欢乐、单纯的、完全区别于现实生活的童话世界。但这个美国企业在日本国土上能够欣欣向荣的奥秘就是很好地和本土文化融合在了一起,很多内容和主题都蕴含着丰富的日本的非遗元素——民族本土文化精神。我看到当时至少有以下场景有鲜明的日本非遗元素:

一是东京迪士尼有一个"宠物小精灵中心",其实是一个动漫宠物玩具专卖店,里面有各种各样的动漫形象玩具。东京是动漫业集聚发展的中心。专卖店的动漫宠物形象不仅是日本电视剧、电影、游戏的主要角色,也是画报、书籍的主角。主人公大部分是日本人,吸引了世界各地的游客前来购买。

二是在迪士尼的路上有身着日本传统服饰——和服的可爱的双胞胎在玩耍,游客会情不自禁地和他们嬉戏或者拍照留影。和服是日本的非遗象征,以致迪士尼的两个主角——米老鼠与唐老鸭,有时也会穿着地道的和服参加表演,如歌舞、花车表演等。

三是东京迪士尼的许多建筑之间装上了套顶、长廊,以适应日本潮湿多雨的气候。这种建筑也是日本特有的非遗项目。

四是东京迪士尼是美国迪士尼的两倍大,在它的主题乐园中开设了大面积的野餐区,这是日本人赏樱花养成的习俗,被迪士尼巧妙地引入园中。野餐也是日本个性鲜明的非遗项目。

由于非遗元素积淀着沉甸甸的民族意识,受到日本游客的文化共鸣。东京迪士尼自 1983 年开放后接待的游客中 97% 是本国人,使他们乐此不疲。2001 年 9 月,日本投资方在东京迪士尼旁边又建起了一座海上迪士尼。如今迪士尼乐园在日本取得了空前的成功,实现了良好的经济效益和社会效益。2012 年,东京迪士尼乐园和海洋公园合计入园人数达到 2 750 万人次,大地震、海啸时都没有减少人数。

文化产品直指人心。日本的文化产品之所以有很高的世界文化市场占有率,是因为其有众多的高品格的文化设计人才,他们在捕捉人心方面,达到出神入化的程度,以致能创造时尚、引领潮流。奥秘就在于文化产品中自然地融合了民族精神元素,就因为城乡的内发性开发理念在日本盛行。

城市乡镇建设无通解,对于任何地方,皆不存在高效率的普适性良方。城市乡镇营造方案的形成,仅存在于该地区内,因为地方即历史,即个性。乡镇设计的展开,是从调查自己居住的地方有哪些财产、特色开始的。首先要做地方的生活文化调查。所谓调查是指踏查(仔细踏遍地方,五官总动员,实地走访、调查)。任何一个地方都有丰富的自然资源、人类的智慧、生活技术,以及借由这些所产生出来的各种事物。在调查中,找出这些"特色",再度认识地方的文化意蕴,是城市乡镇营造与设计的出发点。①

简言之,这种内发性开发理论强调了当地居民是开发的主体,为当地居民建设美好生活是开发的主旨,在此基础上,充分吸收行政、专家、客人的外来指导。看上去,这种理论平凡无华,但很接近"人民是创造历史的主体"的唯物史观。实际上该理论解决了文化遗产的保护主体是当地居民的内在机制,而在我国,真正的主体往往缺位,这是亟须改变的。

日本文化产品能在世界上经久不衰,其理论奥秘之一就在于此。

五、结语

上海在沟通世界的"一带一路"建设中,要时刻思考什么样的文化产业对丝路国家有吸引力。丝绸之路的魅力不仅在于它是一条经贸合作通道,更是一条文明互鉴之路,要从这个角度去认识日本非遗保护与文化产业发展互动的理念及政策,以便于借鉴学习并且超越。

---

① 本文宫崎清教授的论点据文集《人心之华》(台湾地区手工业研究所千叶大学宫崎研究室编,1996 年)归纳整理。

参考文献

[1] 胡玉鸿、马长山:《城镇化与公民社会建设前沿问题》,苏州大学出版社 2016 年版。
[2] 李树榕等:《文化资源学概论》,东南大学出版社 2014 年版。
[3] 王丹娜:《文化产业经营管理》,中国传媒大学出版社 2015 年版。
[4] 辛阳:《中国文化产业竞争力研究》,天津社会科学院出版社 2014 年版。

后　　记

　　2017年是中日两国实现邦交正常化45周年。这一年,中国共产党胜利召开了第十九次全国代表大会,全会指出习近平新时代中国特色社会主义思想是强大思想武器和行动指南,是马克思主义中国化的最新成果。十九大之后,全党、全国团结在以习近平同志为核心的党中央周围,正为实现"两个一百年"奋斗目标,实现中华民族伟大复兴的中国梦而不懈奋斗。而日本政治状况也发生了一些意义深远的变化:曾经闪亮政坛、一度执掌政权的新兴政党——民主党,却在国会选举中一败涂地,实际上已经解体;以安倍晋三为首相的自民党、公明党联合内阁,呈现出长期执政的趋势,更执着于推动修宪等既定政策目标。中、日各自国内政治的演变,对于两国关系势必产生重要影响。

　　2017年,东亚、国际局势的风云变幻,也给中日关系增添了新的变数。领土、海洋权益、国家对外发展战略、历史认知……两国之间既有的争端、矛盾,并未见明显缓和。但是,两国关系的重要性却依然不言而喻。影响所及,已超出双边范围,对于亚太、国际局势关系重大。2017年11月11日,习近平主席在越南岘港会见安倍晋三首相时指出:中日是近邻,也是亚洲和世界主要经济体。中日关系稳定发展符合双方利益,对地区和世界具有重要影响。安倍晋三表示,日方愿同中方一道努力,推动两国战略互惠关系继续向前发展。习近平主席强调,改善中日关系,关键在于互信。

　　加深彼此间的了解,是建立互信的重要基础。从多维度对日本社会进行观察,透过现象把握本质,总结其规律,对于促进中日关系的发展可谓至关重要。上海社会科学院日本研究中心自成立以来每年编著的《日本社会观察》,就汇聚了上海社会科学院学者们对中日关系及日本社会热点问题的最新解读,是供国内各界了解日本社会发展状况的良好指南,也为包括日本在内的世界各国提供了一个了解中国学术界如何观察日本的窗口,其意义之重要可见一斑。

　　自1862年德川幕府派出"千岁丸"前往上海,观察中国局势以来,上海遂成为近代中日两国交往的重镇。其地位之重要,绵延至今。目下,上海从事日本研究的机构、学者及其每年发表的成果不在少数,其中不乏高质量者。上海社会科学院日本研究中心成立于2013年,《日本社会观察》则创刊于2014年,虽属后起之秀,却在沪上日本研究学界独树一帜、脱颖而出。上海社会科学院日本研究中心以自身雄厚的智库、学科背景为依托,研究员凡20余人,遍布全院各研究部门,皆有长期留日经历。我们日本研究中心对焦中日关系、日本社会最新热点,从社会科学工作者的视角出发,予以论述、分析。《日本社会观察》即汇集了每年的相关研究成果。

《日本社会研究(2017年)》分为"日本政治、外交与全球化""日本金融、产业与企业""日本法律与社会""日本科技与创新""日本历史与文化"五个主题,收录论文20篇(包括个别译文)。作者除个别外,均为上海社会科学院日本研究中心成员。论述所及,包括:中日海洋事务高级别磋商机制的由来与发展、日本与东南亚国家关系改善过程分析及其启示、日本学界聚焦"特朗普效应"、全球化分工视角下的中日CO_2排放比较、日元的国际化进程及对人民币国际化的启示、日本对美经济合作新动向及前景评估、日本经济愈益依赖外国游客消费、从东亚分工角度探讨中日中小企业比较优势及双方合作之可能性、日本中小制造业在华据点的机遇与挑战、日本反恐融资刑事立法及其启示、日本中小企业基本法改革背景及过程、少子化背景下日本育儿政策的发展与借鉴、日本全国性及地方性报纸转型发展的个案分析、"日本会议"研究、当前日本的人工智能战略及其未来发展、全球创新网络节点城市建设策略:东京案例研究、日本创新型特区发展战略及其借鉴、东洋文库访问记、略论近代日本在沪的医疗卫生事业的展开及变迁、日本非遗保护与文化产业发展互动的理念及政策研究。全书信息量丰富,观点独到明晰,分析深刻全面。上海乃至全国学者对于2017年中日关系、日本社会最新状态的解读,跃然纸上。一册在手,实为开卷有益。

2018年是《中日和平友好条约》缔结40周年。1978年,随着该条约的缔结,中日关系进入了一个新的阶段,对于维护两国及世界和平事业,推动各自国内经济社会发展,发挥了不容低估的重要作用。衷心期待2018年成为中日关系发展的契机。我们将一如既往,继续"日本观察"。

上海社会科学院历史研究所研究员 葛 涛
2018年4月

图书在版编目(CIP)数据

日本社会观察.2017年/金永明主编.—上海：上海社会科学院出版社,2018
 ISBN 978-7-5520-2269-8

Ⅰ.①日… Ⅱ.①金… Ⅲ.①日本-研究报告-2017 Ⅳ.①D731.3

中国版本图书馆 CIP 数据核字(2018)第 065020 号

日本社会观察(2017年)

主　　编：	金永明
执行主编：	葛　涛
责任编辑：	路征远
封面设计：	周清华
出版发行：	上海社会科学院出版社
	上海顺昌路 622 号　邮编 200025
	电话总机 021-63315900　销售热线 021-53063735
	http://www.sassp.org.cn　E-mail:sassp@sass.org.cn
排　　版：	南京展望文化发展有限公司
印　　刷：	上海新文印刷厂
开　　本：	710×1010 毫米　1/16 开
印　　张：	19.25
插　　页：	2
字　　数：	327 千字
版　　次：	2018 年 5 月第 1 版　2018 年 5 月第 1 次印刷

ISBN 978-7-5520-2269-8/D·482　　　　　　定价: 78.00 元

版权所有　翻印必究